ŒUVRES COMPLÈTES

DE VOLTAIRE

TOME QUARANTE-SIXIÈME

PARIS
LIBRAIRIE HACHETTE ET Cie
79, BOULEVARD SAINT-GERMAIN, 79

A LA MÊME LIBRAIRIE

ŒUVRES
DES PRINCIPAUX ÉCRIVAINS FRANÇAIS

VOLUMES IN-18 JÉSUS

On peut se procurer chaque volume de cette série relié en percaline gaufrée, sans être rogné, moyennant 50 cent.; en demi-reliure, dos en chagrin, tranches jaspées, moyennant 1 fr. 50 cent.; et avec tranches dorées, moyennant 2 fr. en sus du prix marqué.

1re Série à 1 franc 25 c. le volume.

Barthélemy : *Voyage du jeune Anacharsis en Grèce dans le milieu du IVe siècle avant l'ère chrétienne.* 3 volumes.

Atlas pour le Voyage du jeune Anacharsis, dressé par J.-D. Barbié du Bocage, revu par A.-D. Barbié du Bocage. In-8, 1 fr. 50 c.

Boileau : *Œuvres complètes.* 2 vol.

Bossuet : *Œuvres choisies.* 5 vol.

Corneille : *Œuvres complètes.* 7 vol.

Fénelon : *Œuvres choisies.* 4 vol.

La Fontaine : *Œuvres complètes.* 3 volumes.

Marivaux : *Œuvres choisies.* 2 vol.

Molière : *Œuvres complètes.* 3 vol.

Montaigne : *Essais*, précédés d'une lettre à M. Villemain sur l'éloge de Montaigne, par P. Christian. 2 vol.

Montesquieu : *Œuvres complètes.* 3 volumes.

Pascal : *Œuvres complètes.* 3 vol.

Racine : *Œuvres complètes.* 3 vol.

Rousseau (J.-J.) : *Œuvres complètes.* 13 volumes.

Saint-Simon (le duc de) : *Mémoires complets et authentiques* sur le siècle de Louis XIV et la Régence, collationnés sur le manuscrit original par M. Chéruel, et précédés d'une notice de M. Sainte-Beuve, de l'Académie française. 13 vol.

Sedaine : *Œuvres choisies.* 1 vol.

Voltaire : *Œuvres complètes.* 46 vol.

2e Série à 3 francs 50 cent. le volume.

Chateaubriand : *Le Génie du Christianisme.* 1 vol.

— *Les Martyrs*; — *le Dernier des Abencerrages.* 1 vol.

— *Atala*; — *René*; — *les Natchez.* 1 vol.

Fléchier : *Mémoires sur les Grands-Jours d'Auvergne en* 1665, annotés par M. Chéruel et précédés d'une notice par M. Sainte-Beuve. 1 vol.

Malherbe : *Œuvres poétiques*, réimprimées pour le texte sur la nouvelle édition des *Œuvres complètes de Malherbe*, publiées par M. L[illegible] Lalanne dans la Collection des Grands Écrivains de la France. 1 vol.

Sévigné (Mme de) : *Lettres de Mme de Sévigné, de sa famille et de ses amis*, réimprimées pour le texte sur la nouvelle édition publiée par M. Monmerqué dans la Collection des Grands Écrivains de la France. 8 vol.

COULOMMIERS. — TYPOGRAPHIE PAUL BRODARD.

ŒUVRES COMPLÈTES

DE VOLTAIRE

COULOMMIERS
Imprimerie Paul Brodard

ŒUVRES COMPLÈTES

DE VOLTAIRE

TOME QUARANTE-SIXIÈME

PARIS
LIBRAIRIE HACHETTE ET Cie
79, BOULEVARD SAINT-GERMAIN, 79

1891

CORRESPONDANCE

(SUITE)

MMMMMMMCCIX. — A M. DE BACQUENCOURT.

4 octobre.

Monsieur, si j'avais soupçonné que les colons de Ferney demandassent une injustice, en implorant les grâces du roi, je n'aurais jamais sollicité votre protection pour eux. Je sais trop qu'il ne vous faut demander que des choses justes; je vous supplie de pardonner à la compassion qu'ils m'inspirent, si je vous ai présenté leur requête. Ce sont, pour la plupart, des Génevois, des Suisses, des Savoyards, qui travaillaient autrefois à Genève; ils y étaient sur le pied d'habitants. Ils se déclarèrent pour les lois que proposait M. l'ambassadeur de France, et que les bourgeois rejetèrent en 1768. Les bourgeois prirent les armes contre eux et en tuèrent quelques-uns. Plusieurs familles furent obligées de sortir de la ville. Réfugiées à Ferney, je leur procurai quelques secours. Elles s'y établirent; le roi daigna les protéger et leur permettre de travailler avec les mêmes encouragements qu'elles avaient à Genève avant les troubles. Peu à peu la colonie grossit, et elle composait, il y a trois mois, une petite ville d'environ douze cents âmes.

Vous savez, monsieur, que, sur une frontière, des artistes étrangers ne sont pas aisés à retenir, et qu'ils vont en foule porter ailleurs leur industrie, dès qu'ils craignent de n'être pas favorisés. J'ai perdu, les deux dernières semaines, près de deux cents ouvriers, et je crains de les perdre tous. C'est dans ces tristes circonstances que j'ai eu recours à vos bontés; je ne demandais pour eux que la confirmation de la grâce dont ils ont joui pendant plusieurs années. Ils offraient même de payer à l'État, pour leurs ouvrages, un impôt qu'ils n'ont jamais payé. Ils offraient de payer vingt sous par montre, en travaillant au même titre que Genève. Les Génevois payent au roi un écu; et, si la colonie de Ferney était encouragée, il est clair que les vingt sous de Ferney produiraient à la longue une somme plus forte que les écus de Genève, puisque les Génevois ne payent que pour une petite partie de leurs montres vendues en France, et que les colons de Ferney payeraient pour toutes les montres qu'ils fournissent aux pays étrangers.

Je me flattais donc, monsieur, de demander non-seulement un chose juste, mais utile. Si vous la jugez telle, en la considérant sou ce point de vue, j'ose encore vous supplier de la favoriser.

Je ne vous parle point des dépenses immenses que j'ai faites pou établir cette colonie, sans y avoir d'autre intérêt que celui de plaire à des âmes faites comme la vôtre. Pour peu que vous voulussiez favoriser d'un mot cet établissement naissant auprès de M. le contrôleur général, vous le sauveriez de la ruine dont il est menacé. Vous feriez à la fois le bien d'un petit pays soumis à votre administration, et le bien de tout l'État; et par ce double bienfait vous satisferiez la plus chère de vos inclinations.

Je vous supplie de me faire savoir si vous me permettez de vous adresser une autre requête conçue sur les idées que je viens de vous présenter.

MMMMMMMCCX. — A M. Dalembert.

7 octobre.

Le vieux Raton, le malheureux Raton, est tout ébaubi d'avoir cette fois-ci brûlé ses pattes dans une occasion si honnête. Il n'y entend rien; il soupçonne que M. le traducteur, ne sachant comment se défendre, aura dit au hasard à l'homme dont il dépend[1] : « Monseigneur, il y a là de l'hérésie, du déisme, de l'athéisme, car il y en a partout. » On l'aura cru sur sa parole, sans lire l'ouvrage, car on ne lit point.

Je vois bien que ni vous ni vos amis vous n'avez reçu les exemplaires que je vous avais envoyés. Je ne sais plus comment faire; toute voie m'est interdite. La mauvaise volonté est plus forte que jamais. Je meurs désagréablement, mais je mourrai en vous aimant, mon très-cher philosophe. J'aurai vu mourir la littérature en France; vivez pour la ressusciter.

J'avais projeté une seconde lettre plus intéressante que la première, mais il ne m'appartient de faire aucun projet.

Je vous embrasse douloureusement.

MMMMMMMCCXI. — A M. de Cromot.

Ferney, 10 octobre.

Loin de prendre, monsieur, la liberté de vous envoyer de cent vingt lieues l'esquisse d'une fête pour un palais et des jardins que je ne connais pas, je devais vous écrire : *Si vous voulez voir un beau saut, faites-le*. Vous me faites voir que vous savez admirablement profiter des temps, des lieux, et des personnes : votre disposition est charmante; tout est varié et brillant.

Si vous voulez de mauvais vers et de plates chansons pour vos personnages, en voilà; mais je vous supplie, monsieur, de ne pas déceler un pauvre vieillard de quatre-vingt-deux ans passés, très-malade, qui meurt en faisant des chansons. Il n'y a point de ridicule quand on vous sert, mais c'en est un très-grand de vous servir si mal.

Baucis et Philémon, s'adressant au roi et à la reine,
ou à Monsieur et à Madame

Baucis et Philémon sont votre heureux modèle;
Ils s'aimaient, ils étaient tous deux

1. Le garde des sceaux, dans les attributions de qui se trouvait l'administration de la librairie et imprimerie, avait refusé le privilége pour l'impression de la *Lettre à l'Académie*. (Éd.)

Aussi tendres que généreux.
Que fit le ciel pour le prix de leur zèle?
A quels heureux destins étaient-ils réservés?
Le ciel leur accorda les dons que vous avez.

Les bohémiens chantent au roi et à la reine.

Autrefois dans ces retraites
Nous disions à contre-temps
La bonne aventure aux passants;
Mais c'est vous qui la faites.
Nous étions les interprètes
Du bonheur qu'on peut goûter:
Nous n'osons plus le chanter;
Car c'est vous qui le faites.

A Monsieur et à Madame, qui veulent se faire dire leur bonne aventure : une bohémienne regarde dans leur main

Ma belle dame,
Mon beau monsieur,
Je lis dans votre âme;
Je vous sais par cœur.
La belle Nature
Forma votre humeur;
De vos frères le bonheur
Est votre bonne aventure.

Pour Monseigneur et Madame comtesse d'Artois.

Je vous en dirai tout autant.
Pour vous, mon prince, allez toujours gaîment,
Gaîment, gaîment.
Vous plairez toujours, je vous jure;
Et je vous prédirai souvent
Une bonne aventure.

Le chevalier de la reine peut chanter ou réciter :

Jadis de Bradamante on me vit chevalier;
On la croyait alors une beauté parfaite;
Et moi, très-fidèle guerrier,
Je la quittai pour Antoinette.
Ce nom n'est pas, dit-on, trop heureux pour les vers;
Mais il le sera pour l'histoire :
Il est cher à la France, il l'est à l'univers;
Sitôt qu'on le prononce, il appelle à la gloire
Les plus brillants esprits et les plus fiers vainqueurs.
Quand on est gravé dans les cœurs,
On l'est dans l'avenir au temple de Mémoire.

On peut écrire au-dessus du buste de la reine :

Amours, Grâces, Plaisirs, nos fêtes vous admettent.
Regardez ce portrait, vous pouvez l'adorer;
Un moment devant lui vous pouvez folâtrer :
Les Vertus vous le permettent.

Je soupçonne toujours que mes sottises arriveront trop tard. Vous êtes aussi le premier qui ait commandé son souper si loin de chez soi : votre souper sera excellent sans que je m'en mêle. Je suis trop heureux que cette aventure m'ait procuré l'honneur d'être en quelque relation avec un homme de votre mérite.

Je suis, etc.

MMMMMMMCCXII. — De M. Dalembert.

A Paris, 15 octobre.

Il faut que Bertrand rassure un peu Raton, qui ne sera pas absolument brûlé, mais seulement pendu, par la clémence des juges. On a levé apparemment la défense de rien dire contre le théâtre anglais et contre Shakspeare; car je vis, il y a quelques jours, la lettre exposée en vente aux Tuileries. Mais il n'est pas moins vrai que l'imbécile calomnie a persuadé à Versailles que cette lettre était un ouvrage impie, et qu'en conséquence on nous a refusé l'augmentation des prix que nous demandions, pour avoir une occasion (qui ne se présentera pas sitôt) de remercier et de louer le ministère présent, qui apparemment ne s'en soucie guère. Grand bien lui fasse! En attendant, je vais pousser, comme je pourrai, le temps avec l'épaule, jusqu'au printemps, où j'irai revoir votre ancien disciple, qui m'a écrit deux lettres charmantes sur la perte que j'ai faite, et qui mérite bien que j'aille l'en remercier. Je suis à la veille de faire une autre perte qui m'est bien sensible, celle de Mme Geoffrin, et d'autant plus sensible, que Mme de La Ferté-Imbault, sa fille, qui joue la dévotion, mais qui ne joue pas la sottise, a écarté du lit de sa mère tout ce qu'on appelle philosophes, et qui n'ont pas plus d'envie que de besoin de parler de religion à sa mère en l'état où elle est. On peut dire de la philosophie ce que Despréaux disait de Dieu, en entendant déraisonner deux sots athées : *Vous avez là de sots ennemis.* Mais ces ennemis sont aussi méchants que sots, et aussi dangereux par leurs calomnies que méprisables par leur imbécillité. Que le ciel nous assiste et les confonde! Mais le ciel n'en fera rien; et je ferai comme l'abbé Terrasson faisait, à ce qu'il disait, de la Providence, je m'en passerai; et je vous exhorte, mon cher Raton, à vous en passer aussi, et surtout à ne pas nous priver de votre seconde lettre, dussions-nous être condamnés à ne plus couronner de mauvaise prose et de mauvais vers. Adieu; je baise bien tendrement vos pattes, et je les exhorte à ne se laisser ni brûler ni engourdir.

MMMMMMMCCXIII. — A M. LE MARÉCHAL DUC DE RICHELIEU.

15 octobre.

Vous me grondez toujours, monseigneur, de ce que je ne vous envoie pas toutes mes sottises. Je vous déclare du fond de mon cœur que je ne les ai jamais voulu hasarder devant votre tribunal, non-seulement parce que je les crois très-indignes de vous être présentées, mais parce que vous les avez toujours traitées comme elles le méritent, et qu'elles n'ont jamais obtenu de vous que des plaisanteries dont vous avez accablé votre très-humble serviteur. Vous savez bien que vous aimez à humilier votre prochain le plus que vous pouvez. Vous avez passé votre vie à rire souvent aux dépens d'autrui; on ne réforme point son caractère. Vous m'avez intimidé en vous faisant adorer.

Il n'en a pas été de même de ma *Lettre à l'Académie;* c'est en vérité une chose très-sérieuse. Vous êtes notre doyen, vous êtes le neveu du cardinal de Richelieu, et certainement il n'aurait pas souffert qu'on eût dédié à Louis XIII un gros ouvrage dans lequel on aurait immolé la France à l'Angleterre. Il y a plus de quatre-vingts ans que je vois des insolences ridicules; mais je n'en avais vu aucune de cette force. C'est à vous principalement que j'ai dû demander justice. Vous devez prodiguer vos bons mots sur Gilles Shakspeare, le dieu de l'Angleterre, et vous moquer de son jubilé beaucoup plus que de moi.

A l'égard du *Commentaire historique* sur mes misérables œuvres, il a été fait par un homme sage, d'après toutes les pièces justificatives qui sont encore entre ses mains. Cela ne ressemble pas aux *Lettres* du pape Ganganelli, composées par un marquis italien, natif d'un village auprès de Tours. Ce petit ouvrage doit trouver grâce devant vos yeux. Vous avez dû y voir une lettre de M. d'Argenson la bête, ou plutôt de M. d'Argenson le philosophe, dans laquelle la bataille de Fontenoy est très-fidèlement décrite, et où l'on vous rend la justice que vous méritez, en avouant que c'est à vous qu'on doit le gain de cette bataille de Fontenoy, que le maréchal de Saxe croyait perdue. Laissez faire, laissez dire; ces vérités parviendront un jour à la postérité, malgré toutes vos railleries, malgré toutes vos légèretés, et malgré Mme de Saint-Vincent. Et quand même vous perdriez votre procès, ce qui me paraît impossible: quand même vous perdriez tout votre crédit à la cour, ce qui me paraît très-possible, on n'ôtera rien à votre gloire.

Je crois que Mme de Saint-Julien est encore à Plombières, et qu'elle va incessamment à Paris se partager entre vous et M. le duc de Choiseul.

M. de La Vie, qui m'est venu voir, m'a parlé de ce livre intitulé *Des erreurs et de la vérité*, que vous avez lu tout entier. Je ne le connais point; mais, s'il est bon, il doit contenir cinquante volumes in-folio pour la première partie, et une demi-page pour la seconde.

J'ai réellement bâti une ville, et même une assez jolie ville, depuis que je n'ai eu l'honneur de vous faire ma cour à Ferney. Il y a bien là de quoi se moquer de moi plus que jamais; car sûrement je demanderai l'aumône à une porte de la ville, si jamais il y a une porte. M. de Trudaine avait eu la bonté de faire paver la moitié de cette cité naissante. Je doute que votre intendant de Bordeaux donne de l'argent pour paver le reste. Je n'implore point votre protection dans mes misères : je les expose en soupirant. Conservez-moi gaiement vos bontés au bord de mon tombeau.

MMMMMMMCCXIV. — A M. de Vaines.

18 octobre.

Je vous admire, monsieur, de continuer à aimer, à cultiver les lettres, au milieu des prodigieux détails d'affaires dont vous devez être chargé; je vous admire encore plus d'avoir su conserver votre chambre, quand le bâtiment s'est écroulé; c'est que vous avez su plaire, et c'est assurément le premier de tous les talents. Vous n'avez pas eu besoin des *Moyens* du sieur Moncrif.

Je vous remercie du *Camoëns;* je ne l'avais jamais lu tout entier, et je crois encore que peu de gens le liront tout entier.

J'ai été bien inspiré de Dieu, en n'envoyant point à M. de Cluny des requêtes de ma colonie, dont j'étais chargé; il ressemblait alors à M. Turgot par sa goutte, et même il l'emportait beaucoup sur lui; mes requêtes auraient fort mal pris leur temps; je laisserai tomber probablement cette colonie qui m'a coûté tant de peines et de dépenses; je ne dirai point :

Urbem præclaram statui; mea mœnia vidi.
Virg., *Æneid.*, lib. IV, v. 655.

Ma consolation serait de vous voir dans votre maison, mais il n'y a plus moyen de transplanter un vieux arbre séché qui n'a plus ni feuilles ni racines.

Permettez que je vous envoie une lettre pour un homme qui est aussi intrépide dans la philosophie qu'il est doux dans la société; cet homme-là paraît tout fait pour vous. Que ne puis-je me trouver entre vous deux ! je crois y être en vous écrivant.

MMMMMMMCCXV. — A M. des Essarts.

18 octobre.

Le vieux malade, monsieur, à qui vous aviez eu la bonté d'envoyer, il y a quelques mois, votre éloquent mémoire, était alors aux eaux, et il en est revenu plus malade encore; son triste état ne lui a pas permis de vous remercier plus tôt; il vous fait son compliment sur le gain de votre procès; il ne doute pas que votre sage éloquence et votre attention à ne soutenir que de bonnes causes ne vous fassent une grande réputation, et ne contribuent à la gloire d'un ordre aussi estimable que libre.

J'ai l'honneur d'être, etc. Le vieux malade de Ferney.

MMMMMMMCCXVI. — A M. LE COMTE D'ARGENTAL.

18 octobre.

Mon cher ange, je soupçonne que vous êtes actuellement à Fontainebleau avec le véritable marquis de Caraccioli[1], fort différent du prétendu marquis Caraccioli, natif d'auprès de Tours, auteur d'une prétendue *Vie* de Mme de Pompadour, et imprimeur des prétendues *Lettres* de ce pauvre pape Ganganelli.

Je suppose qu'en qualité d'ambassadeur de famille[2] vous avez été de la fête de Brunoy, et encore plus en qualité d'homme de goût. Il faut que je vous demande des nouvelles de cette fête, car je ne veux pas en demander à Monsieur. Dites-moi, je vous prie, si on y a fait paraître le buste de la reine.

Cette idée de fêter le buste de la reine, tandis qu'on avait sa personne, n'était venue à MM. de Brunoy que quatre jours avant ce beau souper; le souper fut le 7 du mois, et celui qui envoya l'inscription ne fut informé de tout cela que le 10; ainsi il ne put avoir l'honneur de cajoler le beau buste d'Antoinette. On récita quelques autres mauvais vers de lui qui étaient venus auparavant à bon port.

On lui mande que ces petits versiculets, tout plats qu'ils sont, n'ont pas été mal reçus de la belle et brillante Antoinette et de sa cour. Il en est fort aise, quoiqu'il ne soit pas courtisan. Il s'imagine qu'on pourrait aisément obtenir la protection de cette divine Antoinette en faveur d'*Olympie* la brûlée. Il s'imagine encore que, dans certaines occasions, certain vieux amateur de certaines vérités pourrait se mettre sous la sauvegarde de certaine famille, contre les méchancetés de certains pédants en robe noire, qui ont toujours une dent contre un certain solitaire.

Si donc vous êtes à Fontainebleau, mon cher ange, je vous prie de ruminer tout cela dans votre tête très-sage, et de le confier à votre bon cœur; un mot placé à propos peut faire beaucoup de bien, et vous ne haïssez pas d'en faire.

Je ne m'en tiens pas à des inscriptions pour des bustes, ni à de petits quatrains sur le bonheur, qui ont été récités à la fête de Brunoy. Je vous fais de grands diables de vers alexandrins[3], dont vous entendrez parler dans quatre ou cinq mois, si Dieu me donne vie. Je ne suis pas bien sûr de cette vie, c'est ce qui fait que je vais me dépêcher; mais, en se dépêchant trop, on ne fait rien qui vaille.

Je vous écris tout cela de mon lit, où je souffre comme un damné; ayant devant moi de beaux jardins, une belle campagne, un beau lac; à ma droite, les montagnes du Jura; à ma gauche, les glaces éternelles des grandes Alpes, et dans mon corps, le diable. Je me recommande à mon bon ange gardien, qui ne m'abandonnera jamais.

1. Ambassadeur de Naples à Paris, différent du Caraccioli auteur des *Lettres de Ganganelli*. (ÉD.)

2. Le comte d'Argental était ministre plénipotentiaire du duc de Parme, dont le père avait épousé une fille de Louis XV. (ÉD.)

3. La tragédie d'*Irène*. (ÉD.)

Je vous prie surtout de me mander comment je dois écrire à M. Pierre Zaguri, qui m'écrit de Venise, et que je crois être un *savio grande*. Il se renomme beaucoup de vous; et il m'écrit des choses qui me confondent et qui me font rougir, en quoi il n'est pas *grande savio;* mais il paraît fort aimable. J'attends, pour lui répondre, que vous ayez eu la bonté de m'instruire.

MMMMMMMCCXVII. — A M. Félix Nogaret[1].

20 octobre.

Tout le monde, monsieur, ne sera pas de votre avis[2]. La vieillesse et l'enfance déposent trop contre vous. Rousseau, le faiseur de stances[3], me revient en mémoire. Il a fait un tableau assez vrai des maux qui nous affligent. La peine que vous vous êtes donnée vous a fait tirer parti d'une thèse que d'autres ont soutenue avant vous, et que j'ai combattue. Mon sentiment ne doit ni vous fâcher ni vous surprendre. Je ne changerai pas d'opinion maintenant que je suis accablé par l'âge et les infirmités. Si, dans un bon moment, j'ai changé l'eau en vin, je l'oublie. J'aimerais assez qu'il ne fût plus question de ce miracle. Vous aurez des contradicteurs pour avoir soutenu sérieusement votre sentiment en prose. Le poëme suffisait; je me suis amusé en le lisant, et je vous en remercie.

Vous ne convenez pas dans vos notes que Fréron soit un animal à longues oreilles. Il m'a semblé pourtant que c'était une vérité reconnue dans Paris. Prenez garde que c'est consentir à passer pour poltron que de n'être pas de cet avis :

Auriculas asini Frero *rex habet*[4].

Ce qui le distinguera de ses confrères dans la suite des siècles, ce sera la paire d'ailes dont M. Palissot[5] l'a ingénieusement décoré. La qualification que je lui donne ne le prive point de son droit à l'immortalité. Qu'il soit immortel, j'y consens. Érostrate, Empédocle, Abraham Chaumeix, le P. Fidèle[6] et tant d'autres, le sont aussi. Il ne faut pour cela qu'avoir fait de grandes balourdises, de grandes folies ou de grands crimes. On parlera éternellement de Ganymède et d'Antinoüs. Il en sera de même de Desfontaines et de Fréron; et ce sera pour eux un grand honneur. La monture de la sottise a sujet de se glorifier d'aller de pair un jour avec le favori de Jupiter et le mignon de l'empereur Adrien.

1. Félix Nogaret, surnommé *l'Aristénète français*, né en 1740, est mort le 2 juin 1831; auteur de beaucoup de poésies et de quelques opuscules en prose. (Éd.)
2. Dans les *Vœux des Crétois, par Xanferligote*, l'auteur a voulu prouver que nous avons dans la vie *plus de plaisirs que de peines*. (Éd.)
3. Les stances de J. B. Rousseau sont celles qui commencent ainsi :

Que l'homme est bien pendant sa vie. (Éd.)

4. Perse, I, 121. (Éd.)
5. Les ailes données à Fréron par Palissot sont les ailes à l'envers. (Éd.)
6. Le P. Fidèle de Pau, capucin, est auteur d'une *Oraison funèbre du Dauphin*, écrite d'un style singulier, et qui devait être accompagnée de notes plus singulières encore; ces notes furent supprimées avant la publication; mais il en existe des copies manuscrites. (*Note de M. Beuchot.*)

MMMMMMMCCXVIII. — A M. DALEMBERT.

22 octobre.

Raton n'a plus ni pattes, ni griffes, ni barbe, ni dents. Le pauvre Raton est plus malingre que jamais; il est presque dans l'état d'un contrôleur général. C'est assez là le cas, comme vous dites, de se passer de la Providence. Mme Geoffrin est réellement une perte. Je ne crois pas qu'elle soit de mon âge; mais la mort consulte rarement les extraits baptistaires.

Si je suis encore en vie, mon cher philosophe, à votre retour de Berlin, n'oubliez pas, je vous en prie, votre vieux Raton.

Votre doyen m'avait vanté un livre intitulé *les Erreurs et la vérité*[1]; je l'ai fait venir, pour mon malheur. Je ne crois pas qu'on ait jamais rien imprimé de plus absurde, de plus obscur, de plus fou et de plus sot. Comment un tel ouvrage a-t-il pu réussir auprès de M. le doyen? Vous me le direz. Dites-moi aussi, je vous prie, quel est le chrétien qui a fait trois volumes de lettres à moi adressées sous le nom de trois juifs; tâchez de vous en informer. Je viendrai à lui quand j'aurai achevé d'étriller Shakspeare. Je suis comme Beaumarchais : *A vous, monsieur Marin! à vous, monsieur Baculard*[2]*!* Dieu merci, pour me consoler, j'ai lu Pascal-Condorcet[3]. Cela doit tenir lieu d'une bibliothèque entière. Rien n'est plus propre à instruire ceux qui veulent penser, à fortifier ceux qui pensent, et à raffermir ceux qui chancellent. On avait un grand besoin de cet ouvrage.

Adieu, mon cher ami; si vous m'écrivez, n'oubliez pas de me dire des nouvelles de la santé de M. le contrôleur général, de qui dépend, à ce que je crois, la faveur de vos quinze cents francs, pour encourager la jeunesse. Dites-moi aussi quelque chose de M. de Maurepas. Je suis honteux de paraître encore m'intéresser un peu à ce qui se passe dans le monde.

Je ne vous demande plus des nouvelles de la santé de M. de Clugny[4], attendu qu'il est mort; mais je vous prie de me dire le nom d'un ancien recteur du collége du Plessis, auteur des trois volumes de lettres sous le nom de quelques juifs. Cet homme[5] est un des plus mauvais chrétiens, et des plus insolents, qui soient dans l'Église de Dieu.

Vous savez que les troupes du docteur Franklin ont été battues par celles du roi d'Angleterre. Hélas! on bat les philosophes partout. La raison et la liberté sont mal reçues dans ce monde. Allons, courage, mon très-cher philosophe.

1. Par de Saint-Martin. (ÉD.)
2. Expressions de Beaumarchais dans ses *Mémoires*. (ÉD.)
3. L'édition des *Pensées de Pascal*, donnée par Condorcet, avec des notes et un *Éloge de Pascal*. (ÉD.)
4. Contrôleur général des finances. (ÉD.) — 5. L'abbé Guénée. (ÉD.)

MMMMMMMCCXIX. — De Frédéric II, roi de Prusse.

Le 22 octobre.

Voici près de deux mois qu'aucune goutte de rosée du ciel de Ferney n'est tombée sur le rivage de la Baltique; les soi-disantes Muses et les habitants de notre Parnasse sablonneux dessèchent à vue d'œil, et ils seraient déjà diaphanes si certain commentaire sur je ne sais quelle bible[1] ne leur était tombé entre les mains. C'est à cet ouvrage qu'ils doivent l'existence et la vie. Tout le monde a ri, parce que par Nazareth il fallait entendre l'Égypte, et par l'Égypte, Nazareth. Cet éclat de rire s'est porté par l'écho depuis le Mansfeld jusqu'à Memel : il a dissipé les humeurs noires, et rapporté la joie dans nos contrées.

Que le ciel bénisse le plaisant commentateur de ce profond ouvrage! Je le crois aussi habile à expliquer les traités entre les nations que les visions hébraïques; et peut-être que si les Français et les Anglais se fussent servis de lui pour régler leurs anciens démêlés sur le Canada, il les aurait accordés. On se serait épargné la dernière guerre; ce qui n'eût pas été une bagatelle.

Voici des vers[2] qu'un rêve-creux avait fabriqués ici avant l'arrivée du divin commentaire; ceux qu'il fera à présent seront plus gais. Il se propose de démontrer que quatre-vingts ans et vingt sont la même chose, et cela par l'exemple de personnes qui ne vieillissent point, et dont l'hiver des ans ressemble au printemps de leur jeunesse.

Vos Welches se préparent à faire la guerre sur mer à je ne sais qui; ils ont acheté beaucoup de bois dans mes chantiers, dont Dieu les bénisse! Voilà comme la chaîne des événements lie ensemble différents objets. Il fallait que les Portugais fissent les impertinents dans le Paraguay, pour que don Carlos se mît en colère; il fallait qu'un pacte de famille obligeât par conséquent Louis XVI à se fâcher, et à faire raccommoder sa flotte; et que, pour avoir du bois et des mâtures, il en fît chercher dans nos chantiers. Voilà du Wolf tout pur. Vous l'avez aussi commenté du temps de Mme du Châtelet, sans adopter cependant tous les brillants écarts de Leibnitz.

Oh çà, commentez ou ne commentez pas, selon votre bon plaisir; mais faites-moi au moins savoir quelques nouvelles de la santé du vieux patriarche. Je n'entends pas raillerie sur son compte; je me flatte que le quart d'heure de Rabelais sonnera pour nous deux la même minute, et que nous pourrons aller métaphysiquer ensemble là-bas; ou du moins je n'aurai pas le chagrin de lui survivre et d'apprendre sa perte, qui en sera une pour toute l'Europe. Ceci est sérieux : ainsi je vous recommande à la sainte garde d'Apollon, des Grâces, qui ne vous quittent jamais, et des Muses, qui veillent autour de vous.

Frédéric.

1. *La Bible enfin expliquée*. (Éd.) — 2. *Épître à Dalembert*, par Frédéric. (Éd.)

MMMMMMMCCXX. — A M. DE VAINES.

25 octobre.

Vous devez être, monsieur, trop occupé actuellement par votre troisième contrôleur général[1] pour que je vous importune d'une longue lettre. Si vous êtes l'ami du ministre nouveau, comme cela doit être, je ne serai pas toujours si discret. Je compte bien mettre sous vos yeux les malheurs de ma colonie. En attendant, je vous supplie de vouloir bien me permettre que je vous adresse une lettre pour M. Dalembert.

MMMMMMMCCXXI. — A MADAME DE SAINT-JULIEN.

30 octobre.

Je vous crois à présent, madame, à Paris, en bonne santé. Vous allez reprendre votre train de bienfaitrice de Ferney, comme nous reprenons nos chaînes et notre misère. Les changements arrivés dans le ministère ne nous ont pas été favorables. Tout s'est déclaré contre notre pauvre petit pays. Les fermiers généraux ne nous font point de grâce; on nous taxe impitoyablement pour les payer. On nous tire notre sang, selon l'usage. Nos colons désertent, nos belles maisons ne seront plus habitées. J'y avais mis toute ma fortune; c'est une ruine entière; je me vois sans ressource et sans espérance. On dit qu'il faudrait que je vinsse à Paris pour montrer ma misère aux ministres, et faire entendre ma voix cassée; mais je n'en ai pas la force, accablé de quatre-vingt-deux ans et de quatre-vingt-deux maladies. Et d'ailleurs vous savez comme on se moque, à la cour et à la ville, des vieux provinciaux qui viennent demander justice ou miséricorde.

L'intendant, de qui l'autorité a augmenté dans les changements de ministère, nous abandonne à notre malheur. On est obligé de soutenir des mesures évidemment mal prises. L'ancien usage est de tout écraser, et c'est cet usage que l'on suit. J'avais espéré qu'on n'abandonnerait pas entièrement les fabriques d'horlogerie que j'avais établies dans votre petit royaume de Ferney. J'avais même obtenu de Mgr le prince de Condé qu'il daignerait appuyer de sa protection une requête que nous sommes prêts à présenter. Cette requête devait être portée au conseil du roi; mais il faudrait qu'elle fût motivée par un mémoire détaillé, et puissamment soutenue par M. de Fourqueux et par M. de Trudaine : nous aurions le malheur de la voir combattue par M. de Boullogne, qui préférera toujours le droit fiscal du marc d'or à une manufacture établie au bout du royaume.

C'est un nouveau danger pour nous que l'élévation de M. Necker[2]. Les intérêts de la colonie de Ferney passent pour être opposés aux intérêts de Genève, que M. Necker est obligé de soutenir par sa naissance et par sa place de résident.

Si vous aviez le temps, madame, de nous favoriser encore de vos bontés, au milieu de vos occupations, de vos plaisirs, de vos procès,

1. Taboureau des Réaux. (Éd.)
2. Il avait été nommé directeur du trésor et adjoint au contrôleur général. (Éd.)

comment pourrais-je faire? à qui m'adresserais-je pour vous faire parvenir la requête et le mémoire dont je vous parle? J'aimerais bien mieux vous envoyer des papiers d'une autre espèce, dont vous avez déjà vu un premier acte. Vous en fûtes assez contente; vous ne le serez pas du reste : je ne le suis pas non plus, et c'est ce qui fait que je ne l'envoie pas. J'ai bien peur que le sujet ne soit pas aussi favorable que nous l'avions pensé, et que la main-d'œuvre ne soit plus défectueuse encore que le fond de la chose. En vérité, cela est tout aussi difficile à faire qu'une ville à bâtir dans le pays de Gex. Je ne suis pas comme Amphion, qui les construisait au son du violon. Mon violon et ma truelle sont cassés. Je succombe d'ailleurs sous mes maux, sous mes ennemis, sous les factieux amis de Shakspeare, sous les dévots, sous tous les barbares, et sous les architectes des maisons qu'il faut payer.

Vous êtes ma consolation, madame; je me mets à vos pieds.

LE VIEUX MALADE.

P. S. Je dois pourtant vous dire que j'ai toujours une violente passion pour la reine; et, comme les amants font quelquefois des vers pour leur maîtresse, j'en ai fait pour Sa Majesté, qui ont été récités dans la fête de Brunoy. Il est vrai que je ne m'en souviens plus; mais en voici d'autres dont on n'a pu faire usage, parce qu'ils sont venus trop tard. On avait imaginé de faire paraître le buste de la reine, porté par des filles qui représentaient les Grâces, et entouré de petits garçons qui figuraient les Amours, et la compagnie tant répétée des Jeux et des Ris. J'avais proposé qu'on mît au-dessous du buste :

Amours, Grâces, Plaisirs, nos fêtes vous admettent :
Regardez ce portrait, vous pouvez l'adorer;
Un moment devant lui vous pouvez folâtrer,
Les Vertus vous le permettent.

Ce dernier vers me paraissait tout à fait dans le caractère de la reine. Que le bon Dieu la prenne sous sa sainte et digne garde! et vous aussi, madame.

MMMMMMMMCCXXII. — A M. GUDIN DE LA BRENELLERIE [1].

A Ferney, 1er novembre.

Quatre-vingt-deux ans, monsieur, environ quatre-vingt-deux maladies, quatre-vingt-deux et plus de maisons bâties dans un cloaque voisin d'une ville où je crois que vous êtes né; plus de quatre-vingt-deux injures à moi dites par de bons chrétiens, dans des écrits auxquels on est tenté de répondre, et auxquels il ne faut pas répondre; plus de quatre-vingt-deux petites affaires domestiques : tout cela, monsieur, a retardé la réponse que je vous dois depuis environ quinze jours :

Vaces oportet, Eutyche, a negotiis,
Ut liber animus sentiat vim carminis [2].

1. Il avait été secrétaire de Beaumarchais. (ÉD.)
2. *Phèdre*, prologue du livre III, vers 2 et 3. (ÉD.)

J'ai lu avec bien de l'attention votre *Coriolan* : c'est un ouvrage bien pensé et bien écrit d'un bout à l'autre. Il mérite l'estime de tous les honnêtes gens, qui sentent toutes les difficultés et le mérite de les avoir vaincues. Je ne crois pas qu'il soit possible de tirer une tragédie entière d'un sujet qui n'a qu'une scène, et d'y mieux réussir. Les gens de l'art surtout démêlent cet extrême mérite quand ils sont justes. *Bérénice*, dans laquelle il n'y avait qu'un mot à dire, *invitus invitam*, était bien plus aisée à traiter, parce que l'amour est une source inépuisable, et parce que le spectacle est toujours rempli de quinze cents personnes qui aiment ou qui ont aimé, et que, parmi ces quinze cents spectateurs, il n'y a pas un ancien Romain.

Vous avez, dans votre *Coriolan*, comme dans votre *Royaume en interdit*, bien des traits qui décèlent une philosophie profonde et hardie. Je me flatte que je trouverai cette philosophie dans votre *Essai sur le progrès des arts*[1]. Je me doute bien que vous n'avez pas un privilége en chancellerie; je vous en félicite, vous et vos lecteurs. Je n'aime pas plus les maîtrises et les jurandes que M. Turgot : je ne crois pas qu'on doive faire viser son esprit par un censeur royal, et que les pensées aient besoin de cire jaune.

Ne doutez pas, monsieur, des sentiments, etc.

LE VIEUX MALADE DE FERNEY.

MMMMMMMCCXXIII. — A M. LE COMTE D'ARGENTAL.

A Ferney, 3 novembre.

Mon cher ange, il est vrai que, dans ma quatre-vingt-troisième année, j'avais la folie d'entreprendre un ouvrage au-dessus de mes forces[2]; mais c'était uniquement pour vous plaire. Il faut l'abandonner, et attendre que je rajeunisse. Mon étrange destinée, qui m'a conduit de Paris aux frontières de la Suisse, et qui m'a forcé de changer un petit cloaque affreux en une jolie ville d'un quart de lieue de long, me persécute aujourd'hui, et ne me rajeunit point; elle m'écrase avec les pierres des maisons que j'ai élevées. Mon extrême facilité m'a ruiné; l'ingratitude m'a suscité des procès infiniment désagréables; le changement de ministère en France a privé ma colonie de tous les avantages que j'avais obtenus pour elle. Tout le bien que j'avais fait à ma nouvelle patrie est devenu calamité. J'avais mis jusqu'à la dernière goutte de mon sang à cet établissement très-utile, sans y avoir d'autre intérêt que celui de bien faire. Mon sang est perdu, et je n'ai plus qu'à mourir étique : voilà une de mes situations.

Une autre tout aussi consolante est une meute de jansénistes qui aboie après moi depuis si longtemps, qui relaye les jésuites Nonotte et Patouillet, qui me relance dans ma tanière, et qui réveille certains messieurs. Ces chiens me déchirent à mes derniers moments, et je

1. *Aux mânes de Louis XV et des grands hommes qui ont vécu sous son règne.* (ÉD.)
2. La tragédie d'*Irene*. (ÉD.)

meurs dévoré par les dogues de Jansénius, après avoir été mordu par les renards de Loyola.

Vous m'avouerez, mon cher ange compatissant, qu'il est difficile d'achever un ouvrage de poésie dans de pareilles circonstances.

Je vous prie donc de m'excuser auprès de M. de Thibouville, ainsi que de vous-même. Je vous demande pardon à tous deux d'être si vieux, si malheureux, si malade, et si sot : peut-être que tout cela changera. Je me mets à l'ombre de vos ailes, et je vous embrasse bien tendrement de mes faibles bras.

MMMMMMMCCXXIV. — De M. Dalembert.

A Paris, ce 5 novembre.

Le triste Bertrand au malingre Raton, salut. Raton, tout malingr qu'il est, fera très-bien de continuer à égratigner Gilles Shakspeare, quoique les coups de patte qu'il lui a donnés aient fait couper les vivres à la jeunesse studieuse, *studiosæ juventuti*. Il faut qu'au moins la philosophie et la raison fassent justice dans leur petit domaine, puisqu'elles sont battues à la Nouvelle-York; mais on aura beau faire, cette chienne de philosophie sera, comme le prince d'Orange, souvent battue et jamais défaite.

Quand Gilles Shakspeare aura été dûment étrillé, Raton fera très-chattement d'en venir aux *Lettres des juifs portugais*, qui ne valent pas les *Lettres portugaises*, même pour de pauvres diables éreintés comme Raton et Bertrand. Le secrétaire de ces juifs est un pauvre chrétien, nommé Guénée, ci-devant professeur au collége du Plessis, et aujourd'hui balayeur ou sacristain de la chapelle de Versailles. On dit que ses *Lettres* lui ont valu quelques pourboires du cardinal de La Roche-Aymon, un des plus dignes prélats qui soient dans l'Église de Dieu, et à qui il ne manque rien que de savoir lire et écrire. On assure que ce saint Ambroise, qui, par humilité, a oublié d'apprendre l'orthographe (ce qui nous a empêchés de lui donner un de nos fauteuils, dont il avait grande envie, et nous fort peu); on assure donc que ce Chrysostome non lettré a représenté au gouvernement que choisir pour ministre des finances un homme qui ne va pas à la messe est un crime qui tient de la bestialité : on lui a répondu que sa remontrance tenait de la bêtise, et on l'a renvoyé dire sa messe, et Guénée la servir.

Bertrand reçoit journellement de l'ancien disciple de Raton de la prose charmante, et des vers qui ne valent pas tout à fait sa prose. Il me mande qu'il m'attend à Berlin l'année prochaine; et Bertrand ira très-volontiers faire avec lui de la prose, et même des vers, sur tout ce qui se passe depuis la Nouvelle-York jusqu'au Kamtschatka. En attendant, Bertrand finit ici sa prose à Raton, et l'exhorte à faire main basse, en vers et en prose, sur les sots, dont ce meilleur des mondes fourmille.

MMMMMMCCXXV. — A M. DE VAINES.

6 novembre.

Je suis plus fâché que vous, monsieur. Comment de malheureux écrivains mercenaires de nouvelles osent-ils calomnier votre abdication généreuse ? Je voudrais que vous demeurassiez, quand ce ne serait que pour les faire taire. La retraite n'est bonne que pour des malades inutiles comme moi. Si j'étais à Paris, j'y mourrais bien vite de la vie qu'on y mène ; mais vous, qui avez de la santé, et qui êtes dans la force de l'âge, vous pourriez rester, ce me semble, pour être utile à vous et aux autres. On dit que vous travaillez avec une facilité étonnante ; que vous mettez le plus grand ordre et la netteté la plus lumineuse dans tout ce que vous faites ; que vous n'avez jamais l'air occupé en vous occupant toujours ; que vous êtes aussi aimable dans la société qu'essentiel en affaires : je conclus que c'est à vous de rester dans Paris et dans votre place.

J'ai écrit à M. le marquis de Condorcet avant de recevoir votre lettre, dont je suis très-touché. Je lui ai demandé la permission d'aimer toujours une belle dame qui est née dans mon voisinage, qui a tant contribué à mettre mon squelette en marbre, qui est très-bonne et très-estimable[1].

Je ne sais si un ancien Romain[2], sous le portrait duquel j'ai écrit :

Ostendent terris hunc tantum fata[3],

est à Paris ou à la Roche-Guyon[4]. Quelque part où il soit, je vous supplie de lui faire passer, dans l'occasion, tout ce que je pense et penserai de lui jusqu'au tombeau.

Conservez-moi, monsieur, par justice, l'amitié dont vous m'avez gratifié par générosité.

LE VIEUX MALADE.

MMMMMMCCXXVI. — A M. DALEMBERT.

8 novembre.

Vous ne vous vantez pas des faveurs de votre maîtresse, mais elle s'en vante. Le roi de Prusse, mon cher philosophe, m'a envoyé la belle épître qu'il vous a adressée. Je suis, malgré vous, le confident de vos amours ; c'est le seul rôle que je puisse jouer à mon âge. Ce redoublement de coquetterie entre vous et Frédéric me fait juger que vous l'irez voir au printemps, comme vous me l'avez mandé. J'espère, si je suis en vie, que Ferney sera une de vos auberges dans votre voyage ; mais je ne vous réponds pas que ma vieille et frêle machine puisse durer jusqu'au printemps. Qui sera notre secrétaire pendant votre absence ? Il eût été bien nécessaire que M. de Condorcet fût des nôtres. Je me flatte que, si je meurs cet hiver, j'aurai le plaisir de le voir remplir ma

1. Mme Necker. (ÉD.)
2. Turgot, qui n'avait fait presque que passer au ministère. (ÉD.)
3. *Æn.*, VI, 869. (ÉD.)
4. Turgot était à la Roche-Guyon, chez Mme d'Enville. (ÉD.)

place. Je veux même croire que la noble liberté avec laquelle il a écrit ne lui fermerait pas la porte de l'Académie.

Raton vous prie, encore une fois, de lui faire savoir le nom de ce docte janséniste qui a fait imprimer, chez Moutard, trois scientifiques volumes contre lui, sous le nom de six juifs. Il me traite comme Antiochus, il me donne six Machabées à combattre. M. de La Harpe, qui a fait un petit extrait, ou plutôt qui a donné une simple notice de son livre, doit savoir le nom de l'auteur. Parlez-en, je vous en prie, à M. de La Harpe. Il est bon de savoir à qui l'on a affaire.

Je suis fâché que M. de Vaines quitte sa place; c'est une très-belle action, si elle est absolument volontaire; mais elle me paraît triste pour la littérature. Restez-nous fidèle, mon cher ami.

> *Quum tu, inter scabiem tantam et contagia lucri,*
> *Nil parvum sapias, et adhuc sublimia cures*[1].

Souvenez-vous, au printemps, que Ferney est sur votre route. Raton vous embrasse bien tendrement de ses pauvres pattes.

MMMMMMMCCXXVII. — A Frédéric II, roi de Prusse.

8 novembre.

Sire, vous m'avez envoyé un ouvrage bien rare[2], car tout y est vrai. C'est au philosophe Dalembert à remercier en vers Votre Majesté philosophique. Hélas! ce ne sont pas mes quatre-vingt-deux ans qui m'empêchent de vous dire en vers que vous avez raison; c'est que j'éprouve, depuis plus de deux mois, ce que vous dites dans votre belle épître :

> Et la pourpre et la bure éprouvent le malheur:
> L'un pleure sur le trône, et l'autre en sa chaumière.

Si je ne pleure pas dans ma chaumière, attendu que je suis trop sec, j'ai du moins de quoi pleurer; messieurs de Nazareth ne rient point comme messieurs du rivage de la mer Baltique; ils persécutent les gens sourdement et cruellement; ils déterrent un pauvre homme dans sa tanière, et le punissent d'avoir ri autrefois à leurs dépens. Tous les malheurs qui peuvent accabler un pauvre homme ont fondu sur moi à la fois, procès, pertes de biens, tourments du corps, tourments de ce qu'on appelle âme; je suis absolument *l'autre dans sa chaumière;* mais pardieu, sire, vous n'êtes pas *l'un qui pleurez sur le trône :* vous tâtâtes un moment de l'adversité, il y a bien des années; mais avec quel courage, avec quelle grandeur d'âme vous avalâtes le calice! Comme ces épreuves servirent à votre gloire! comme, dans tous les temps, vous avez été par vous-même au-dessus du reste des hommes! je n'ose lever les yeux vers vous du sein de ma décrépitude et du fond de ma misère. Je ne sais plus où j'irai mourir. M. le duc de Wurtemberg régnant, oncle de la princesse que vous venez de

1. Horace, livre I, épître XII, vers 14-15. (Éd.)
2. L'*Épître à Dalembert*. (Éd.)

marier si bien [1], me doit quelque argent qui aurait servi à me procurer une sépulture honnête; il ne me paye point; ce qui m'embarrassera beaucoup quand je serai mort. Si j'osais, je vous demanderais votre protection auprès de lui, mais je n'ose pas; j'aimerais mieux avoir Votre Majesté pour caution.

Sérieusement parlant, je ne sais pas où j'irai mourir. Je suis un petit Job ratatiné sur mon fumier de Suisse; et la différence de Job à moi, c'est que Job guérit, et finit par être heureux. Autant en arriva au bonhomme Tobie, égaré comme moi dans un canton suisse du pays des Mèdes; et le plaisant de l'affaire est qu'il est dit dans la sainte Écriture que ses petits-enfants l'enterrèrent avec allégresse [2]: apparemment qu'ils trouvèrent une bonne succession.

Pardonnez-moi, sire, si, étant devenu presque aveugle comme Tobie, et misérable comme Job, je n'ai pas eu l'esprit assez libre pour oser vous écrire une lettre inutile.

Il est venu dans ma cabane un jeune baron ou comte saxon, qui s'appelle, je crois, Gesdorf. Il est très-aimable, plein d'esprit et de grâces, poli, circonspect. On dit que Votre Majesté a pris la peine de l'élever elle-même pour s'amuser. Il y paraît; c'est Achille qui élève Phénix, au lieu qu'autrefois Phénix fut le précepteur d'Achille.

Je me mets aux pieds de Votre Majesté. *De profundis.*

MMMMMMMCCXXVIII. — A M. GERMAIN [3].

Ferney, 10 novembre.

Un vieillard de quatre-vingt-trois ans, accablé de maladies, et plus près de quitter les misères de ce monde que d'y mettre ordre, a reçu les paquets que M. Germain et M. Lebègue ont bien voulu lui envoyer. Il connaissait depuis longtemps les talents de M. Germain, et il est très-touché de son infortune; si quelque chose peut la diminuer, c'est sans doute le *Mémoire* de M. Lebègue. Le vieillard qui se l'est fait lire l'a écouté avec beaucoup de sensibilité. Il est triste de n'être que sensible quand on voudrait être serviable. Ces messieurs sont priés de pardonner à un homme chargé de plus de peines que d'années, s'il est hors d'état de leur témoigner, par ses services, l'intérêt qu'il prend à eux. Il a l'honneur d'être leur très-humble et très-obéissant serviteur.

Le vieux malade de Ferney, V.

MMMMMMMCCXXIX. — A M. LE MARQUIS DE VILLEVIEILLE.

10 novembre.

Il ne faut pas s'étonner, monsieur, qu'un pauvre homme houspillé par quatre-vingt-deux ans, par quatre-vingt-deux maladies, et par autant d'affaires désagréables, ait tant tardé à vous répondre. Ma plume n'a pu suivre mon cœur. Je ne sais à présent où vous prendre; mais je présume que vous pouvez être encore chez vous, puisque vous n'a-

1. La princesse de Wurtemberg, mariée au grand-duc de Russie. (ÉD.)
2. Tobie, XIV, 16. (ÉD.) — 3. Orfèvre du roi. (ÉD.)

vez point passé par votre hôtellerie de Ferney, qui est sur le chemin de Paris. Vous n'auriez pas trouvé la ville de Ferney absolument bâtie et pavée. Elle ne fait que décroître depuis l'aventure de M. Turgot. Les orages de la cour sont un peu retombés sur nous; il a un peu grêlé sur notre persil. Nous aurions été trop heureux si nous avions été toujours ignorés. Notre désastre ne m'a pas empêché de m'intéresser à la fête que Monsieur a donnée à monsieur son frère et à sa belle-sœur, et même d'y avoir un peu de part.

On dit que toutes les pièces nouvelles à Fontainebleau ont fait la culbute, excepté celle du jeune Chamfort [1]. Cela ne m'étonne point; ce jeune homme a du talent, de la sensibilité, de la grâce, et fait des vers très-heureux. Il mérite de l'être, et on dit qu'il ne l'est pas; mais qui l'est, au bout du compte? On dit que c'est M. Necker : il a l'air en effet d'avoir attrapé le gros lot à la loterie de ce monde.

Je vous souhaite bien sincèrement quelqu'un des lots qui viennent immédiatement après. Votre dignité suisse ne me paraît pas suffisante pour vous. Voilà encore un gros lot pour M. de Montbarey; il est, dit-on, secrétaire d'État de la guerre; je ne l'assure pas, car on me l'a dit. Si cela est, tout est double à Versailles, et il y a même bien des cœurs qui le sont. Le vôtre n'est pas de cette espèce; le mien est à vous pour ma vie, et ce n'est pas pour longtemps.

Mme Denis est bien sensible aux marques d'amitié que vous lui donnez.

MMMMMMMCCXXX. — A M. le marquis d'Argence de Dirac.

11 novembre.

Mon cher ami, votre vieux malade vit encore, et il en est bien étonné. Il vous aimera tendrement jusqu'à son dernier jour.

Je fais mon compliment au curé de Jarnac sur son goupillon [2]. Cela est plus fort que l'aventure du R. P. Girard, et ne fera pas tant de bruit. Ce n'est pas assez d'être excessivement fou, libertin, et fanatique, pour se faire une grande réputation, il faut encore venir à propos. Il faut être janséniste ou jésuite. Ils sont passés de mode. Les Gilles d'aujourd'hui ne peuvent plus attirer le monde à la Foire.

Jouissez, mon respectable ami, d'une vie tranquille et honorée dans votre heureuse retraite. Ferney, que vous avez vu un vilain hameau, est devenu une ville d'un quart de lieue de long. Je ne sais comment cela s'est fait; je sais seulement que cela m'a ruiné; mais il est plaisant qu'un homme aussi chétif que moi se soit donné le plaisir de bâtir une ville.

Je vous embrasse de mes faibles bras le plus tendrement du monde.

1. *Mustapha et Zéangir*, tragédie en cinq actes et en vers. (Éd.)
2. Ce curé enseignait assez drôlement le catéchisme aux petites filles de sa paroisse. (*Éd. de Kehl.*)

MMMMMMMCCXXXI. — A M. LE COMTE DE TRESSAN.

11 novembre.

Je n'ai fait qu'entrevoir M. de Toulongeon. Il m'a donné, monsieur, la plus grande envie de sa charmante société; mais mon âge et mes maux ne me l'ont pas permis. Je ne suis plus de ce monde. Je m'intéresserai tendrement à vous jusqu'à mon dernier moment; mais à quoi cela sert-il? Je suis prensans *nequicquam umbras et multa volens dicere*[1]; et je suis réduit à ne rien dire.

M. de Toulongeon m'a paru infiniment aimable, et bien digne de votre amitié. Il a les grâces, la politesse, les talents, que je vous ai connus. Avec tout cela on n'est pas toujours heureux. Il y a, comme vous savez, une distance immense entre être heureux et être aimable. Je suis consolé en apprenant que vous passez votre vie avec M. de Saint-Lambert; mais j'ai peur que l'hiver ne vous sépare. Il n'y a que nous autres ours des Alpes et du mont Jura qui passions notre vie à la campagne. Les beaux oiseaux de vos cantons doivent se retirer à la ville quand les feuilles sont tombées.

Mihi jam non regia Roma,
Sed vacuum Tibur placet, aut imbelle Tarentum[2].

Je suis très-touché, monsieur, de votre souvenir. Vos bontés pour moi rappellent mon ancienne sensibilité; elle ne finira qu'avec mes jours.

Posthume, Posthume!
Labuntur anni[3].

J'aime à citer Horace à un homme de sa famille.

Mille tendres respects.

MMMMMMMCCXXXII. — A MADAME DE SAINT-JULIEN.

15 novembre.

Nos malheurs, madame, commencèrent lorsque vous nous quittâtes, et ils ont redoublé bien cruellement. Nos colons, persécutés et presque détruits, ont présenté une requête au roi, et l'ont envoyée à Mgr le prince de Condé. Cette requête n'est autre chose que le cri des gens qu'on écorche. Le prince a promis de faire donner cette requête à M. le contrôleur général par M. de La Touraille, gentilhomme de sa chambre; mais, si notre commandant voulait bien lui-même dire un mot à M. le contrôleur général, ce serait, je crois, le moyen de nous sauver. Je me borne à demander qu'on ne nous demande rien d'ici à six mois. M. le contrôleur général peut bien aisément engager M. de Boullogne à ne nous point poursuivre. Ce petit délai obtenu nous ferait peut-être éviter notre ruine entière. J'ai donné jusqu'à la

1. Virgile, *Géorg.*, IV, 501-2. (ÉD.)
2. Horace, livre I, épître VII, 44-45. (ÉD.)
3. *Id.*, livre II, ode XIV, vers 1 et 2. (ÉD.)

dernière goutte de mon sang pour construire cette ville, qui a été honorée un moment d'un hôtel de Saint-Julien. Je vois que tout va être détruit, et que je n'aurai pas de quoi me faire enterrer dans un coin d'une des rues de la ville que j'ai bâtie.

L'intendant de la province semble ne nous pas favoriser. Nous voudrions avoir son subdélégué pour protecteur auprès de lui, et nous n'osons nous en flatter. La moitié des ouvriers étrangers nous quitte, l'autre moitié tremble et est prête à fuir. On m'accable de procès de tous les côtés : voilà mon état; mais si vous me conservez vos bontés, je mourrai moins désespéré.

Quelle différence, bon Dieu! entre la situation où nous étions sous M. le duc de Choiseul et le désastre que nous éprouvons aujourd'hui! Son extrême générosité et ses grandes vues s'étendirent sur nous, et nous l'avons attesté à la postérité dans l'inscription d'un obélisque que nous élevions à Ferney, et qui lui est dédié. Il me suffit qu'il soit intruit de notre reconnaissance. Je n'ai jamais osé lui écrire, parce qu'il m'avait expressément défendu, par M. de Laponce, de lui écrire dans sa retraite. Le comble de mes chagrins est de mourir sans savoir s'il daigne encore se ressouvenir de moi. Ayez la bonté de lui parler du moins de mon obélisque, je vous en conjure. Je suis, comme j'ai toujours été, entre le lac de Genève et le mont Jura, ayant en perspective les neiges éternelles des grandes Alpes, ignorant tout ce qui se fait chez vous, à mon ordinaire. Je ne sais pas plus de nouvelles de la cour sous ce règne que sous l'autre; mais soit que M. le duc de Choiseul tienne sa cour à Chanteloup, soit qu'il la tienne à Paris, je vous demande en grâce de me mettre à ses pieds. Je ne suis pas plus instruit du procès de M. de Richelieu que de celui de Beaumarchais. Je sais seulement, madame, que je vous suis très-tendrement, très-respectueusement dévoué jusqu'au dernier moment de ma vie, et que je vous donne la préférence sur cette Mme d'Hacqueville, qu'on tient toujours pour la grand'tante de la reine, et pour la veuve du fils de Pierre le Grand. Si vous m'écrivez un petit mot, je serai consolé; si vous m'oubliez, je ne me consolerai jamais; mais je ne vous en dirai rien.

MMMMMMMCCXXXIII. — A M. Dalembert.

18 novembre.

Mon très-cher philosophe, on m'engage à vous prier de faire donner à M. l'abbé d'Espagnac la charge de panégyriste de saint Louis pour l'année prochaine. Si vous le pouvez, vous ferez une bonne action, dont je vous serai très-obligé. S'il est vrai que vous soyez déjà engagé avec un autre concurrent, je retiens place pour l'année suivante. Ce jeune abbé d'Espagnac a eu les honneurs d'accessit à l'apothéose du maréchal de Catinat. Il a beaucoup d'esprit, il est né éloquent; car, à mon avis, il faut naître éloquent comme naître poëte. Son père est un homme d'un rare mérite; il est, de plus, neveu d'un conseiller de grand'chambre, qui rabat quelquefois les coups que le fanatisme porte à cette philosophie tant persécutée.

Raton joue actuellement avec la souris nommée Guénée, mais ses pattes sont bien faibles. Je ne sais si ce combat du chat et du rat d'église pourra amuser les spectateurs. Le parti du rat est bien fort; il est toujours prêt à étrangler Raton, et on viendrait le prendre dans sa chatière, si on ne disait pas quelquefois que ce n'est pas la peine, et que Raton est mort, ou autant vaut.

J'ai lu les deux lettres bien étonnantes que vous avez reçues d'un grand roi, plus étonnant encore. Le petit billet du marquis de Condorcet à M. de La Harpe rend la philosophie bien respectable; je ne sais point de plus belle époque pour elle. En vérité, il n'y a rien au-dessus de la considération dont vous jouissez; c'est là ce qui doit faire frémir le fanatisme : il est écrasé sous votre char de triomphe.

Une autre gloire pour la philosophie, c'est que M. de Condorcet paraît tranquille dans les révolutions ministérielles. Je voudrais bien savoir de vous ce qu'il fait et ce qu'il pense.

Je voudrais bien encore que M. de Vaines restât en place. Je voudrais bien aussi que vous me mandassiez votre avis sur tout cela, si vous avez un moment de loisir. Les pattes de Raton se raniment un moment pour vous embrasser le plus tendrement du monde.

MMMMMMMCCXXXIV. — A M. LE BARON D'ESPAGNAC.

A Ferney, 18 novembre.

Monsieur, je reçois, le 16 novembre, la lettre dont vous m'avez honoré, datée du 7. Je réponds aujourd'hui lundi 18, parce que la poste ne partait pas hier, jour du dimanche. Je réponds pour vous dire que je suis enchanté des ordres que vous me donnez. J'écris sur-le-champ à mes amis de l'Académie, et surtout à M. Dalembert. Je ne doute pas que le héros malheureux qui mourut devant Tunis ne fit autant d'honneur à monsieur votre fils[1], que lui en a fait le héros heureux mort à Saint-Gratien[2].

S'il est vrai que l'Académie se soit engagée avec un autre pour l'année 1777, je retiens place pour l'année suivante; et si le délabrement de ma machine ne me permet pas de vivre jusqu'en 1778, je prie du moins qu'on ait égard à ma dernière volonté. Cette dernière volonté, monsieur, sera de vous témoigner, autant que je le pourrai, le respectueux attachement, l'estime, et la reconnaissance avec laquelle j'ai l'honneur d'être monsieur, votre, etc.

MMMMMMMCCXXXV. — A M. DE VAINES.

18 novembre.

Quoique j'achève ma vie, monsieur, au pied des grandes Alpes, à quatre cents toises de Genève et à un mille de la Suisse, je suis pourtant si bon Français, que je vous prie instamment de garder votre place. Je suis persuadé que tous vos amis vous font la même prière. Je suis assez mal informé dans ma caverne de tout ce qui se passe à Paris.

1. L'abbé d'Espagnac désirait être choisi par l'Académie française pour prononcer le panégyrique de saint Louis. (ÉD.)
2. Catinat. (ÉD.)

Je ne sais si je dois m'adresser à M. le contrôleur général en faveur de ma colonie, qu'on veut écraser. J'ai bien peur d'être lapidé avec les pierres des maisons que j'ai bâties; mais je me tais, en attendant que le chaos de Paris se débrouille.

Je vous supplie de vouloir bien faire parvenir ce petit billet à M. Dalembert. Conservez-moi un peu d'amitié, monsieur, car le vieillard malade vous aime plus que jamais.

MMMMMMMCCXXXVI. — De M. Dalembert.

A Paris, ce 23 novembre.

Nos lettres, mon cher maître, se sont croisées sans doute. Vous avez dû recevoir, peut-être le même jour que vous m'avez écrit, celle où je vous apprenais le nom du pauvre chrétien devenu juif qui voudrait vous faire circoncire bien plus que le prépuce, s'il en était le maître. Je vous ai dit qu'il se nomme Guénée, ci-devant professeur de basses classes dans un collége de Paris, et aujourd'hui sous-sacristain de je ne sais quelle chapelle à Versailles. Je vous apprenais aussi, dans ma lettre, les nouvelles galanteries du roi de Prusse et les vers qu'il m'a adressés. Mon projet est bien en effet de l'aller voir au printemps prochain, et de passer l'été avec lui. En allant ou en revenant, j'irai vous embrasser. M. de Condorcet a lu, à la rentrée de la Saint-Martin, un éloge charmant du P. Leseur, un des deux minimes commentateurs de Newton, et ami de notre pauvre P. Jacquier. Vous savez le triste état où est Mme Geoffrin depuis trois mois. Sa fille, Mme de La Ferté-Imbault, vendue à la cabale dévote, dont elle est la servante, a trouvé moyen d'écarter d'auprès de sa mère tous ses anciens et meilleurs amis, à commencer par moi. Elle m'a écrit à ce sujet une lettre qui ne vaut pas celles du roi de Prusse, mais qui est une pièce rare pour l'insolence et la bêtise. Croiriez-vous que je ne sais quelle canaille vient de faire imprimer une comédie intitulée *le Bureau d'esprit*[1], où cette pauvre femme mourante est fort dénigrée, à la vérité si platement, que cela ne se peut lire? On m'assure que cette rapsodie se trouve chez votre protégé Moureau, sur le quai de Gèvres. Ces libraires vendent de tout pour gagner de l'argent. Oh! que de canailles, grandes et petites, dans ce meilleur des mondes possibles! Ce que je trouve de plus fâcheux, c'est qu'il fait un temps du diable, et qu'il faut attendre six mois les beaux jours pour vous aller voir. Adieu, mon cher et illustre et ancien ami; je vous embrasse *corde et animo*.

MMMMMMMCCXXXVII. — De Frédéric II, roi de Prusse.

Le 25 novembre.

J'ai été affligé de votre lettre, et je ne saurais deviner les sujets de chagrin que vous avez. Les gazettes sont muettes; les lettres de Genève et de la Suisse n'ont fait aucune mention de votre personne; de sorte que je devine en gros que l'*inf*..., plus *inf*... que jamais, s'acharne

1. Comédie en cinq actes et en prose, du chevalier de Rutlidge. (Éd.)

à persécuter vos vieux jours. Mais vous avez Genève, Lausanne, Neuchâtel dans le voisinage, qui sont autant de ports contre l'orage.

Je ne devine pas les procès perdus. Vous avez la plupart de vos fonds placés à Cadix : il est sûr que la juridiction de l'évêque d'Annecy ne s'étend pas jusque-là.

Vous aurait-on chagriné pour les changements que vous avez introduits dans le pays de Gex? La valetaille de Plutus se serait-elle liguée avec les charlatans de la messe pour vous susciter des affaires? Je n'en sais rien; mais voilà tout ce que l'art conjectural me permet d'entrevoir.

En attendant, j'ai écrit dans le Wurtemberg pour vous donner assistance pour une dette qui m'est connue. Je crois cependant vous devoir avertir que je ne suis pas trop bien en cour chez Son Altesse Sérénissime. On fera néanmoins ce qu'on pourra. Il est singulier que ma destinée ait voulu me rendre le consolateur des philosophes. J'ai donné tous les lénitifs de ma boutique pour soulager la douleur de Dalembert. Je vous en donnerais volontiers de même, si je connaissais votre mal à fond. Mais j'ai appris d'Hippocrate qu'il ne faut pas se mêler de guérir un mal avant de l'avoir bien examiné et étudié. Ma pharmacie est à votre service : il vaudrait mieux que vous n'en eussiez pas besoin. En attendant, je fais des vœux sincères pour votre contentement et votre longue conservation. *Vale.* FÉDÉRIC.

P. S. Bon Dieu, quelle cruauté de persécuter la vieillesse d'un homme qui illustre sa patrie et sert de plus grand ornement à notre siècle! Quels barbares!

MMMMMMMCCXXXVIII. — A M. LE MARQUIS DE THIBOUVILLE.

28 novembre.

Votre lettre du 18 de novembre, mon cher marquis, me donne bien des consolations et bien des encouragements. Il ne s'agit plus que de rattraper mon repos et ma tête, pour faire ce que vous voulez. Les affaires, les procès, les intérêts de notre petite province, sont venus augmenter le trouble où était ma pauvre petite cervelle de quatre-vingt-trois ans. Si ces orages s'apaisent, je suis à vous; s'ils me noient, bonsoir, messieurs.

Voilà donc Mlle Sainval une actrice sublime, supérieure à Mlle Dumesnil. Le rôle qu'on lui préparait dans la pièce dont vous me parlez ne me paraissait guère dans un genre digne d'elle. Il ne visait pas à l'héroïque et aux grands mouvements du théâtre; et il avait, ce me semble, une catastrophe fort hasardée. Je crois que j'aurais de la peine à bien traiter ce sujet, si je n'avais que trente ans. Jugez donc ce qui m'arrivera à mon âge.

Le seul mérite de cet ouvrage serait d'être entièrement neuf, et peut-être de n'être pas mal écrit; mais une nouveauté froide n'est pas ce qu'il faut : vous voudriez de grands intérêts, des passions violentes, et tout le grand attirail de Melpomène. Ma foi, cherchez ailleurs; je ne crois pas qu'il me reste aucune de ces étoffes-là dans mon magasin.

Ce que je vous dis là doit être pour M. d'Argental comme pour vous. Je ne puis lui écrire aujourd'hui : une demi-douzaine d'affaires très-désagréables me tiraille de tous côtés. Voilà ce que c'est d'avoir eu l'insolence de bâtir une petite ville dans un endroit qui n'était fait que pour des grenouilles.

Connaîtriez-vous, par hasard, M. de Boullogne, l'intendant des finances, ou connaîtriez-vous sa maîtresse, ou sauriez-vous comment on s'y prend pour obtenir quelque chose de lui? Je vous serais très-obligé de lui dire, ou de lui faire dire, qu'il ne faut pas écraser une colonie d'étrangers, devenue très-utile au royaume.

Vous devriez bien me mander pourquoi Mme de Polignac, accompagnée de Mme Thierry, est partie précipitamment de Fontainebleau. Vous me direz que je suis bien curieux; mais j'aime bien mieux encore des nouvelles du *tripot*. Je n'en peux plus, et je suis pourtant à vos ordres.

MMMMMMMCCXXXIX. — A M. de Vaines.

A Ferney, 30 novembre.

Je vous suis bien obligé, monsieur, du code de la marine. Je suis un peu embarrassé sur terre à la fin de ma vie, et je m'adresse à vous pour mourir en paix.

Restez-vous dans votre place de chef de bureau, ou la quittez-vous? Ne travaillez-vous pas ce mois-ci tous les jours avec M. le contrôleur général? Puis-je, sans avoir l'honneur de le connaître, vous envoyer un mémoire secret sur les affaires de notre province? Nous sommes un peu rivaux de Genève, et nous ne voulons nous adresser qu'à des Français, mais surtout à un Français tel que vous.

Votre très-humble et obéissant serviteur, *Le vieux malade de F.*, V.

MMMMMMMCCXL. — A M. Vasselier.

A Ferney, 2 décembre.

Le vieux malade soupçonne l'Italien dont M. Vasselier lui a parlé d'être un méchant cocu. Il est bon d'apprendre à vivre à ces gens-là. Nous espérons que ce cocu sera roué avant qu'il soit peu. Vous saurez, pour faire la contre-partie, qu'un officier de la reine ayant le malheur d'être le plus laid qui fût à Fontainebleau, et la reine s'étant expliquée sur sa laideur, quitta la cour il y a environ quinze jours, et alla dans sa maison de Paris, rue des Blancs-Manteaux, se jeter dans son puits, avec une grosse pierre au cou. Ce n'est pas là l'opéra-comique de *la Belle et la Bête*[1].

Outre la petite boîte pour Bourg, je recommande à vos bontés les incluses, et une boîte pour Marseille.

1. Paroles de Marmontel, musique de Grétry. (Éd.)

MMMMMMMCCXLI. — A M. LE CHEVALIER DE CHASTELLUX.

4 décembre.

J'ai toujours dit, monsieur, qu'il y a de vrais Français parmi les Welches. Ce sont ces Français-là qui ont mis leur bonheur à lire *la Félicité publique*. Cet ouvrage deviendra le catéchisme de toute la jeunesse de France qui voudra s'instruire à bien penser et à bien parler. Ce que cet ouvrage surtout a d'utile, c'est qu'on y apprend à connaître le gouvernement et le vrai génie des peuples de l'antiquité qui valent la peine d'être connus. Rollin ne peut servir qu'à former un petit janséniste, enthousiaste, ignorant et phrasier : le livre de *la Félicité publique* peut former un homme d'État.

Je ne savais pas, monsieur, qu'on imprimât un supplément à la grande *Encyclopédie*, et je vois avec douleur que ce supplément est soumis à la révision de quelques cuistres de la littérature qui ne seraient pas reçus dans les antichambres de la bonne compagnie de Paris[1]. Faut-il qu'il y ait toujours en France un mélange si bizarre de ce qu'il y a de meilleur au monde et de plus méprisable!

Ce qu'on appelle le jansénisme serait une inondation de barbares, si on le laissait faire. C'est une faction d'énergumènes atroces, encouragée par le prétexte toujours subsistant de soutenir les droits de la nation contre les anciennes usurpations de Rome, et qui, dans le fond, voudrait faire brûler le sens commun en place de Grève.

Les presbytériens d'Angleterre et les anabaptistes de Munster n'ont jamais été si dangereux que ces marauds-là : ils sont et ils seront toujours soutenus par quelques pédants en robe, qui ne peuvent avoir un reste de crédit qu'en armant continuellement le fanatisme contre la raison.

Rien ne peut mieux soutenir cette pauvre raison qu'un homme de votre nom et de votre génie. Les jansénistes ont trouvé dans le siècle passé des hommes de considération qui les ont protégés, uniquement pour avoir le plaisir d'être chefs de parti : le temps d'une ambition plus noble est venu. Vous êtes appelé à un beau ministère, celui de rendre sages et heureux les gens qui seront dignes d'être l'un et l'autre. Continuez, combattez à la tête d'une troupe invincible que le fanatisme peut faire taire quelquefois, mais qu'il ne peut empêcher de penser. Comptez-moi, je vous en prie, monsieur, parmi les penseurs qui vous sont attachés avec le plus d'estime, de respect, et d'amitié.

MMMMMMMCCXLII. — A M. LE COMTE D'ARGENTAL.

4 décembre.

Mon cher ange, depuis votre lettre consolante, datée du 19 de novembre, je n'ai pu me mettre à l'ombre de vos ailes. J'ai été et je suis

1. M. de Chastellux avait fait, pour le *Supplément de l'Encyclopédie*, l'article BONHEUR PUBLIC : il fut rayé à la censure par l'abbé Foucher, qui dit que cet article « était rempli de la philosophie moderne, et que le mot de *Dieu* ne s'y trouvait pas une fois. » (*Éd. de Kehl.*)

encore lutiné par les embarras que me donne ma pauvre province, par la ruine dont ma colonie me menace, par l'oubli total de Mme de Saint-Julien, qui renonce à ses amis en hiver, et qui ne s'en souvient qu'en été.

Je conviens avec vous que le jansénisme est passé de mode, et que personne ne se soucie si les cinq propositions sont dans le livre d'un ennuyeux Flamand[1]; mais il y a des gens qui ont été autrefois jansénistes, qui ont aujourd'hui une petite place à Versailles, et qui font imprimer des trois volumes[2] contre les fidèles. Ils se déguisent en juifs pour nuire aux meilleurs chrétiens du monde. Leur cabale est dangereuse et peut faire beaucoup de mal. Vous savez que trois ou quatre vieux jansénistes du parlement ont persécuté, au commencement de cette année, une espèce de petit philosophe, nommé Delisle. Les chiens enragés ne mordent pas toujours, mais ils peuvent mordre. Je n'ai été que trop mordu dans mon temps, et ces morsures-là laissent toujours de profondes cicatrices.

Au lieu de m'aller baigner dans la mer, j'ai donc pris le parti de m'amuser à quelque chose qu'on ne fait guère à quatre-vingt-trois ans. Mais, quand je vous montrerai ces facéties[3], vous me direz que je suis véritablement un enragé qui ai voulu manger sans avoir de dents, et danser sans avoir de jambes.

M. de Thibouville m'a mandé que Mlle Sainval n'avait point du tout réussi dans la Cléopatre de *Rodogune*. Notre nation serait-elle devenue à la fin raisonnable? aurait-on senti enfin, au bout de cent ans, que ce rôle de Cléopatre n'est point du tout dans la nature; que tout ce qu'elle dit et tout ce qu'elle fait est contre le bon sens; que c'est elle qui est une enragée, qui fait continuellement des confidences inutiles de tous ses crimes faits et à faire à une demoiselle suivante qu'elle appelle gaupe et butorde? Pour moi, je n'ai jamais vu quatre plus mauvais actes, et la moitié du cinquième, préparer plus détestablement une dernière scène admirable.

Après vous avoir prononcé ces blasphèmes, je dois jeter dans le feu ce que j'avais commencé. Je dois sentir qu'il est aussi difficile de faire une bonne tragédie que de raccommoder nos finances. Je ne dois plus m'occuper que de vous aimer et de ne rien faire.

Mais que je voudrais être auprès de vous, mon cher ange!

MMMMMMMCCXLIII. — A MADAME DE SAINT-JULIEN.

A Ferney, 5 décembre.

Je reçois, madame, votre lettre datée du 22. Si elle parvient à la postérité, les commentateurs disputeront sur le mois et sur l'année; mais notre petite colonie et moi nous attestons qu'au 22 novembre 1776 vous nous avez comblés de bontés et de très-bons raisonnements.

1. Cornélius Jansénius. (ÉD.)
2. L'abbé Guénée avait obtenu une place dans la chapelle du roi à Versailles. (ÉD.)
3. *Le Vieillard du Caucase*, qu'il intitula depuis *Un chrétien contre six juifs*. (ÉD.)

Puisque vous daignez voir la requête assez inutile de nos colons, la voici. Elle a été donnée à M. de Boullogne par MM. de Fourqueux et de Trudaine. Elle peut avoir été recommandée à M. le contrôleur général par M. le prince de Condé. Elle peut avoir été oubliée de tout le monde, surtout dans le temps où l'on était occupé de l'établissement d'un nouveau ministère. Ce qui peut nous arriver actuellement de plus favorable, c'est qu'on nous oublie.

Malheureusement MM. les fermiers généraux ne songent que trop à nous. Ils sont très-attentifs à leurs trente mille francs ; ce n'est que cinq cents francs par an pour chacun de ces messieurs; mais ils ne négligent rien. La province est sur le point d'être écrasée par un impôt très-lourd et très-inégal dont on la charge. Non-seulement on a travaillé à la répartition de cet impôt, mais à assurer des honoraires à celui qui est principalement chargé d'arranger notre ruine, et qui a seul tous les districts dans sa main. Il n'y avait qu'un moyen de nous sauver, c'était d'obtenir du sel de messieurs de Berne, et d'emprunter de l'argent de quelque homme de bonne volonté. Au moyen de cet argent emprunté, et du bénéfice de ce sel de Berne, nous allions payer messieurs des fermes générales sans aucuns frais, et la province était libre. J'avais le bonheur de prêter ces dix mille écus, tout ruiné que je suis, et j'étais d'accord avec nos états. Qu'a-t-on fait pendant ce temps-là? on a suscité un homme inconnu, nommé Rose, ci-devant déserteur de la légion de Condé, aujourd'hui garde-magasin, pour les intérêts du roi, dans les ateliers de Racle. Cet homme, employé secrètement, est allé à Berne solliciter, en son propre et privé nom, la concession de six mille quintaux de sel. Il n'avait pas un sou pour les payer, mais il était bien cautionné.

Messieurs des états, se voyant ainsi supplantés par un homme sans aveu, se sont plaints au subdélégué[1], qui est, comme vous savez, syndic, maire, trésorier, et fermier des terres du roi à Versoix, etc., etc. « Messieurs, leur a-t-il dit, M. Rose est un galant homme; il lui est permis d'acheter du sel où il voudra, mais cela n'est pas permis à vous autres. Vous ne pouvez faire un traité avec une puissance étrangère sans la permission du roi. — Quoi! monsieur, ce qui est permis à un déserteur ne le serait point à une province? — Non, messieurs; croyez-moi, écrivez au ministre des finances et au ministre des affaires étrangères. » Les pauvres rats croient Rominagrobis; ils écrivent aux ministres. Les ministres, tout étonnés, consultent les fermiers généraux. Ceux-ci répondent qu'on ne peut demander du sel de Berne que pour le verser dans les provinces de France limitrophes, et qu'il faut prévenir ce crime de haute trahison. En conséquence, le ministère mande à l'ambassadeur du roi, en Suisse, d'empêcher que messieurs de Berne ne donnent un litron de sel à la province de Gex. Ainsi les états ont été privés du secours sur lequel ils comptaient; ils se sont eux-mêmes coupé la gorge et la bourse en croyant Rominagrobis, et en demandant au ministère de France une permission qu'ils auraient

1. Fabry. (Éd.)

pu prendre, en vertu de l'édit du roi, sans consulter personne. Rominagrobis actuellement se moque d'eux, établit son impôt, établit ses honoraires, met à part une somme considérable pour le receveur général de Berne, Bugey, Valromey, et Gex, auquel il faudra porter humblement notre contribution, dont il comptera comme il voudra avec messieurs de la ferme.

Voilà, belle Émilie, à quel point nous en sommes[1].

Nous sommes perdus, et il ne faut pas nous plaindre. Si nous crions, on nous enverra soixante bureaux de commis, au lieu de trente que nous avions, et on nous mettra un bâillon à la bouche. Quelques-uns de nos étrangers, qui ont acheté des maisons à Ferney, vont les abandonner, et nous sommes menacés d'une destruction totale, nous et notre obélisque, et la belle inscription latine que nous voulions y graver pour l'amusement des savants qui vont à Gex.

Si vous voulez, madame, je vous conterai encore que, lorsque j'étais pétrifié de ces désastres, j'ai reçu une lettre de M. le duc de Wurtemberg, qui me doit cent mille francs, et qui me mande qu'il ne peut me payer un sou qu'au commencement de l'année 1778. Il y a dans ce procédé je ne sais quoi de digne de la grandeur d'un roi de France; et ce qu'il y a de bon, c'est que sûrement je serai mort de vieillesse et de misère; et ceux qui ont bâti mes maisons seront morts de faim avant l'an de grâce 1778. M. Racle se tire d'affaire par son génie, indépendamment des rois et des princes; il fait des chefs-d'œuvre en grands ouvrages de faïence, et il les vend à des gens qui payent.

Il y a bien loin de tout cela, madame, à la petite drôlerie dont vous avez vu l'esquisse. Je n'ose vous en parler. Il faut avoir vingt-cinq ans pour faire de ces plaisanteries-là, et j'en ai quatre-vingt-trois. J'en suis plus fâché que de toutes les traverses que j'essuie. Je me réfugie sous les ailes de mon brillant papillon, et sous l'égide de ma philosophe, avec le plus tendre respect.

MMMMMMMCCXLIV. — A M. de Vaines.

6 décembre.

J'use, monsieur, de la permission que vous m'avez donnée. Voici deux paquets que je recommande à vos extrêmes bontés : l'un est pour M. de Condorcet; l'autre pour mon pauvre neveu[2], jadis conseiller du parlement de passade.

Je souhaite toujours que votre place de chef de bureau ne soit point de passade.

Agréez, monsieur, les sincères remercîments du très-vieux malade.

MMMMMMMCCXLV. — A M. le marquis de Condorcet.

6 décembre.

Je suis toujours fâché, monsieur, quand je vois que dans le *Journal de politique et de littérature* la politique tient tant de place, et la lit-

1. *Cinna*, acte I, scène III. (Éd.) — 2. L'abbé Mignot. (Éd.)

térature si peu. Je vous avoue que j'aime beaucoup mieux de bons vers et une pièce d'éloquence que toutes les nouvelles du Nord et du Midi, qui sont détruites le lendemain par d'autres nouvelles.

Il est vrai que cette partie, qu'on nomme politique, est écrite par un homme supérieur [1] ; mais permettez-moi de préférer les belles-lettres, qui bercent ma vieillesse, aux intérêts des princes, auxquels je n'entends rien.

Les dissertations de M. de La Harpe n'ont, à mon gré, qu'un seul défaut, c'est d'être trop courtes. Je trouve chez lui une chose bien rare; c'est qu'il a toujours raison, c'est qu'il a un goût sûr. Et pourquoi se connaît-il si bien en vers? c'est qu'il en a fait d'excellents.

Les gens instruits et disant leur avis pleuvent de tous côtés; mais où trouver des hommes de génie qui veuillent bien se consacrer au triste et dangereux métier d'apprécier le génie des autres? L'abbé Desfontaines n'était pas sans esprit et sans érudition; mais il avait malheureusement traduit les *Psaumes* en vers français. La destinée de cet ouvrage, entièrement ignoré, altéra son humeur et son goût, qui devinrent aussi dépravés que ses mœurs. L'auteur de *Mélanie* n'est pas dans ce cas. Si Racine a laissé quelques héritiers de son style, il m'a paru qu'il avait partagé sa succession entre M. de La Harpe et M. de Chamfort.

Je n'ai point vu le *Moustapha* de ce dernier, et je suis fâché qu'on s'appelle Moustapha; mais je me souviens d'une jeune Indienne qui était une bien jolie petite créature, et qui me parut toute racinienne : car, voyez-vous, sans Racine, point de salut. Il fut le premier, et longtemps le seul, qui alla au cœur par l'oreille :

Componit furtim subsequiturque decor [2].

A propos, il faut que vous jugiez entre le duc de La Rochefoucauld et Confucius qui des deux a le mieux défini la gravité. Le seigneur français a dit : « La gravité est un mystère de corps, inventé pour cacher les défauts de l'esprit; » le seigneur chinois a dit : « La gravité n'est que l'écorce de la sagesse, mais elle la conserve. »

Je ne veux et je n'ose avoir un avis que quand vous m'aurez dit le vôtre.

MMMMMMMCCXLVI. — A M. DALEMBERT.

8 décembre.

C'est à votre lettre du 30 de novembre, mon très-cher philosophe, que je réponds aujourd'hui, et nous ne nous croiserons plus. Je vous remercie de votre bonne volonté pour l'apprenti prêtre et apprenti évêque d'Espagnac. J'ai quelque lieu d'espérer qu'un jour il sera un prélat assez philosophe. Vous pouvez lui confier saint Louis pour l'année 1778. Je crois qu'il a trop d'esprit pour justifier les croisades devant l'Académie. Il me semble qu'il avait parlé de la philosophie de Catinat avec effusion de cœur.

Luc est un singulier corps. Profitez de l'extrême envie qu'il a de vous

1. Mallet du Pan. (ÉD.) — 2. Tibulle, livre IV, élégie XI, vers 8. (ÉD.)

plaire. Il serait homme à faire comme Hume, si on avait le malheur de le perdre.

Le secrétaire juif, nommé Guénée, n'est pas sans esprit et sans connaissances; mais il est malin comme un singe, il mord jusqu'au sang, en faisant semblant de baiser la main. Il sera mordu de même. Heureusement un prêtre de la rue Saint-Jacques, desservant d'une chapelle à Versailles, qui se fait secrétaire des juifs, ressemble assez à l'aumônier Poussatin du comte de Grammont. Tout cela fait rire le petit nombre de lecteurs qui peut s'amuser de ces sottises.

Savez-vous bien que nos ennemis sont déchaînés contre nous d'un bout de l'univers à l'autre? Connaissez-vous le jésuite Ko, résidant actuellement à Pékin? C'est un petit Chinois, enfant trouvé, que les jésuites amenèrent, il y a environ vingt-cinq ans, à Paris. Il a de l'esprit; il parle français mieux que chinois, et il est plus fanatique que tous les missionnaires ensemble. Il prétend qu'il a vu beaucoup de philosophes à Paris, et dit qu'il ne les aime, ni ne les estime, ni ne les craint; et où dit-il cela? dans un gros livre dédié à monseigneur Bertin. Il paraît persuadé que Noé est le fondateur de la Chine. Tout cela est plus dangereux qu'on ne pense. Son livre, imprimé à Paris chez Nyon, ne peut être connu de mon grand poëte Kien-long, empereur de la Chine; et il est difficile de l'en instruire. Les jésuites qu'il a eu la bonté de conserver à Pékin sont plus convertisseurs que mathématiciens; ils aiment à travailler de leur métier. Il ne faut que deux ou trois têtes chaudes pour troubler tout un empire. Il serait assez plaisant d'empêcher ces marauds-là de faire du mal à la Chine. On pourrait y parvenir par le moyen de la cour de Pétersbourg; mais commençons par songer à Paris.

Raton se jette en mourant entre les bras de Bertrand.

MMMMMMMCCXLVII. — A Frédéric II, roi de Prusse.

A Ferney, le 9 décembre.

Sire, il n'est pas étonnant qu'un homme qui a passé sa vie à barbouiller du papier contre ceux qui trompent les hommes, qui les volent, et qui les persécutent, soit un peu poursuivi par ces gens-là sur la fin de ses jours. Il est encore moins étonnant que le Marc Aurèle de notre siècle prenne pitié de ce vieil Épictète. Votre Majesté daigne me consoler, d'un trait de plume, des cris de la canaille superstitieuse et implacable.

J'ai pris la liberté de déposer à vos pieds les raisons qui m'avaient privé longtemps de l'honneur de vous écrire, et parmi ces raisons la première a été la nécessité où je suis réduit d'être un petit Libanius qui répond aux Grégoire de Nazianze et aux Cyrille.

La fourmilière que je fais bâtir dans ma retraite, et qui est rongée par les rats de la finance française, était le second motif de ma douleur et de mon silence; et l'oubli de votre ancien pupille M. le duc de Wurtemberg était le troisième.

Dans le chaos des petites affaires qui dérangent les petites têtes, je n'osais pas, à mon âge, écrire à Votre Majesté; je tremblais de radoter devant le maître de l'Europe.

La même main qui instruit les rois et qui console Dalembert daigne aussi s'étendre pour moi. Votre Majesté est trop bonne d'avoir bien voulu écrire un mot en ma faveur dans le Wurtemberg; c'est malheureusement dans le comté de Montbéliard qu'est ma dette, et cette principauté de Montbéliard ressortit au parlement de Besançon : ce sont des affaires qui ne finissent point, et moi je vais bientôt finir. M. le duc de Wurtemberg me donne aujourd'hui sa parole de me satisfaire dans le courant de l'année prochaine; sa régence me doit cent mille francs; cela ruine un homme qui se ruinait déjà à faire bâtir une petite ville. Mais il faut que je prenne patience, et que j'attende le payement de M. le duc de Wurtemberg, ou la mort, qui paye tout.

Je mets mes misères aux pieds de Votre Majesté, puisqu'elle daigne me l'ordonner. La postérité rira, si elle sait jamais qu'un chétif Parisien a conté ses affaires à Frédéric le Grand, et que Frédéric le Grand a daigné les entendre.

On vient d'imprimer à Paris un livre assez curieux sur la littérature de la Chine, sa religion, et ses usages. La plus grande partie de ce livre est composée par un Chinois que les jésuites dérobèrent à ses parents dans son enfance, et qui a été élevé par eux à leur collége de Paris : il parle français parfaitement; mais malheureusement c'est un jésuite lui-même, et c'est le plus insolent énergumène qui soit parmi eux; il a la rage du *Contrains-les d'entrer*. Le scélérat est capable de bouleverser l'empire. Je me flatte que si votre écolier en poésie, et votre très-plat écolier Kien-long, est instruit enfin de ce fanatisme qui couve dans sa ville capitale, il enverra bientôt tous ces convertisseurs en Occident.

Daignez conserver, sire, vos bontés pour ma vieille âme, qui va bientôt quitter son vieux corps.

MMMMMMMCCXLVIII. — A M. DE TRUDAINE.

A Ferney, 10 décembre.

Monsieur, il faut que cette fois-ci je vous amuse ou vous ennuie par le récit des tribulations de votre petite province de Gex. Cette historiette sera pour M. de Fourqueux comme pour vous, après quoi je vous supplierai de jeter au feu ma relation.

Dès le commencement de cette année, nosseigneurs des états de Gex songèrent à faire un fonds qui pût fournir trente mille francs à nosseigneurs des fermes générales, et tremblèrent. Le parlement de Dijon, dont un membre principal, originaire du pays de Gex, y avait acheté beaucoup de biens ruraux, avait en conséquence déterminé le parlement à faire au roi des remontrances; et, dans ces remontrances, on avait supposé que l'industrie du pays de Gex était d'un rapport infiniment plus grand que le fonds des terres. Sur ce faux exposé, le roi avait donné une déclaration parl aquelle l'industrie payerait le tiers de ce que payeraient les terres, pour compléter la somme de trente mille francs due à la ferme générale, et pour acquitter d'autres dettes de la province.

Il fallait donc trouver pour dix mille francs d'industrie dans un pays où il n'y en eut jamais pour dix écus, avant que j'eusse la témérité d'y appeler des artistes et d'y bâtir des maisons.

Une partie de mes artistes, effrayés du bruit qui courait qu'on allait les taxer, commença par s'enfuir. On ne trouva, parmi ceux qui restèrent à Ferney, qu'environ cinq cents livres, et dans le reste de la province presque rien.

Nos pauvres états étaient extrêmement embarrassés, et tous nos colons mouraient de peur. Ils étaient tous accoutumés à jouir du plaisir de la franchise. Il y avait des cabarets à l'enseigne de *la franchise;* les femmes commençaient à porter des rubans *à la franchise.*

Pour rendre notre franchise parfaite, un déserteur de la légion de Condé, nommé Rose, aujourd'hui votre garde-magasin à Versoix, s'associa, il y a deux mois, avec un Brémond, commis de M. Fabry, maire, subdélégué, syndic, trésorier, ayant la poste de Versoix. Ces deux associés transigèrent avec la *chambre des sels* à Berne, et en achetèrent six mille quintaux de sel à bon marché, pour le revendre un peu plus cher à Gex, afin que le pays n'en manquât pas.

Les pauvres gens du pays de Gex, et surtout quelques syndics, furent effrayés de ce monopole, et ils poussèrent l'indiscrétion de leurs plaintes jusqu'à se figurer que M. Fabry donnait dans cette affaire une protection trop marquée à son commis.

Les états alors me firent l'honneur de s'adresser à moi. Ils me chargèrent d'obtenir pour eux, des états de Berne, la même faveur que le commis et le déserteur avaient obtenue, et, de plus, de leur prêter dix mille écus pour payer les fermiers généraux.

Ils consultèrent habilement M. Fabry, qui leur conseilla plus habilement de demander la permission au ministère. Le fruit de tant d'habileté a été que le ministère a prié messieurs du conseil de Berne de ne donner de sel ni à Rose ni à nos syndics, et que je ne leur ai point prêté d'argent, par une raison péremptoire, c'est que je n'en ai plus, et que tout est en pierres de taille, en mortier, et en soliveaux. Nos pauvres syndics sont tous confondus. Les fermiers généraux crient que notre petite province de Gex a voulu se faire contrebandière, et acheter du sel suisse pour le revendre en France. Les syndics disent que c'est la faute du déserteur Rose et de son conseil. Tous ont un pied de nez. Nos états de la vaste province de Gex gouverneront mieux une autre fois leurs grandes affaires politiques.

J'ai cru, monsieur, vous devoir cette relation fidèle de nos sottises. J'ose me flatter que vous pardonnerez à la simplicité de nos syndics et à la bavarderie d'un vieillard qui radote. Que ne suis-je auprès de vous! que ne puis-je vous faire ma cour, et vous parler de Shakspeare, qui radote encore plus que moi!

Agréez, monsieur, le respect, la reconnaissance, et l'attachement du vieux malade.

MMMMMMMCCXLIX. — A M. LE PRINCE DE LIGNE.

A Ferney, 13 décembre.

Un très-vieux hibou, près de mourir dans une masure, entre le mont Jura et les grandes Alpes, est extrêmement sensible aux bontés que lui témoigne un aigle autrichien. L'esprit qui règne dans la lettre de Bruxelles, du 25 de novembre, ranimerait le pauvre hibou, si quelque chose pouvait le ranimer. Il se souviendra, jusque dans ses derniers moments, d'avoir voyagé autrefois, malgré ses ailes pesantes, vers les domaines de cet aigle charmant, qui ne faisait alors que de naître, et qui depuis l'a honoré, de temps en temps, d'un souvenir qui lui est bien précieux. Ce bel aigle a vu, en dernier lieu, la nouvelle ménagerie de Fontainebleau et les nouveaux oiseaux brillants qui décorent cette belle volière. Il juge parfaitement de leurs différents ramages. C'est à lui d'établir, par son exemple, une jolie volière à Bruxelles. Il ne faut souvent qu'un seul homme pour faire régner le bon goût dans le pays qu'il habite; l'émulation gagne de proche en proche. Il en est des choses de l'esprit comme des coiffures des femmes; il suffit, dans tout pays, d'une belle dame pour mettre une nouvelle coiffure à la mode; de même c'est assez d'un homme supérieur par son rang et par son esprit pour mettre à la mode les beaux-arts et le bon goût. C'est ce que fait l'aigle dont je parle, l'aigle que je remercie, et dont je suis, avec un profond respect, le très-humble et très-obéissant serviteur.

LE VIEUX HIBOU.

MMMMMMMCCL. — A M. LE COMTE D'ARGENTAL.

15 décembre.

Mon cher ange, il y a environ soixante ans passés que vous êtes occupé à me consoler et à m'encourager. Je commence à croire que ni l'*Ancien* ni le *Nouveau Testament* ne troubleront mes derniers jours, et qu'on a autre chose à faire à la cour que de persécuter un vieux rimailleur pour des sottises dont personne ne se soucie.

Je me démêlerai peut-être aussi des affaires très-embrouillées et très-mal conduites de notre pauvre petit pays de Gex; mais je ne me tirerai pas si bien de l'entreprise[1] dont Mme de Saint-Julien vous a donné si bonne opinion. Si ce n'est pas elle qui vous en a parlé, c'est l'abbé Mignot. Le commencement de l'ouvrage me donnait à moi-même de très-grandes espérances; mais je ne vois sur la fin que du ridicule. J'ai bien peur qu'on ne se moque d'une femme qui se tue, de peur de coucher avec le vainqueur et le meurtrier de son mari, quand elle n'aime point ce mari, et qu'elle adore ce meurtrier. Cela ressemble aux vierges chrétiennes de la *Légende dorée*, qui se coupaient la langue avec leurs dents, et la jetaient aux nez des païens, pour n'être pas violées par eux. Il y a quelque chose de si divin dans ces catastrophes, qu'elles en sont impertinentes. D'ailleurs la pièce, roulant uniquement sur le remords continuel d'aimer à la fureur le meurtrier de son mari,

1. La tragédie d'*Irène*. (ÉD.)

ne pouvait comporter cinq actes. J'étais obligé de me réduire à trois, et cela me paraissait avoir l'air d'un drame de M. Mercier. C'est bien dommage, car il y avait du neuf dans cette bagatelle, et les passions m'y paraissaient assez bien traitées; il y avait quelques peintures assez vraies, mais rien ne répare le vice d'un sujet qui n'est pas dans la nature. Vous ne trouverez pas une femme dans Paris qui se tue pour n'être pas violée. *Bérénice*, qui est le plus mince et le plus petit sujet d'une pièce de théâtre, était beaucoup plus fécond que le mien, comme beaucoup plus naturel : cela me fâche et m'humilie. Un père n'est pas bien aise de se voir obligé de tordre le cou à son enfant. Voilà trois mois entiers de perdus, et le temps est cher à mon âge.

Je reçois dans ce moment une lettre de M. de Thibouville; il augmente mes regrets. Il me dit surtout des choses si intéressantes sur Mlle Sainval, que je suis homme à mourir de chagrin de n'avoir pu rien faire qui soit digne d'elle.

Je suis de votre avis sur *Rodogune*. Il n'y a pas de sens commun dans toute cette pièce, qu'on a regardée comme le chef-d'œuvre de Corneille. La dernière scène même, qui semble demander grâce pour le reste, n'est nullement vraisemblable; mais il y a tant d'illusion théâtrale d'un bout à l'autre, que le public a été séduit. Nous n'avons point une pareille ressource dans une petite pièce qui ne consiste qu'à dire . « J'aime mon amant comme une folle; mais je suis dévote, et j'aime mieux me tuer que de coucher avec lui. »

M. de Thibouville m'apprend qu'on va jouer *Oreste*, et qu'elle sera très-bien remise au théâtre. Je crois qu'elle réussirait, si nous étions en Grèce; mais j'ai peur que des déclamations grecques ne réussissent point à Paris.

Je me mets à l'ombre de vos ailes, mon très-cher ange.

MMMMMMMCCLI. — A M. LE MARQUIS DE THIBOUVILLE.

18 décembre.

Mon cher marquis, tout ce que vous m'avez écrit de Mlle Sainval m'a tourné la tête, et a échauffé mon cœur; mais c'est montrer Vénus toute nue à un castrat. Ce que j'ai commencé pour elle m'en paraît fort indigne. J'avoue ma turpitude à M. d'Argental, et je vous fais la même confession. Le sujet est si simple, qu'il ne pourrait aller qu'à trois coups; il en faut cinq pour Mlle Sainval.

On vient de m'envoyer un nouveau tome des *Lettres édifiantes et curieuses* du R. P. Patouillet, ci-devant jésuite. Dans ces lettres, qui ne sont ni curieuses ni édifiantes, il s'en trouve une du R. P. Bourgeois, convertisseur secret à la Chine, et qu'on dit parent de M. de Boynes. Ce maraud raconte qu'il avait baptisé une fille de quinze ans, laquelle était possédée d'un démon de luxure. « Adressez-vous à la sainte Vierge, lui dit le P. Bourgeois; prions-la de vous faire mourir plutôt que de vous laisser succomber. » La fille le crut, et mourut, pendant la nuit, de la goutte remontée. C'est précisément le sujet de ma petite drôlerie. C'est une femme amoureuse à la fureur du meurtrier de son mari, et qui finit enfin par se tuer, au lieu de se laisser violer par son cher amant. Cela est si peu dans la nature, et surtout dans la nature française, que je parierais pour les sifflets.

Je me suis aperçu très-tard de mon mauvais choix. Je peignais des couleurs les plus vives et les plus tendres un tableau qu'il faut jeter dans le feu. J'en suis bien affligé, car il n'y a pas d'apparence qu'à mon âge je fasse encore des enfants; et celui-là aurait été intéressant, s'il n'avait pas été ridicule.

Si le déclamateur Oreste peut réussir, je ne manquerai pas de prendre ce prétexte pour écrire à l'ami de Mme de Boullogne. Je vous remercie du bon conseil que vous m'avez donné. Je vous remercie surtout de vos quatre pages d'écriture; vous n'êtes pas accoutumé à faire de telles faveurs. Je suis enchanté de vous avoir corrigé de votre laconisme. Pardonnez-moi de ne vous écrire que deux pages : c'est beaucoup pour un malade dans un désert.

Conservez-moi vos bontés.

MMMMMMMCCLII. — A l'auteur d'un journal.

22 décembre.

Le plan de votre journal, monsieur, me paraît aussi sage que curieux et intéressant : mon grand âge, et les maladies dont je suis accablé, ne me laissent pas l'espérance de pouvoir produire quelque ouvrage qui mérite d'être annoncé par vous.

Si j'avais une prière à vous faire, ce serait de détromper le public sur tous les petits écrits qu'on m'impute continuellement. Il est parvenu dans ma retraite des volumes entiers, imprimés sous mon nom, dans lesquels il n'y a pas une ligne que je voulusse avoir composée. Je vous supplierai aussi, monsieur, de vouloir bien, par un mot d'avertissement, me délivrer de la foule de lettres anonymes qu'on m'adresse. Je suis obligé de renvoyer toutes les lettres dont les cachets me sont inconnus. Cet avertissement, inséré dans votre journal, m'excuserait auprès des personnes qui se plaignent que je ne leur ai pas répondu; je vous aurais beaucoup d'obligation.

Je ne doute pas que votre journal n'ait beaucoup de succès; je me compte déjà au nombre de vos souscripteurs. Voltaire.

MMMMMMMCCLIII. — A M. le docteur Paul Vergani, auteur du livre sur l'énormité du duel.

Ferney, 23 décembre.

Monsieur, un vieillard très-malade, et qui a presque perdu les yeux, a l'honneur de vous remercier du livre dont vous l'avez favorisé. C'est une grande consolation pour lui de se le faire lire. La guerre que vous faites au duel est juste et bien conduite; elle vous fera beaucoup d'honneur. La mort, qui m'appelle depuis quelque temps, ne me permet pas de vous en dire davantage.

J'ai l'honneur d'être, avec toute l'estime que vous méritez, etc.

Voltaire, *gentilhomme de la chambre du roi.*

MMMMMMMCCLIV. — De Frédéric II, roi de Prusse.

A Potsdam, le 26 décembre.

Pour écrire à Voltaire, il faut se servir de sa langue, celle des dieux. Faute de me bien exprimer dans ce langage, je bégayerai mes pensées.

Serez-vous donc toujours en butte
Au dévot qui vous persécute,
A l'envieux obscur, ébloui de l'éclat
Dont vos rares talents offusquent son état?
Quelque odieux que soit cet indigne manége,
Les exemples en sont nombreux;
On a poussé le sacrilége
Jusqu'au point d'insulter les dieux:
Ces dieux, dont les bienfaits enrichissent la terre,
Ont été déchirés par des blasphémateurs:
Est-il donc étonnant que l'immortel Voltaire
Ait à gémir des traits des calomniateurs?

Je ne m'en tiens pas à ces mauvais vers: j'ai fait écrire dans le Wurtemberg pour solliciter vos arrérages....

Au reste, je crois que pour vous soustraire à l'âcreté du zèle des bigots, vous pourriez vous réfugier en Suisse, où vous seriez à l'abri de toute persécution. Pour les désagréments dont vous vous plaignez à l'égard de vos nouveaux établissements de Ferney, je les attribue à l'esprit de vengeance des commis de vos financiers, qui vous haïssent à cause du bien que vous avez voulu faire au pays de Gex, en le dérobant un temps à la voracité de ces gens-là.

Quant à ce point, je vous avoue que je suis embarrassé d'y trouver un remède, parce qu'on ne saurait inspirer des sentiments raisonnables à des drôles qui n'ont ni raison ni humanité. Toutefois soyez persuadé que si la terre de Ferney appartenait à Apollon même, cette race maudite ne l'eût pas mieux traitée. Quelle honte pour la France de persécuter un homme unique, qu'un destin favorable a fait naître dans son sein! un homme dont dix royaumes se disputeraient à qui pourrait le compter parmi ses citoyens, comme jadis tant de villes de la Grèce soutenaient qu'Homère était né chez elles! Mais quelle lâcheté plus révoltante de répandre l'amertume sur vos derniers jours! Ces indignes procédés me mettent en colère, et je suis fâché de ne pouvoir vous donner des secours plus efficaces que le souverain mépris que j'ai pour vos persécuteurs. Mais Maurepas n'est pas dévot; M. de Vergennes se contente d'entendre la messe, quand il ne peut pas se dispenser d'y aller; Necker est hérétique: de quelle main peut donc partir le coup qui vous accable? L'archevêque de Paris est connu pour ce qu'il est, et j'ignore si son mentor ex-jésuite est encore auprès de lui; personne ne connaît le nom du confesseur du roi: le diable incarné dans la personne de l'évêque du Puy aurait-il excité cette tempête? Enfin plus j'y pense, et moins je devine l'auteur de cette tracasserie.

Je n'ai point vu cet ouvrage sur la Chine, dont vous me parlez.

J'ajoute d'autant moins de foi à ce qui nous vient de contrées aussi éloignées, qu'on est souvent bien embarrassé de ce qu'on doit croire des nouvelles de notre Europe.

Cependant soyez sûr que le plus grand crève-cœur que vous puissiez faire à vos ennemis, c'est de vivre en dépit d'eux. Je vous prie de leur bien donner ce chagrin-là, et d'être persuadé que personne ne s'intéresse plus à la conservation du vieux patriarche de Ferney que le solitaire de Sans-souci. *Vale*. FÉDÉRIC.

MMMMMMMCCLV. — DE M. DALEMBERT.

A Paris, 28 décembre.

Votre protégé d'Espagnac, mon cher et illustre maître, m'a bien l'air d'attendre au moins l'année 1778 pour débiter devant notre Académie les sottises ordinaires sur l'atroce absurdité des croisades, et sur ce roi plus moine que roi, qui voulait donner la moitié de son corps aux *frères prêcheurs*, et l'autre aux *frères mineurs*, et qui disait à Joinville qu'il ne fallait répondre aux hérétiques qu'en *leur enfonçant l'épée dans le ventre jusqu'à la garde*. Il eût été digne de protéger et d'ordonner, comme a fait le roi d'Espagne, son centième petit-fils, ce qui vient de se passer à Cadix. Vous savez que l'inquisition, que le roi d'Espagne a remise en honneur et en vigueur plus que jamais, vient de faire une belle procession, plus magnifique et plus solennelle qu'elle n'avait été depuis longtemps; que le peuple, prosterné dans les rues pendant cette belle cérémonie, criait, en se frappant la poitrine : *Viva la fe de Dios !* qu'ensuite on a publié les bulles de Paul IV et de Pie V, ces deux marauds de papes qui ont tant fait brûler d'hérétiques, et qui déclarent que tout le monde sera soumis à *l'inquisition, sans excepter le souverain*. C'est dommage qu'après cette insolence, cette canaille d'inquisiteurs n'ait pas donné les étrivières au roi d'Espagne, comme le pape les donna autrefois à notre Henri IV sur le dos du cardinal du Perron, et comme les Algériens les ont données l'an passé à Sa Très-Fidèle Majesté Catholique, qui leur avait déclaré la guerre, par ordre du puant récollet son confesseur. *O tempora, o mores !* Voilà, mon cher ami, le fruit des lumières que tant d'écrits ont répandues ! voilà le fruit de l'expulsion de ces gueux de jésuites, remplacés par des gueux plus insolents ! voilà où tant de princes en sont encore dans le siècle de la philosophie ! Je crois que votre ancien disciple rira bien de tant de sottises, s'il n'en est pas encore plus indigné; et j'espère, dans quelques mois, lui entendre dire de fâcheuses vérités sur quelques-uns de ses chers confrères. En attendant, je vous recommande le prépuce de Jacob-Éphraïm Guénée, et même ce qui tient à son prépuce, et dont ce prêtre circoncis n'a sûrement que faire. Vous ne feriez pas mal aussi de recommander à votre ami Kien-long, par votre autre amie Catherine, le jésuite mandarin qui écrit tant de sottises. Pour moi, je commence à être las et honteux de toutes celles que j'entends dire, que je vois faire, et que j'ai le malheur de lire. Je serais bien tenté d'en dire et d'en faire aussi quelques-unes; mais je m'abstiens d'être lu, de peur d'être brûlé. Savez-vous bien que je craindrais pour vous, si vous étiez à Collioure au lieu d'être à Ferney, que la sainte Hermandad ne vous fît enlever contre le droit des gens, pour vous brûler suivant toutes les règles du droit canon? Hélas! je ris, et je n'en ai guère envie. Il vaut mieux finir par où j'aurais dû commencer, par me taire et vous embrasser avec douleur et tendresse.

MMMMMMMCCLVI. — A M. FABRY.

30 décembre.

Monsieur, le vieux malade de Ferney se proposait bien de vous prévenir, et de vous renouveler, en 1777, les sentiments qu'il a toujours eus pour vous depuis qu'il a choisi ce petit coin de terre pour sa patrie : vous lui avez toujours rendu cette patrie chère; vous en êtes le soutien. Toutes vos occupations sont utiles au public, et les miennes n'ont été, pendant soixante ans, que de vains travaux d'un homme de lettres. Je me suis mis enfin à bâtir des maisons, afin de faire quelque chose de solide; mais les principaux fondements de ma colonie sont vos conseils et vos bontés.

Quoique la crainte des impôts m'ait ôté quelques habitants, il m'en revient d'autres plus utiles et plus considérables; c'est à votre sage administration principalement que je les dois : je dois commencer cette année par des remercîments. Recevez, avec votre bienveillance ordinaire, les assurances de la respectueuse amitié avec laquelle j'ai l'honneur d'être, etc. VOLTAIRE.

MMMMMMMCCLVII. — A M. DE BACQUENCOURT.

1er janvier 1777.

Monsieur, depuis la journée des Calas, je vous ai bien des obligations. La plus grande est celle d'être notre intendant. Je vous remercie surtout de m'avoir instruit sur la petite patrie[1] que je me suis choisie, je ne sais comment, et que je connais très-peu.

Il me semble qu'on disputait sans beaucoup s'entendre. Ceux qui accusaient votre subdélégué de prendre secrètement le parti de son commis et de Rose m'ont paru injustes. Ceux qui ont accusé nos états de vouloir prendre pour eux le marché de Rose ne m'ont pas paru plus équitables. Ce que j'ai pu comprendre dans ma solitude, au milieu de mes souffrances continuelles, c'est que tout le monde avait raison en un seul point, celui de s'en rapporter à votre justice et à votre bonté.

Vous savez, monsieur, par expérience, qu'on va toujours trop loin, soit quand on soutient ses droits, soit quand on attaque ceux d'autrui. On vous avait d'abord mandé que la colonie de Ferney ne voulait payer aucune taxe, et vous avez bientôt reconnu qu'elle offrait de se taxer elle-même. On avait persuadé le conseil que l'industrie, dans le pays de Gex, produisait plus que la culture des terres; et il s'est trouvé à l'examen que l'industrie, laquelle réside presque tout entière dans Ferney, ne rapporte pas la dixième partie des biens-fonds.

1. Ferney. (ÉD.)

De même on vous a dit, monsieur, que nos états voulaient avoir actuellement six mille quintaux de sel de Berne, ce qui était absolument impossible; et on a reconnu qu'en faisant casser le marché de Rose, ils ne voulaient que s'assurer pour l'avenir les secours de Berne dans des besoins urgents.

Vous mettez tous les disputants d'accord en leur promettant votre protection dans ce besoin, qui ne tardera pas à se manifester, et en voulant bien les assurer qu'ils auront du sel de la ferme. Moyennant cette assurance, tout le monde me paraît aujourd'hui très-content; et des deux côtés on doit également vous bénir.

Je voudrais bien que l'affaire des régisseurs du marc d'or pût s'accommoder aussi aisément avec les horlogers de Ferney. Messieurs de Genève envoient tous les ans en France trente mille montres d'or à dix-huit carats, et ces régisseurs ne veulent pas souffrir que mes pauvres colons en envoient cinq cents. M. de Fargès dit à la régie qu'elle a tort, et que celui qui couperait le cou à la poule aux œufs d'or, sous prétexte qu'elle pondrait à dix-huit carats, serait un fort mauvais ménager.

J'abuse de votre temps et de vos bontés, monsieur, en vous parlant de toutes ces misères; je vous prie de me pardonner.

Ignarosque viæ mecum miseratus agrestes,
Ingredere, et votis jam nunc assuesce vocari[1].

Je suis avec respect, etc.

MMMMMMMCCLVIII. — A M. le comte d'Argental.

1er janvier.

Ne criez pas tant, messieurs; il y a longtemps que votre dîner est prêt[2], mais je n'ai pas osé le servir sur table; et même encore aujourd'hui je tremble de vous faire très-mauvaise chère; il n'y a que trois services. Je m'étais imaginé qu'en les donnant à dîner, et les trois actes assez plaisants et assez intéressants, à mon gré, du *Droit du seigneur*, à souper, cela pourrait vous amuser quelque jour. Il est vrai que la peur m'a pris, quand j'ai relu ma petite drôlerie tragique; et ma peur a été si grande, que je ne voulais pas montrer cet abrégé de tragédie à Mme Denis. Hier j'ai surmonté mon dégoût et ma crainte, je lui ai donné la pièce à lire; elle a pleuré, et cela m'a rassuré. Quand je dis rassuré, ce n'est pas auprès du parterre; car vous savez qu'à présent votre ville est divisée en factions. J'ai contre moi le parti anglais, le parti juif, le parti dévot, la foule des méchants auteurs, tous les journalistes; et Dieu sait quelle joie quand toute cette canaille se réunira pour siffler un vieux fou qui, dans sa quatre-vingt-troisième année, abandonne toutes ses affaires pour donner un embryon de tragédie au public! Je suis assez fat pour croire que le rôle de mon impératrice est très-honnête, très-touchant, et même, si on veut, assez théâtral. Mais

1. Virgile, *Géorg.*, I, 41. (Éd.) — 2. *Irène*, tragédie. (Éd.)

où mon gros abbé Mignot a-t-il pêché que le style est dans le goût de *Sémiramis* et de *Mahomet?* je vous jure qu'il n'en est rien. Je ne le crois pas rampant, mais je le crois beaucoup plus approchant du naïf que du sublime : c'est un combat éternel de l'amour et de la vertu. Le fond de l'étoffe est agréable ; mais elle ne peut pas être nuancée.

Je doute fort, après tout ce qui me revient sur Mlle Sainval, que mon impératrice soit digne de ses talents. Et puis quand cette grande actrice voudrait se charger du rôle; quand Lekain voudrait jouer le rôle de ce qu'on appelle l'amoureux; quand Brizard voudrait jouer le père, qui, par parenthèse, est un moine; enfin, quand tous les comédiens seraient d'accord, comment pourrait-on s'y prendre pour donner au public cet ouvrage, malgré les lois fondamentales de la Comédie, qui veulent que chaque pièce passe à son rang? Les comédiens ont, je crois, encore quarante comédies à faire tomber avant moi. Il faudrait que je vécusse jusqu'à quatre-vingt-dix ans pour trouver place.

Vous sentez bien que la personne qui m'offre une place dans sa loge me fait quelque honneur et quelque plaisir. Je ne suis point ingrat; je me sens même beaucoup d'inclination pour cette personne; mais je vous supplie de considérer que j'ai perdu les yeux, les oreilles, les jambes, les dents, la langue, et qu'il n'y a pas moyen que j'aille me montrer parmi des jeunes gens. Très-sérieusement, mon cher ange, je n'en peux plus. Si je m'allais mettre dans une loge de la Comédie, on me prendrait pour un des spectres de Shakspeare. Ne dites point, je vous en prie, que je n'ai que quatre-vingt-deux ans; c'est une calomnie cruelle. Quand il serait vrai, selon un maudit extrait baptistaire, que je fusse né en 1694, au mois de novembre, il faudrait toujours m'accorder que je suis dans ma quatre-vingt-troisième année[1]. Vous me direz que quatre-vingt-trois ne me sauveront pas plus que quatre-vingt-deux de la rage des barbares qui me persécutent; cependant ma remarque subsiste (comme dit Dacier). Tout ce que je sais, c'est que si j'en avais quatre-vingt-treize, je vous aimerais autant qu'à trente. La lie de mon vin vous appartient comme la mère-goutte, et mon cœur est tout jeune quand je pense à vous.

Je vous souhaite la bonne année, mon cher ange; les années heureuses sont faites pour vous.

MMMMMMMCCLIX. — A M. de Vaines.

A Ferney, 1er de 1777.

Neglectæ dominus splendidior rei[2]
Intaminatis fulget honoribus[3].

Jouissez de votre repos, monsieur, et de l'amitié des honnêtes gens, qui rend ce repos si agréable. Je ne sais où est M. Turgot, ni ce qu'il

1. M. de Voltaire est né le 20 février 1694. Il vint au monde si faible, et l'on eut si peu d'espérance de le conserver, qu'on se contenta alors de l'ondoyer. Ce ne fut que neuf mois après qu'il fut baptisé en bonne forme. Cela peut concilier les médailles et les estampes où l'époque de sa naissance est fixée, tantôt au 20 de février tantôt au 20 ou 22 de novembre 1694. (*Ed. de Kehl.*)
2. Horace, III, ode XVI, 25. (Éd.) — 3. *Id., ibid.*, II, 18. (Éd.)

fait. Je vous prie de lui dire, quand vous le verrez, qu'il y a sur la frontière de Suisse un mourant qui lui est plus attaché que tous les vivants de Paris.

Permettez que je vous adresse cette petite lettre pour M. de La Harpe.

Je vous souhaite de tout mon cœur une bonne année, une vie plus heureuse que la mienne, et une santé meilleure.

Je finis dans les douleurs l'année 1776, et je commence l'autre de même.

Votre très-humble et obéissant serviteur. V.

MMMMMMMCCLX. — A M. DALEMBERT.

4 janvier.

Mon très-cher philosophe, il y a dans ma petite colonie un homme qui a passé vingt ans en Espagne, et qui m'assure que la cavalcade de la sainte inquisition est une cérémonie qui se pratique tous les ans pour vendre au peuple la bulle de la cruzade, moyennant laquelle on obtient le droit de manger gras les vendredis et samedis de l'année, et trois jours de la semaine en carême. Cela est consolant; mais si M. Benavidès ou Olavidès [1], qui est un philosophe très-instruit et très-aimable, est dans les prisons de l'inquisition, avec l'agrément de Sa Majesté Catholique, il sera difficile de me consoler. Il a passé, il y a longtemps, huit jours aux Délices; cela m'attendrit pour lui : mais ne nous pressons pas de gémir, il n'y a peut-être pas un mot de vrai à tout ce qu'on nous dit.

Ce qui est très-vrai, c'est que le *Pascal*, ou plutôt l'*Anti-Pascal* [2], d'un homme très-supérieur à Pascal, a le succès qu'il mérite auprès des gens de bien qui ont eu le bonheur de le lire; cela ne doit pas vous décourager. Le petit nombre des élus subsistera toujours. Il est probable qu'il ne sera jamais puissant; mais il sera indestructible. Je voudrais bien savoir quel est le protecteur du bon goût et de la probité qui a forcé MM. Palissot et Clément à augmenter le nombre des journaux. Nous avons, Dieu merci, plus de journaux que de livres : c'est avoir plus de juges que de plaideurs.

Je suis bien malade, mon cher ami, quoique nous ayons dans notre retraite M. de Villevieille, qui nous parle de vous et de M. de Condorcet. Je n'en peux plus au moment que je vous écris, et je finis, parce que la tête me tourne; mais je vous embrasse aussi tendrement que si je me portais bien.

1. Paul-Antoine-Joseph Olavidé, né à Lima vers 1725, était en correspondance avec Voltaire; mais ses lettres sont perdues. Une phrase de l'une d'elles (*Il serait à désirer que l'Espagne eût quarante personnes comme vous*) fut un des motifs du jugement prononcé contre lui par l'inquisition espagnole, le 24 novembre 1778, après une instruction qui durait depuis deux ans. Étant parvenu à s'évader, il vint en France, mais y fut aussi victime du régime révolutionnaire; revenu aux idées religieuses, il obtint la permission de retourner en Espagne. Il est mort en 1803, après avoir publié *le Triomphe de l'Évangile*, livre de piété, dont il existe une traduction française par Buynand des Échelles. (*Note de M. Beuchot.*)

2. Condorcet avait publié les *Pensées* de Pascal, précédées d'un Éloge, où les critiques ne sont pas épargnées. (ÉD.)

MMMMMMMCCLXI. — A M. le marquis de Florian, a Autun.

A Ferney, 6 janvier.

Le vieux malade, mon cher ami, vous fait son compliment sur la compagnie de cavalerie[1]. Tel oncle, tel neveu.

La puissance démocratique de Genève vient de destituer trois syndics d'un coup de filet : cela ne fait nul bruit. Il n'y aura point de guerre civile : chacun ne songe qu'à mettre des rouleaux de cinquante louis à la loterie de Necker.

Le sieur Bérard, capitaine de notre vaisseau *l'Hercule*, et du *Carnatic*, que nous avions envoyé aux Indes, et qui était revenu à Lorient, vient de repartir avec notre argent, sans prendre congé de personne, et prend le chemin du Bengale, au lieu de nous payer; mais il n'y a pas moyen d'envoyer après lui la justice en pleine mer, comme dans *les Fourberies de Scapin*. On dit que le scélérat comptera avec nous dans cinq ans au plus tard, et que nous ne perdrons, avec ce marin de Normandie, qu'environ quatre-vingt-dix pour cent. Dieu veuille avoir l'âme de Labat, qui nous avait enjôlés, et qui s'est tiré d'affaire à nos dépens avant de mourir!

M. Forestier, médecin, demande une maison de six mille francs; nous la lui donnerons. M. de Crassy, de son côté, en demande une de douze mille pour ses frères. La maison de Mme d'Hacqueville est bâtie, grâce au beau temps; car nous jouissons d'un printemps perpétuel depuis le commencement de novembre. Celle de M. de La Borde aurait pu l'être, s'il avait voulu se déterminer; mais l'argent manque pour toutes ces grandes entreprises. Je commence à espérer que la ville sera bâtie avant ma mort. Tout cela pourra vous amuser, surtout si M. de La Borde se fait vassal du château de Bijou[2].

MMMMMMMCCLXII. — A M. le chevalier de Florian.

A Ferney, 9 janvier.

Vous étiez né, monsieur, pour plaire aux princes et pour servir l'État. Vous remplissez votre vocation. Nous autres habitants des cavernes du mont Jura, nous partageons les obligations que vous avez à ce prince si vertueux et si aimable, auprès de qui vous avez le bonheur de vivre[3]. Voilà toute votre famille un peu dispersée : monsieur votre père au fond du Languedoc, monsieur votre oncle à Autun, et vous dans les palais enchantés de Sceaux et d'Anet. Jouissez de votre heureux sort, que vous méritez, et agréez les sincères assurances de tous les sentiments que Mme Denis et moi nous conserverons toujours pour vous.

J'ai l'honneur d'être, monsieur, votre très-humble et très-obéissant serviteur.

Le vieux malade de Ferney.

1. L'auteur d'*Estelle*, etc., neveu du marquis, avait obtenu une compagnie dans le régiment des dragons de Penthièvre. (Éd.)
2. Voltaire avait bâti à Ferney, pour le marquis de Florian, une maison à laquelle on donna le nom de Bijou-Ferney. (Éd.)
3. M. le duc de Penthièvre. (Éd.)

MMMMMMMCCLXIII. — A M. DE MIRBECK[1].

A Ferney, 9 janvier.

Monsieur, je ne puis trop vous remercier du mémoire que vous avez eu la bonté de m'envoyer : il me paraît excellent pour le fond et pour la forme. Le commencement est plein d'une éloquence touchante, et la fin paraît d'une raison convaincante ; mais vos clients ont à combattre un ennemi bien plus fort que la raison et l'éloquence, c'est l'intérêt ; et ce qu'il y a de pis, c'est que cet intérêt est mal entendu. Il est certain que les moines, chanoines de Saint-Claude, pourraient gagner bien davantage avec de bons fermiers qu'avec des esclaves : mais ni les moines, ni les seigneurs séculiers qui les imitent, ni les juges, qui ont tous des mainmortables, ne veulent renoncer à leur tyrannie. Les uns la croient de droit divin ; les autres, de droit naturel. Je ne verrai point la fin de ce procès ; je vais incessamment dans un pays où on ne trouve ni esclaves ni tyrans.

J'ai l'honneur d'être, avec l'estime respectueuse que je vous dois, etc.

MMMMMMMCCLXIV. — A M. DE PRUNAY, CAPITAINE DE GRENADIERS, CHEVALIER DE L'ORDRE ROYAL ET MILITAIRE DE SAINT-LOUIS.

A Ferney, 9 de janvier.

Monsieur, vous devez être accablé de la foule des gens de lettres qui vous remercient de votre ouvrage[2]. Ils doivent tous être charmés autant qu'honorés de voir la langue française si heureusement cultivée par un homme de guerre, homme du monde. Mon extrême vieillesse et mes maladies continuelles ne m'ont pas encore permis la lecture entière de tout votre livre ; mais ce que j'en ai lu m'a paru si vrai et si utile, que je ne puis différer les remercîments que je vous dois.

J'ai l'honneur d'être, avec une respectueuse reconnaissance, monsieur, votre très-humble et très-obéissant serviteur. VOLTAIRE.

MMMMMMMCCLXV. — A S. A. S. MGR LE PRINCE DE CONDÉ.

A Ferney, 17 janvier.

Monseigneur, que Votre Altesse Sérénissime daigne agréer mes remercîments, comme elle a bien voulu favoriser mes prières. Quelque petit que soit le pays de Gex, il devient considérable, puisqu'il est dans votre province et sous votre protection. Il n'attend que de vos bontés, monseigneur, la continuation de son existence. Je n'ai d'autre intérêt, dans cette affaire, que celui d'avoir dépensé six cent mille francs à fournir au roi de nouveaux sujets et des colons industrieux. C'est auprès de M. l'intendant de Bourgogne que j'ose demander principalement la faveur de Votre Altesse Sérénissime. S'il ne considère que les droits du fisc et les usages établis dans le royaume, la colonie est perdue, parce

1. Auteur d'une *Requête au roi* pour les habitants du mont Jura, contre les chanoines de Saint-Claude. (ÉD.)
2. *Grammaire des dames*. (ÉD.)

qu'elle est composée d'étrangers en faveur de qui on a dérogé, depuis 1770, aux droits du fisc et aux règlements ordinaires. On leur faisait la grâce de ne les point inquiéter; ils étaient oubliés, et ils demandent uniquement à l'être encore, jusqu'à ce que le gouvernement ait pris un parti sur cet établissement.

Il serait dur de voir, dans un désert, un chétif hameau, changé en une ville florissante, détruit tout à coup par des commis du marc d'or, de la marque des fers, et de la marque des cuirs. La plupart de nos ouvriers, étant des Allemands qui n'entendaient point le français, sont partis dans la seule crainte d'être rançonnés; les autres nous abandonnent tous les jours; et, de douze cents pères de familles utiles que j'avais rassemblés, il ne m'en reste pas à présent la moitié.

La seule grâce que je demande aujourd'hui à M. l'intendant de votre province est qu'il veuille bien empêcher, jusqu'à nouvel ordre, que les commis ne viennent, par des saisies, dissiper ce qui reste d'artistes rassemblés de si loin et à si grands frais. Je prendrais ensuite toutes les mesures que M. l'intendant me prescrirait, pour conserver ce qui reste de cette malheureuse colonie. Si Votre Altesse Sérénissime daignait lui envoyer la lettre que j'ai l'honneur de vous écrire, votre recommandation servirait du moins à retarder quelque temps notre ruine entière; et à l'âge de quatre-vingt-trois ans, je mourrais avec moins de douleur, étant consolé par vos bontés.

Je suis, avec un profond respect et une reconnaissance infinie, monseigneur, de Votre Altesse Sérénissime, etc.

MMMMMMMCCLXVI. — A M. Du Tertre, notaire a Paris.

18 janvier.

Je vous suis très-obligé, monsieur, de m'avoir mis au fait de toutes mes misères. Vous êtes un bon médecin qui non-seulement connaît les maladies, mais qui les guérit.

Je ne profiterai plus de la bonté qu'avait M. de La Borde de me faire toucher mille écus par mois pour la dépense de ma maison. Je vivrai comme je pourrai. Vous n'aurez rien à rembourser par cette économie, et s'il faut en user de même pour le mois de mars, je me priverai encore du nécessaire. Peut-être que, dans cet intervalle, nous pourrons fléchir nos illustres et injustes débiteurs le duc de Bouillon et le maréchal de Richelieu.

M. d'Ailly m'a fait signer avec M. le duc de Bouillon un acte qui doit être entre vos mains, par lequel je devais être payé sur son gouvernement d'Auvergne. Je croyais la chose en règle. Ma créance était originairement homologuée à la chambre des comptes, et ne devait pas péricliter; mais il me paraît que M. le duc de Bouillon ne peut trouver mauvais que je me joigne aux autres créanciers, qui ont fait valoir leurs droits judiciairement. Je vous supplie, monsieur, d'en charger le fondé de procuration que vous employez dans ces affaires.

J'espère que vos bons offices pourront à la fin me tirer de l'embarras où je suis avec la succession de M. de Laleu. Il est clair que, si j'étais payé de M. le duc de Bouillon, je ne devrais plus rien à personne dans Paris.

J'avais fondé une colonie assez florissante; mais les malheurs qui me sont arrivés coup sur coup précipitent la destruction de cet établissement. J'ai des sommes immenses à payer au mois de juin; et des princes souverains qui me doivent beaucoup d'argent me laissent sans secours; de façon qu'avec un revenu considérable je suis à la veille de manquer, et menacé de mourir chargé de dettes.

Je vois que le peu qui me reste à Paris ne pourra suffire, cette année 1777, à m'acquitter de ce que je dois à Ferney pour les maisons que j'ai fait bâtir. Il faudra donc que mes neveux attendent comme moi le débrouillement de mes affaires, et qu'ils ne soient payés qu'à la fin de 1778 de la petite pension qu'ils ont bien voulu accepter. Ils recevront alors deux années; et si je meurs dans l'intervalle, ils trouveront dans ma succession de quoi se dédommager.

A l'égard de M. Marchand[1], s'il ne paye pas les deux mille francs par mois qu'il a promis sur sa parole d'honneur, il faudra saisir aux fermes générales sans difficulté, et ne donner son désistement que quand il aura payé tout ce qu'il doit.

Je crois avoir répondu, monsieur, à tous les articles de votre lettre; mais je ne vous ai pas assez remercié du bon office que vous me rendez, en me faisant connaître mes affaires. Je ne puis y remédier qu'en pressant mes débiteurs.

Je vous réitère mes sensibles remercîments, etc.

MMMMMMCCLXVII. — A M. LE MARÉCHAL DUC DE RICHELIEU.

A Ferney, 20 janvier.

J'ai recours à vous, monseigneur; après soixante ans de bontés, vous ne m'abandonnerez certainement pas. Je suis ruiné, et ce n'est pas ma faute. J'ai entrepris, depuis cinq ou six ans, de bâtir une ville et d'y établir plus d'une manufacture utile à l'État. J'avais été protégé sous le ministère de M. le duc de Choiseul. Je n'ai pas aujourd'hui le même avantage. Il ne me reste que la satisfaction d'avoir tout fait à mes dépens, sans avoir le moindre intérêt dans l'entreprise; mais je ne veux point mourir banqueroutier à l'âge de quatre-vingt-trois ans. Vous me devez plus de dix-sept mille francs d'arrérages. Je vous demande en grâce de m'en faire payer neuf mille, pour apaiser des créanciers auxquels il faut du pain. Toutes les autres ressources m'ont manqué tout à coup. Je vous conjure de ne pas me rebuter dans la détresse extrême où je me trouve. Pardonnez à une importunité qui coûte assez à mon cœur.

1. Fermier général qui devait à Voltaire une rente viagère dont il n'avait depuis longtemps payé aucun arrérage. (Éd.)

MMMMMMMCCLXVIII. — A CATHERINE II.

24 janvier.

Madame, votre sujet, moitié Suisse, moitié Gaulois, nommé Voltaire, était près de mourir il y a quelques jours : son confesseur catholique apostolique romain, c'est-à-dire universel, coureur de Rome, vint pour me préparer au voyage; le malade lui dit : « Mon révérend père, Dieu pourrait bien me damner. — Et pourquoi cela, vieux bonhomme? me dit le prêtre. — Hélas! lui répondis-je, c'est qu'on m'a accusé auprès de lui d'être un ingrat. J'ai été comblé des bontés d'une autocratrice qui est une de ses plus belles images dans ce monde, et je ne lui ai point écrit depuis plus d'un an. — Qu'est-ce qu'une autocratrice? me dit mon vilain. — Eh pardieu! lui dis-je, c'est une impératrice. Vous êtes un grand ignorant; et cette impératrice fait du bien depuis le Kamtschatka jusqu'en Afrique. — Oh! si cela est, repartit le prêtre, vous avez bien fait, elle n'a pas de temps à perdre. Il ne faut pas ennuyer une autocratrice-impératrice-bienfaitrice, occupée du soir au matin tantôt à battre les Turcs, tantôt à leur donner la paix, ou bien à couvrir de vaisseaux la mer Noire, et qui s'amuse à faire fleurir onze cent mille lieues carrées de pays. Allez, allez, je vous donne l'absolution.»

MMMMMMMCCLXIX. — A M. LE COMTE DE LA TOURAILLE.

A Ferney, 1er février.

Il est bien juste, monsieur, que ma colonie et moi nous vous présentions nos remercîments. Nous vous devons la protection de Mgr le prince de Condé et la lettre de M. le contrôleur général, qui a dissipé les craintes de tous les artistes. Je ne dois plus à présent implorer le secours des grands Condé que contre les Anglais.

J'espère qu'on ne souffrira pas au palais Bourbon que Gilles Shakspeare l'emporte sur le grand Corneille. On dit que vous aller décider incessamment entre Lulli, Piccini, Gluck, et Grétry : ce sera là une très-jolie guerre. Je m'intéresse de loin à tous vos plaisirs. Ne me prenez plus mon titre de vieux malade, et conservez-moi vos bontés.

MMMMMMMCCLXX. — A S. A. S. MGR LE PRINCE DE CONDÉ.

1er février.

Monseigneur, l'autre grand Condé n'aurait peut-être jamais daigné entrer avec tant de bonté dans les intérêts de ses vassaux. Je me mets avec eux aux pieds de Votre Altesse Sérénissime. La lettre dont elle m'honore, et la réponse de M. le contrôleur général, suffiront pour faire fleurir la colonie. Elle était bien digne d'être protégée par vos bontés, car elle a été fondée à coups de fusil. Ce fut d'abord en 1770 qu'une partie des habitants de Genève, chassée par l'autre dans un combat sanglant, vint se réfugier dans votre province. Il suffira qu'on sache qu'elle a trouvé en vous un protecteur, pour qu'elle soit ménagée par tous les préposés aux recettes du roi.

Je suis, avec le plus profond respect et la plus vive reconnaissance, etc.

MMMMMMMCCLXXI. — A M. LE COMTE D'ARGENTAL.

4 février.

Mon cher ange, votre lettre du 27 de janvier me prouve que votre providence bienfaisante a toujours les yeux ouverts sur mes misères. Je n'ai point reçu de vers de M. Sélis[1] dont vous me parlez, ni de lettres de M. l'abbé Pezzana[2], ni d'estampe de la part du graveur Henriquez. J'ai reçu seulement, par un libraire de Genève, la nouvelle édition de l'*Arioste*, et j'en ai remercié M. l'abbé Pezzana, par une lettre adressée à l'hôtel garni nommé *l'Ile d'Amour*, où il demeurait, il y a plusieurs mois, lorsqu'il m'écrivit.

Vous croyez, vous et M. de Thibouville, que je ne vous ai invités qu'à un petit souper de trois services[3]; il faut que je vous avoue que j'en prépare un autre de cinq[4]. Le rôti est déjà à la broche, mais le menu m'embarrasse. Je crains bien de n'être qu'un vieux cuisinier dont le goût est absolument dépravé. Vous êtes le plus indulgent des convives; mais il y a tant de gens qui s'empressent à vous donner à souper, j'ai tant de rivaux qui me traiteront de gargotier, que je tremble de vous donner mes deux repas. Je vois évidemment qu'il faut remettre cette partie à une saison plus favorable. Il suffirait qu'il y eût un ragoût manqué, pour que tout le monde, jusqu'aux valets de l'auberge, me traitât de vieil empoisonneur. Il viendra peut-être un temps où l'on aura plus d'indulgence. Il faut d'ailleurs que je présente quelques rafraîchissements[5] à six juifs, et à leur aumônier, M. l'abbé Guénée, qui me paraissent un peu échauffés, et qui tirent la langue d'un pied de long.

Il résulte de tout cela, mon cher ange, que je ne pourrai vous rien envoyer qu'au mois de mars. Vous me pardonnerez sans doute, quand vous saurez le triste état où je suis. Ma colonie me prend presque tout mon temps. Des débiteurs très-grands seigneurs, comme MM. les ducs de Bouillon et de Richelieu, et M. le duc de Wurtemberg, m'ont manqué tous à la fois, et me laissent dans l'impossibilité de continuer ma fondation. Il n'y a pas jusqu'à un fermier général qui ne me laisse sans secours. Ils disent tous que j'ai vécu trop longtemps pour être payé; ils me regardent comme un homme mort; et ce qui me paraît très-désagréable, c'est qu'ils auront bientôt raison. Or jugez si, dans de telles circonstances, je puis hasarder de vous donner à souper, surtout quand je suis presque sûr de vous faire une chère détestable

Vous me parlez de Mme du Deffand; vous sentez bien que la multitude énorme des fardeaux dont j'ai chargé ma faiblesse, et des embarras dont je suis environné, ne me permet guère d'agacer les jeunes dames de Paris : *Sufficit diei malitia sua*[6]. Songez que j'ai presque

1. Sélis avait publié des *Épîtres en vers sur différents sujets*. (Éd.)
2. Éditeur de l'Arioste. (Éd.)
3. La tragédie d'*Irène*, qui devait d'abord n'être qu'en trois actes. (Éd.)
4. *Agathocle*. (Éd.)
5. *Le Vieillard du mont Caucase*, etc., ouvrage qu'il intitula depuis *Un chrétien contre six juifs*. (Éd.)
6. Matthieu, VI, 34. (Éd.)

autant de chagrins et d'occupations inquiétantes que de maladies. Ayez donc un peu pitié de moi, mon très-cher ange; portez-vous bien, réjouissez-vous et aimez-moi : vous ferez toujours ma consolation.

MMMMMMMCCLXXII. — A M. HENNIN.

A Ferney, 5 février.

Le vieux malade compte bien d'avoir l'honneur d'entendre demain M. Hennin; mais il n'aura pas celui de lui parler, car il a une extinction de voix et une extinction de tout, excepté des sentiments d'attachement et de respect avec lesquels il a l'honneur d'être, monsieur, votre très-humble et très-obéissant serviteur. V.

MMMMMMMCCLXXIII. — A M. DE POMARET.

A Ferney, 7 février.

Le vieillard qui va bientôt finir sa carrière, monsieur, a encore assez de vie pour être très-touché de votre souvenir, ainsi que de votre mérite et de tous vos sentiments. Mon état ne m'ayant pas permis, depuis quelque temps, de cultiver le peu d'amis qui me restaient à Paris, je ne sais rien de ce qui s'y passe. Je vois seulement que le nombre des hommes d'État éclairés et tolérants augmente tous les jours, qu'on adoucit partout dans le commerce de la vie des lois trop sévères, qu'on souffre ou qu'on autorise les mariages entre les personnes de l'ancienne secte et de la nouvelle [1]. Je me réjouis avec vous de ce progrès de la raison, et j'en remercie le Dieu de toutes les sectes et de tous les êtres.

MMMMMMMCCLXXIV. — A M. LE COMTE DE LAMBERG [2].

7 février.

Monsieur, un vieillard de quatre-vingt-trois ans, qui sera bientôt délivré des souffrances de toute espèce auxquelles il faut se soumettre dans cette vie, et qui conserve encore un peu de goût pour tout ce qui peut éclairer l'esprit et lui plaire, est très-consolé par l'honneur que vous lui avez fait en lui envoyant vos amusantes observations.

Mon état très-douloureux ne me permet pas de vous remercier avec la même gaieté que vous écrivez; si les maladies qui me persécutent me donnaient un peu de relâche, j'aurais la consolation de m'entretenir avec un très-aimable *mondain* de tous les personnages que j'ai connus, et dont il parle si judicieusement dans son livre. La colonie du vieux malade de Ferney est aussi malade que lui; il faudrait un homme tel que vous pour lui rendre la vie.

> .....*Pendent opera interrupta, minæque*
> *Murorum* tenues, *æquataque* mœnia fimo [3].

Le fondateur, entouré de ruines et de maux, vous présente, monsieur, ses très-humbles respects.

1. Entre les catholiques et les protestants. (ÉD.)
2. Auteur du *Mémorial d'un mondain*. (ÉD.) — 3. Virgile, *Æn.*, IV, 88. (ÉD.)

MMMMMMMCCLXXV. — A M. HENRIQUEZ, GRAVEUR.

A Ferney, 7 février.

Vous avez, monsieur, parmi vos chefs-d'œuvre de gravure, envoyé à un vieillard de quatre-vingt-trois ans, très-malade, son portrait, qui n'était pas digne de vos grands talents. Les trois autres estampes[1] dont vous l'avez gratifié méritaient un burin tel que le vôtre. Je suis honteux de me trouver dans une si bonne compagnie; mais je n'en suis que plus reconnaissant. L'état de ma santé m'approche du terme où il ne restera plus de moi que votre estampe. Pardonnez aux maladies qui m'accablent, si l'expression de mes remercîments est si courte et si faible.

J'ai l'honneur d'être, avec toute l'estime et la reconnaissance que je vous dois, monsieur, votre, etc.

MMMMMMMCCLXXVI. — DE CATHERINE II.

A Pétersbourg, 28 janvier-8 février.

Monsieur, j'ai lu cet hiver deux traductions russes nouvellement faites, l'une du Tasse, et l'autre d'Homère. On les dit très-bonnes; mais j'avoue que votre lettre du 24 janvier, que je viens de recevoir, m'a fait plus de plaisir que le Tasse et Homère. La gaieté et la vivacité qui y règnent me font espérer que votre maladie n'aura aucune suite, et que vous passerez très-lestement au delà des cent ans.

Votre souvenir m'est toujours aussi flatteur qu'agréable; mes sentiments pour vous sont toujours invariables.

MMMMMMMCCLXXVII. — A M. DE MIRBECK[2].

10 février.

Vous défendez, monsieur, toutes les causes auxquelles je m'intéresse. Je me joins à tous ceux qui achètent, vendent, et mettent en œuvre des cuirs. J'ai établi des tanneries dans ma petite colonie, au bout du royaume, dans un coin de terre réputé étranger par un édit du roi; et l'on nous y persécute, on nous y ruine, comme si nous étions Français. Ni les grandes Alpes ni le mont Jura ne peuvent nous servir de barrière. Les commis sont comme les vautours de nos montagnes : ils volent au-dessus des roches et des précipices, pour venir manger nos volailles.

Je vous remercie bien sensiblement du soin que vous prenez de leur rogner le bec et les ongles. Les malheureux habitants dont je suis entouré n'ont la permission de vivre qu'à de bien tristes conditions. Je vois à ma droite douze mille pères de famille, esclaves de vingt prêtres; et, à ma gauche, une foule d'artistes écrasés par des commis.

1. C'étaient les portraits de MM. de Montesquieu, Dalembert et Diderot. (*Éd. de Kehl.*)

2. Sur un mémoire qu'il avait composé pour la liberté du commerce des cuirs, et contre les tyrannies qui le ruinent. (ÉD.)

Puissent votre éloquence et votre raison supérieure briser tant d'odieuses chaînes!

Agréez, monsieur, les sincères compliments et la reconnaissance d'un vieillard qui cessera bientôt d'être témoin des injustices de ce monde.

MMMMMMMCCLXXVIII. — De Frédéric II, roi de Prusse.

A Potsdam, le 10 février.

Il vaut mieux que vous ayez terminé vous-même votre affaire avec le duc de Wurtemberg, que s'il avait fallu recourir à mon assistance. Je vous félicite d'avoir cet embarras de moins, et je me réjouirai si j'apprends que tous vos sujets de chagrin sont dissipés.

L'âge où vous êtes devrait rendre votre personne sacrée et inviolable. Je m'indigne, je me mets en colère contre les malheureux qui empoisonnent la fin de vos jours. Je me suis dit souvent : « Comment se peut-il que ce Voltaire, qui fait l'honneur de la France et de son siècle, soit né dans une patrie assez ingrate pour souffrir qu'on le persécute? Quel découragement pour la race future! où sera le Français qui voudra désormais vouer ses talents à la gloire d'une nation qui méconnaît les grands hommes qu'elle produit, et qui les punit au lieu de les récompenser? »

Le mérite persécuté me touche, et je vole à son secours, fût-ce jusqu'au bout du monde. S'il faut renoncer à revoir l'immortel Voltaire, du moins pourrai-je m'entretenir cet été avec le sage Anaxagore[1]. Nous philosopherons ensemble; votre nom sera mêlé dans tous nos entretiens, et nous gémirons du triste destin des hommes qui, par faiblesse ou par stupidité, retombent dans le fanatisme.

Deux dominicains qui ont le roi d'Espagne[2] à leurs pieds disposent de tout le royaume: leur faux zèle sanguinaire a rétabli dans toute sa splendeur cette inquisition que M. d'Aranda avait si sagement abolie. Selon que le monde va, les superstitieux l'emportent sur les philosophes, parce que le gros des hommes n'a l'esprit ni cultivé, ni juste, ni géométrique. Le peuple sait qu'avec des présents on apaise ceux qu'on a offensés; il croit qu'il en est de même à l'égard de la Divinité, et qu'en lui donnant à flairer la fumée qui s'élève d'un bûcher où l'on brûle un hérétique, c'est un moyen infaillible de lui plaire. Ajoutez à cela des cérémonies, des déclamations de moines, les applaudissements des amis, et la dévotion stupide de la multitude, vous trouverez qu'il n'est pas surprenant que les Espagnols aveuglés aient encore de l'attachement pour ce culte digne des anthropophages.

Les philosophes pouvaient prospérer chez les Grecs et chez les Romains, parce que la religion des gentils n'avait point de dogmes; mais les dogmes de notre *inf*... gâtent tout. Les auteurs sont obligés d'écrire avec une circonspection gênante pour la vérité. La prêtraille venge la moindre égratignure que souffre l'orthodoxie; l'on n'ose montrer la vérité à découvert; et les tyrans des âmes veulent que les idées des citoyens soient toutes moulées dans le même moule.

1. Dalembert. (Éd.) — 2. Charles III, qui régna de 1759 à 1788. (Éd.)

Vous aurez toutefois eu l'avantage de surpasser tous vos prédécesseurs dans le noble héroïsme avec lequel vous avez combattu l'erreur. Et de même qu'on ne reproche pas au fameux Boërhaave de n'avoir pas détruit la fièvre chaude, ni l'étisie, ni le haut mal, mais qu'il s'est borné à guérir de son temps quelques-uns de ses contemporains; aussi peu pourra-t-on reprocher au savant médecin des âmes de Ferney de n'avoir pu détruire la superstition ni le fanatisme, et de n'avoir appliqué son remède qu'à ceux qui étaient guérissables.

Mon individu, qui s'est mis à son régime, le bénit mille fois en lui souhaitant longue vie et prospérité : c'est dans ces sentiments que le solitaire de Sans-Souci salue le patriarche des incrédules[1]. *Vale.*

FÉDÉRIC.

1. Voici ce que le roi de Prusse écrivait à Dalembert sur Voltaire, en 1777 et 1780 :

« 25 janvier 1777.

« Messieurs vos conseillers au parlement seront bien gens à protéger l'inquisition; le zèle qui les anime contre Voltaire me paraît fort suspect : ce pourrait bien être la suite du ressentiment qu'ils lui conservent d'avoir célébré en beaux vers leur expulsion : ils devraient rougir de honte. Quel honneur ont-ils à persécuter un pauvre vieillard qui est au bord de sa tombe? Et, à bien examiner la chose, Voltaire n'a fait que recueillir les sentiments de quelques Anglais et leurs critiques de la *Bible*: lui-même il gémit de leur audace, et il paraît n'avoir fait cet ouvrage que dans le dessein qu'on le réfute. On a tant dit de choses dans ce siècle contre la religion! Ses *Commentaires sur la Bible* sont moins forts qu'une infinité d'autres ouvrages qui font crouler tout l'édifice, en sorte qu'on a de la peine à le relever. Mais il est plus aisé de condamner un livre à être brûlé que de le réfuter. Si l'on parlait sérieusement en France de mes chapelains, on rirait au nez de mon ministre; tant ma réputation est mal établie en fait d'orthodoxie! Cependant Voltaire me fait de la peine, son abattement perce dans ses lettres. Il faut qu'on le chicane sur ses établissements de Ferney. Il ajoute qu'il a perdu un procès, qu'il est ruiné, et qu'il terminera ses vieux jours dans la misère. C'est l'énigme du sphinx; il faudrait un autre Œdipe pour l'expliquer.

« Tout ce qui arrive à Voltaire me fait venir une réflexion, assez vraie malheureusement, qu'on fait souvent des vœux inconsidérés en souhaitant une longue vie à ses amis. Si Pompée était mort à Tarente, où il fut attaqué d'une fièvre chaude violente, il aurait été enterré avec toute sa réputation, et n'aurait pas vu périr sa république. Si le fameux Swift était mort à temps, ses domestiques ne l'auraient pas montré pour de l'argent, lorsqu'il devint imbécile. Si Voltaire était mort l'année passée, il n'aurait pas essuyé tous les chagrins dont il se plaint si amèrement. Laissons donc agir les vagues destinées, et, sans nous embarrasser de la durée de notre course, contentons-nous de souhaiter qu'elle soit heureuse. »

« 22 juin 1780.

« Pour Voltaire, je vous garantis qu'il n'est plus en purgatoire; après le service public pour le repos de son âme, célébré dans l'église catholique de Berlin, le Virgile français doit être maintenant resplendissant de gloire; la haine théologique ne saurait l'empêcher de se promener dans les Champs-Élysées, en compagnie de Socrate, d'Homère, de Virgile, de Lucrèce. Appuyé d'un côté sur l'épaule de Bayle, de l'autre sur celle de Montaigne, et jetant un coup d'œil au loin, il verra les papes, les cardinaux, les persécuteurs, les fanatiques, souffrir dans le Tartare les peines des Ixion, des Tantale, des Prométhée, et de tous les fameux criminels de l'antiquité. Si les clefs du purgatoire eussent été uniquement entre les mains de vos évêques français, toute espérance pour Voltaire aurait été perdue; mais, par le moyen du passe-partout que nous ont fourni les messes pour le repos des âmes, la serrure s'est ouverte, et il en est sorti, en dépit de Beaumont, des Pompignan, et de toute leur séquelle.

« Vous me faites plaisir de m'informer de l'édition nouvelle qu'on prépare

MMMMMMMCCLXXIX. — A M. CHRISTIN.

10 février.

Mon cher ami, je doute fort que M. Turgot ait dit : *Il ne connaît pas ses forces*. Cet homme sage sait trop bien quelle est ma faiblesse : il n'a que trop éprouvé que la plus grande réputation est écrasée par le pouvoir. M. le prince de Montbarey rapportera l'affaire au conseil. Vous savez comme il pense; et vous n'ignorez pas que le conseil a proscrit toutes ces pièces extrajudiciaires dont le public était inondé. J'ai été cruellement désigné dans le factum de votre adverse partie, et je sais qu'on a proposé de décréter l'auteur du *Curé*[1]. M. le prince de Montbarey ne pardonnera pas à un homme qui, sans être autorisé, se déclarera imprudemment contre lui. Je crois qu'il ne faut point sortir du port dans un temps d'orage.

Je vous embrasse de tout mon cœur, avec autant d'amitié que de tristesse.

MMMMMMMCCLXXX. — A M. DALEMBERT.

15 février.

Mon cher et grand philosophe, vous avez déchiré mon vieux cœur en m'apprenant que je m'étais trompé sur l'Espagne Je l'avais crue raisonnable; mais je vois qu'il faut attendre encore trois ou quatre cents ans. Je présume qu'en attendant cette époque, on pourra bien être aussi sage à Versailles qu'à Buen-Retiro. Il faudra bien qu'un jour les honnêtes gens gagnent leur cause; mais, avant que ce beau jour arrive, que de dégoûts il faudra essuyer! que de sourdes persécutions, sans compter les chevaliers de La Barre, dont on fera des auto-da-fé de temps en temps!

On n'est point en état de lire le Pascal-Condor....[2] à Madrid; mais il y a encore bien des gens dignes de le lire à Paris, et même en province. voilà ma consolation. Il serait bon qu'il y en eût une édition un peu plus répandue. Je me flatte qu'à la fin le journal de M. de La Harpe[3] aura la faveur qu'il doit avoir; c'est le seul de tous les journaux où l'on trouve du goût et de la raison : mais ne fera-t-on pas quelque jour justice des comètes qui forment une terre avec une échancrure du so-

des *Œuvres de Voltaire* : il serait à souhaiter que les éditeurs élaguassent ces sorties trop fréquentes sur les Nonotte, les Patouillet et d'autres insectes de la littérature, dont les noms ne méritent pas de se trouver placés à côté de tant de morceaux inimitables, qui, dignes de la postérité, dureront autant, et plus peut-être, que la monarchie française. Les écrits de Virgile, d'Horace et de Cicéron, ont vu détruire le Capitole, Rome même; ils subsistent, on les traduit dans toutes les langues, et ils resteront tant qu'il y aura dans le monde des hommes qui pensent, qui lisent, et qui aiment à s'instruire. Les ouvrages de Voltaire auront la même destinée; je lui fais tous les matins ma prière; je lui dis : « Divin Voltaire, *ora pro nobis*. »

« *P. S.* J'ai oublié de vous répondre touchant le buste de Voltaire. N'insultons pas à sa patrie, en lui donnant un habillement qui le ferait méconnaître; Voltaire pensait en Grec, mais il était Français. Ne défigurons pas nos contemporains, en leur donnant les livrées d'une nation maintenant avilie et dégradée sous la tyrannie des Turcs leurs vainqueurs. »

1. Voltaire lui-même. (ÉD.) — 2. *Elogp et Pensées de Pascal*. (ÉD.)

3. Le *Journal de politique et de littérature*. (ÉD.)

eu, des enfants qui se font avec des molécules organiques, des Alpes et des Apennins qui s'élèvent par un coup de mer? Je ne vois partout que du charlatanisme. Votre prédécesseur l'abbé d'Olivet disait toujours, quand il voyait de tels livres : « Cela ne fait mal à personne. » Je ne suis point de son avis : cela fait grand mal ; car ces lectures rendent l'esprit faux, et donnent de l'humeur au petit nombre de ceux qui n'aiment que le vrai.

Adieu, mon cher ami ; quand vous irez voir des rois[1], n'oubliez pas, en passant, le vieux chat-huant, qui se meurt dans son trou au milieu des neiges.

MMMMMMMCCLXXXI. — A M. PANCKOUCKE.

15 février.

Oui, oui, je ferai tout ce qu'il vous plaira, car vous m'avez gagné le cœur, et je suis toujours amoureux de Mme Suard votre sœur (si je suis en vie, s'entend ; car je ne réponds de rien). Tant qu'il me restera un peu de force et un peu d'huile, je suis à votre service.

Il me paraît que le journal de M. de La Harpe[2] reprend beaucoup de faveur auprès des honnêtes gens et de ceux qui ont du goût. Ils dirigent, à la longue, le jugement des autres ; et, en tout genre, la *Phèdre* de Racine anéantit la *Phèdre* de Pradon. Si votre débit n'est pas aussi considérable qu'il devrait l'être, n'imputez point ce désagrément passager au prétendu mécontentement du public, fâché de voir M. de La Harpe succéder à son ennemi[3]. Le public se soucie peu des querelles des gens de lettres ; on se borne à s'en amuser et à en rire pour son argent. La véritable raison qui fait que vous vendez moins votre très-bon journal, c'est que vous avez quarante ou cinquante concurrents. S'il n'y avait qu'un pâtissier dans Paris, il ferait une fortune immense : quand il y en a mille, les profits se partagent.

Je n'ai point reçu le *Tristram Shandy* en français, ni le livre *De l'homme* dont vous me parlez. On est en état de travailler aux extraits dont M. de La Harpe ne voudra pas se charger. Tout ce qu'on demande, c'est d'être entièrement ignoré, et que M. de La Harpe soit content de ce travail, qui n'est entrepris que pour le soulager, parce qu'on sait bien qu'il a d'autres occupations. On le prie de vouloir bien se donner la peine de corriger tout ce qui ne paraîtra pas convenable. Deux traits de plume peuvent adoucir l'article où l'on donne la préférence à *la Félicité publique* sur *l'Esprit des lois*, quoiqu'on soit persuadé que le fameux ouvrage de Montesquieu n'est que de l'*esprit sur les lois*, comme l'a très-bien dit Mme du Deffand.

1. Il était question d'un voyage de Dalembert à Berlin. (ÉD.)
2. Le *Journal de politique et de littérature* entrepris par Panckoucke, qui en avait confié la rédaction à La Harpe pour la partie littéraire. (ÉD.)
3. Linguet. (ÉD.)

MMMMMMMCCLXXXII. — A M. LE COMTE D'ARGENTAL.

16 février.

Vous êtes bien bon, mon cher ange; mais je vous jure, encore une fois, que je n'ai point entendu parler de M. Sélis. J'ai fait la revue de tous mes papiers, je n'ai trouvé ni vers ni prose de sa part. Quant à M. l'abbé Pezzana, c'est moi qui lui ai écrit, encore une fois, à l'*Ile d'Amour*. Je ne savais pas qu'il y eût une aussi jolie auberge dans Paris.

Il est vrai que quelquefois mon grand âge, mes maladies, les chagrins dont on m'accable, et les travaux qui me consolent, m'empêchent de répondre à de fatigantes lettres d'inconnus; mais ce n'est point ici le cas de M. Sélis et de M. Pezzana.

S'il y a quelqu'un à qui on puisse reprocher de ne point écrire, c'est Mme Papillon-philosophe. Je comptais sur elle, je me flattais de l'honneur de son amitié; j'imaginais même qu'elle pourrait dire un mot à M. de Richelieu, et employer son éloquence auprès du ministère pour ma petite colonie. Je n'ai eu d'elle aucune nouvelle, et je n'ai personne dont je puisse implorer le secours. Paris est devenu pour moi une ville aussi étrangère que Pékin. Il est vrai qu'on écrit également contre moi dans ces deux villes. Les jésuites missionnaires qui sont encore à la Chine, et qui prennent hardiment le nom de jésuites dans ce seul endroit du monde, me tympanisent un peu dans leurs *Lettres édifiantes*, et j'ai toujours à combattre, dans Paris, l'illustre famille des Fréron, celle des Clément et celle des dévots. Les anciens ennemis de M. de Richelieu, assez mal instruits pour me croire son favori, me punissent des bontés qu'ils lui supposent pour moi.

Mon cher ange, j'ai cru trouver le repos dans la solitude; il n'est nulle part pour les hommes qui ont eu le malheur de se consacrer au public, en quelque genre que ce puisse être. Il n'y a qu'un moyen pour obtenir la paix de l'âme, c'est de mourir. Il est bien triste, mon cher ange, de finir sa vie loin de vous. Votre amitié me soutient un peu dans mes derniers jours; j'abandonnerai sans regret tout le reste. J'oublierai surtout les plates et ridicules misères dont toute la littérature est infectée aujourd'hui. Adieu, mon cher ange, mon consolateur.

MMMMMMMCCLXXXIII. — A M. ***.

A Ferney, 25 février.

Quoique je sois bien vieux et bien malade, monsieur, je n'ai pas absolument perdu la mémoire. Je me souviens qu'il y a environ quinze ans M. Thieriot m'envoya une brochure intitulée *Anecdotes sur Fréron*. Il me manda que plusieurs personnes l'attribuaient à M. de La Harpe. Il se peut qu'avant de l'avoir examinée, j'aie cru et j'aie mandé que cet ouvrage était très-véridique, et qu'il était de l'auteur à qui on l'attribuait. Mais je reconnus bientôt que cet ouvrage ne pouvait être ni de M. de La Harpe, ni d'aucun homme de lettres. Il n'y est principalement question que de marchés avec des colporteurs et des libraires, de querelles et de procès sur les objets les plus bas. Le style est digne du sujet qu'il traite.

M. l'abbé de La Porte, dont il est fort question dans cet ouvrage, et M. de Marmontel, dont il est aussi parlé, peuvent être consultés sur la vérité des faits énoncés dans la brochure. Il y était dit que le libraire Lambert avait un mémoire manuscrit concernant tout ce qu'on reprochait alors à Fréron.

Voilà, je crois, tous les éclaircissements que je puis vous donner. Si jamais je retrouve un exemplaire de cette brochure, vous verrez bien plus évidemment qu'elle n'est pas d'un homme de lettres. Je me souviens qu'il était parlé, à la fin de l'ouvrage, d'un procès pour des paires de souliers. Toutes ces pauvretés-là ne passent pas la cheville du pied.

J'ai l'honneur d'être, monsieur, votre, etc.

MMMMMMCCLXXXIV. — A M. Dalembert.

26 février.

Voici, mon sage maître, la lettre ostensible, écrite à qui vous voudrez. Je me meurs de maladie et de chagrin. On n'est pas plus maître de chasser le chagrin que la fièvre. Ménagez votre santé. Dites avec Horace :

Gratia, fama, valetudo, contingit abunde [1].

Pour moi, je suis persécuté sur la fin de ma vie comme dans ma jeunesse. On dit que c'est le sort des gens de lettres. Cela est-il vrai? Mon sort est de vous aimer tant que je vivrai. Raton.

MMMMMMCCLXXXV. — Du cardinal de Bernis.

Rome, le 26 février.

Votre jeune huguenot, M. Labat, m'a remis, mon cher confrère, la lettre dont vous m'avez honoré le 27 septembre de l'année dernière. Je ne doute pas que ce jeune homme ne soit homme d'esprit, puisque vous vous y intéressez. Il dîna hier chez moi. Je ferai toujours honneur à vos recommandations. Je ne vous ai pas cru mort, vous donnez assez souvent de bons signes de vie; mais j'ai cru que vous m'aimiez moins, puisque vous m'aviez retranché ces petites lettres qui de temps en temps me font voir que le goût et les grâces ne sont pas totalement perdus pour nous, et que vous luttez heureusement contre la décadence qui nous menace depuis quelque temps. Je m'intéresse à votre conservation plus que personne, parce que je jouis plus sincèrement que personne de votre gloire. Vivez encore longtemps pour l'honneur de la France, et pour la satisfaction de vos serviteurs et de vos amis.

MMMMMMCCLXXXVI. — A M. Bailly.

A Ferney, 27 février.

Tradidit mundum disputationi eorum [2].

Je ne dispute point contre vous, je ne cherche qu'à m'instruire. Je

1. Horace, livre I, épître IV, vers 10. (Éd.) — 2. *Ecclésiaste*, III, 11. (Éd.)

suis un vieil aveugle qui vous demande le chemin. Personne n'est plus capable que vous de rectifier mes idées sur les brachmanes.

Je suis étonné qu'aucun de nos Français n'ait su la curiosité d'apprendre à Bénarès l'ancienne langue sacrée, comme ont fait M. Holwell et M. Dow.

1° Le livre du Shasta, écrit il y a près de cinq mille ans, n'est-il pas assez sublime pour nous laisser croire que les auteurs avaient du génie et de la science?

2° Est-il bien vrai que les brames d'aujourd'hui n'ont ni sience ni génie?

3° S'ils ont dégénéré sous la tyrannie des descendants de Tamerlan, n'est-ce pas l'effet naturel de ce que nous voyons dans Rome et dans la Grèce?

4° Zoroastre et Pythagore auraient-ils fait un voyage si long pour aller les consulter, s'ils n'avaient pas eu la réputation d'être les plus éclairés des hommes?

5° Leurs trois vice-dieux ou sous-dieux, Brama, Wistnou, et Routren, le formateur, le restaurateur, l'exterminateur, ne sont-ils pas l'origine des trois Parques?

Clotho colum retinet, Lachesis net, Atropos occat.

La guerre de Moïsazor et des anges rebelles contre l'Éternel n'est-elle pas évidemment le modèle de la guerre de Briarée et des autres géants contre Jupiter?

6° N'est-il donc pas à croire que ces inventeurs avaient inventé aussi l'astronomie dans leur beau climat, puisqu'ils avaient bien plus besoin de cette astronomie pour régler leurs travaux et leurs fêtes, qu'ils n'avaient besoin de fables pour gouverner les hommes?

7° Si c'était une nation étrangère qui eût enseigné l'Inde, ne resterait-il pas à Bénarès quelques traces de cet ancien événement? MM. Holwell et Dow n'en ont point parlé.

8° Je conçois qu'il est possible qu'un ancien peuple ait instruit les Indiens; mais n'est-il pas permis d'en douter, quand on n'a nulle nouvelle de cet ancien peuple?

9° Voilà, monsieur, à peu près le précis des doutes que j'ai eus sur la philosophie des brachmanes, et que j'ai soumis à votre décision. Je vous avoue que je n'ai jamais lu le *Système* de M. de Mairan, *sur la chaleur interne de la terre, comparée avec celle que produit le soleil en été.* J'étais seulement très-persuadé qu'il y a partout du feu.

Ignis ubique latet, naturam amplectitur omnem[1].

Les artichauts et les asperges que nous avons mangés cette année au mois de janvier, au milieu des glaces et des neiges, et qui ont été produits sans qu'un seul rayon du soleil s'en soit mêlé, et sans aucun feu artificiel, me prouvaient assez que la terre possède une chaleur intrin-

1. Ce vers est de Voltaire. (Éd.)

sèque très-forte. Ce que vous en dites dans votre neuvième lettre[1] m'a beaucoup plus instruit que mon potager.

Vos deux livres, monsieur, sont deux trésors de la plus profonde érudition, et des conjectures les plus ingénieuses ornées d'un style véritablement éloquent, qui est toujours convenable au sujet.

Je vous remercie surtout de votre dernier volume. On me croira digne de vous avoir eu pour maître, puisque c'est à moi que vous adressez des lettres où tout le monde peut s'instruire.

Agréez la reconnaissance et la respectueuse estime de votre très-humble et très-obéissant serviteur.

LE VIEUX MALADE DE FERNEY, *puer centum annorum*.

MMMMMMMCCLXXXVII. — À M. LE MARÉCHAL DUC DE RICHELIEU.

3 mars.

J'ai reçu, monseigneur, votre lettre du 19 de février; je suis toujours étonné d'écrire en 1777. Vous rafraîchissez mes faibles sens, en me disant que mon neveu d'Hornoy ou Dampierre ne s'est pas mal conduit. Je vous réponds qu'il n'est en aucune façon du parti des fanatiques; il songe même à se tirer de cette cohue.

J'ai pris vingt fois la plume pour oser dire mon avis publiquement sur les injustices que vous essuyez : j'ai été retenu par la crainte de vous compromettre sans vous servir. Je ne peux pas m'imaginer qu'à la fin vous ne triomphiez pas. Plus les affaires se prolongent, et plus elles donnent le temps au public de revenir à la raison; c'est toujours mon avis.

Vous m'étonnez par vos *deux furies*[2]. Je voudrais bien les connaître. J'ai vu le temps où il n'y aurait pas eu deux femmes en France capables de se déclarer contre vous.

Je ne sais plus où est Mme de Saint-Julien, ni ce qu'elle fait, ni ce qu'elle pense, ni où elle demeure. Elle ne m'a écrit qu'une seule fois depuis qu'elle a quitté ma retraite. Je la quitterai bientôt moi-même pour aller mourir dans mon voisinage en Suisse.

Vous savez sans doute que M. de La Borde, l'ancien valet de chambre du roi, veut faire connaître cette Suisse à vos Parisiens, par une description qu'il en fait, accompagnée de mille estampes, pour lesquelles toute la famille royale a souscrit. Il m'avait proposé de prendre une petite maison dans ma colonie, pour être plus à portée de son ouvrage; mais il a changé d'avis : c'était une idée bien singulière pour un fermier général.

J'ose croire que la requête du jeune Lally pour faire revoir le procès de son père ne servira pas peu à rendre la saine partie du parlement plus circonspecte que jamais dans ses décisions.

Le jeune homme ne peut qu'être approuvé du public; il a de l'esprit,

1. La neuvième des *Lettres sur l'origine des sciences et sur celle des peuples de l'Asie, adressées à M. de Voltaire par Bailly*, traite *Du feu central, ou de la chaleur propre et intérieure du globe*. (ÉD.)

2. Mme de Saint-Vincent et la comtesse de Saint-Jean, son amie. (ÉD.)

de la valeur, de l'opiniâtreté; il veut venger le sang de son père, le public sera pour lui. Il m'engagea, il y a trois ou quatre ans, à dire ce que je pensais de la catastrophe du général Lally, dans un de mes fatras. Le rapporteur de cet étrange procès m'écrivit que j'étais mal informé, et que toutes les procédures qu'il conserve font sa justification. On dit à présent qu'il fera imprimer toutes les pièces, si la requête du jeune Tolendal-Lally est admise.

Cela va faire une terrible diversion à votre affaire. On me mande que M. le premier président est allé parler au roi, pour prévenir cette révision. Je doute en effet qu'elle soit obtenue. La famille de de Thou demanda en vain une révision pareille.

Je crains de vous écrire trop indiscrètement; je m'arrête en vous renouvelant mon tendre et inviolable respect, et les regrets qui me dévorent d'être si loin de vous.

MMMMMMMCCLXXXVIII. — A M. DE CHABANON.

5 mars.

Je remercie le Théocrite français, et non françois, qui va être mon successeur à l'Académie. Montaigne dit quelque part[1] : « Croyez-vous qu'un vieillard rechigné et cacochyme se plaise beaucoup à lire Théocrite et Tibulle? » Je réponds : Oui, quand ils sont traduits par M. de Chabanon. Vous rendez un vrai service au public, en nous donnant de véritables ouvrages de littérature, dans un temps où on nous accable de sottises et de pauvretés qui rendent notre nation méprisable à toute l'Europe.

Je vous répète, du fond de mon cœur, que je vous aime autant que je vous estime. Ce sont les dernières volontés, et peut-être les dernières paroles, du vieux malade de Ferney.

MMMMMMMCCLXXXIX. — DE M. DALEMBERT.

A Paris, ce 6 mars.

J'ai reçu, mon cher et illustre maître, la lettre ostensible que je vous demandais. J'en ai fait part à M. de La Harpe, qui doit vous écrire à ce sujet, et qui est très-reconnaissant du témoignage que vous lui rendez.

Il pense pourtant, ainsi que moi, que vous pourriez dire quelque chose de plus positif en sa faveur; par exemple, qu'il était trop jeune quand ce pamphlet a paru, pour avoir eu connaissance des faits et des personnes dont on parle; que ce pamphlet n'a ni son ton ni son style, et que c'est tout au plus l'ouvrage de quelque regrattier de la littérature que maître Aliboron aura maltraité dans ses feuilles. Au reste, il paraît que ses ennemis mêmes ont reconnu sur ce point la vérité des faits, et qu'ils ont renoncé à la querelle qu'ils voulaient lui faire. Mais des ennemis acharnés (vous l'avez éprouvé plus que personne) ne disent pas toujours la vérité; il est bon d'avoir un bouclier tout prêt contre leurs mensonges

1. Livre II, chap. XII. (ÉD.)

Je suis bien persuadé, comme vous, que le Pascal-Condor (vous savez que le condor est le plus grand et le plus fort des oiseaux) vaudra beaucoup mieux que le Pascal janséniste, et qu'il est destiné à jouer le rôle le plus distingué dans les sciences et dans les lettres. Ce qui m'enchante, c'est qu'on a cru lui faire grâce en le choisissant pour secrétaire de l'Académie des sciences, qui est plus heureuse qu'elle ne mérite d'avoir un tel secrétaire. Celui-là ne parlera ni d'éclaboussures du soleil, ni de molécules organiques, ni des taupinières apennines. Je ris, ainsi que vous, de ces sottises, et du style ampoulé, ou empoulé, dont on nous les étale; mais je ne ris pas moins d'un gros volume de lettres qui viennent de vous être adressées, et où l'on nous donne le feu central et le refroidissement de la terre comme des idées comparables au système de la gravitation [1]. Supplément de génie que toutes ces pauvretés; vains et ridicules efforts de quelques charlatans, qui, ne pouvant ajouter à la masse des connaissances une seule idée lumineuse et vraie, croient l'enrichir de leurs idées creuses, et nous persuader de l'existence d'un peuple qui nous a tout appris, excepté son histoire et son nom. Adieu, mon cher maître. En lisant tout ce qui s'imprime aujourd'hui (qu'heureusement pour moi je ne lis guère), je pourrais dire, comme Pourceaugnac : « Jamais je n'ai été si soûl de sottises. » Continuez de nous en consoler en vivant, en vous portant bien, et en écrivant. *Tuus ex animo.*

BERTRAND.

MMMMMMMCCXC. — A M. GUDIN DE LA BRENELLERIE.

A Ferney, 7 mars.

J'ai reçu, monsieur, du directeur de l'imprimerie de Deux-Ponts, un livre [2] dont je viens de faire la lecture avec Mme Denis et quelques amis. Nous admirions la multitude des connaissances de l'auteur, cette philosophie hardie à la fois et circonspecte qui règne dans l'ouvrage, et ce style si clair, si noble, si simple, si éloigné de l'affectation, de l'obscurité, de la violence, qui caractérisent aujourd'hui l'esprit du siècle. Nous disions unanimement que ce siècle aurait d'éternelles obligations à l'auteur. Nous avons craint seulement que son extrême indulgence pour deux ou trois personnages vivants ne fît un peu de tort à son goût. C'est ainsi que j'ai pensé, quoique je fusse pénétré d'estime et de reconnaissance pour l'auteur inconnu. Nous cherchions à le deviner, lorsqu'une lettre de M. d'Argental nous a appris son nom. Je sais enfin qui je dois remercier, et qui mérite les applaudissements de la nation. Ce livre sera chéri de quiconque aime les beaux-arts; il encouragera ces arts plus que ne peut faire la protection des rois.

Je vais bientôt quitter, monsieur, le siècle et la patrie que vous rendez célèbres. Je mourrai en les aimant mieux, mais surtout avec les sentiments que je vous dois : j'en suis pénétré; Mme Denis les partage de tout son cœur.

LE VIEUX MALADE DE FERNEY.

1. *Lettres sur l'origine des sciences et sur celle des peuples de l'Asie, adressées à M. de Voltaire, par M. Bailly.* (ÉD.)
2. *Aux mânes de Louis XV.* (*Éd. de Kehl.*)

MMMMMMMCCXCI. — A M. DELISLE DE SALES.

7 mars.

Le vieux malade a reçu, monsieur, la nouvelle édition[1] d'un ouvrage qui doit vous faire beaucoup d'honneur. Je m'intéresse vivement à votre bonheur et à votre gloire. Je croyais l'injuste procès qu'on vous a fait entièrement terminé, et je suis bien indigné qu'il dure encore.

Je ne connais pas l'*Histoire philosophique de Rome*[2]. Je dois présumer que cet ouvrage sera aussi instructif et aussi agréable que l'autre. Vous allez vous faire un grand nom dans la littérature. Puisse votre réputation ne pas nuire à votre félicité! ce sont les vœux ardents de votre, etc.

MMMMMMMCCXCII. — A M. LE COMTE D'ARGENTAL.

7 mars.

Mon cher ange, j'ai reçu une lettre du 28 de février, écrite si menu, et d'un encre si blanc ou si blanche, que mes vieux yeux ont pu à peine la lire.

Si vous voyez Papillon-philosophe[3], je vous supplie de lui dire que l'autre papillon[4] est le seul dont je sois content; il s'est arrangé avec moi. Il a payé moitié, c'est beaucoup; les souverains n'en font pas tant.

Les ides de mars[5] sont venues, je suis tué. Je viens de revoir mes deux enfants nouveau-nés[6]. Je les ai trouvés contrefaits et privés de tous les organes nécessaires à la vie. Il faut les regarder comme mort-nés. J'en suis honteux, mais je me console; je suis jeune; j'en aurai d'autres; je les mettrai un jour sous votre protection; et, s'ils perdaient leur père, vous auriez la bonté de les élever.

Je ne vois pas qu'aujourd'hui les autres pères de famille réussissent mieux que moi. La génération s'affaiblit beaucoup, quoi qu'en dise M. Gudin. Je suis plein de reconnaissance pour lui, mais je n'en sens pas moins mon indignité. Je vous avoue que je suis encore plus indigné qu'il ait osé mettre ce détestable *Émile* de Jean-Jacques au-dessus du *Télémaque*. Passe encore s'il s'en était tenu à cinq ou six pages du *Vicaire savoyard!* Je ne suis pas comme le dieu jaloux qui ne veut pas qu'on encense d'autres dieux; mais je ne puis souffrir qu'on soit en même temps à Dieu et à Belzébuth. L'ouvrage sera goûté, il fera du bruit, mais il fera du mal, car il encouragera les talents médiocres.

On m'a envoyé un chevalier d'Éon, gravé en Minerve[7], accompagné d'un prétendu brevet du roi, qui donne douze mille livres de pension à cette amazone, et qui lui ordonne le silence respectueux, comme on l'ordonnait autrefois aux jansénistes. Cela fera un beau problème dans l'histoire. Quelque Académie des inscriptions prouvera que c'est un

1. L'édition de la *Philosophie de la nature*. (ÉD.)
2. Il s'agit sans doute de l'*Histoire de l'ancienne Rome*, qui fut imprimée beaucoup plus tard en quinze volumes, faisant partie de l'*Histoire des hommes*. (ÉD.)
3. Mme de Saint-Julien. (ÉD.) — 4. Le maréchal de Richelieu. (ÉD.)
5. C'est aux ides de mars que César fut tué. (ÉD.)
6. *Irène* et *Agathocle*. (ÉD.)
7. Gravé par Letellier, d'après Baader. (ÉD.)

des monuments les plus authentiques. D'Éon sera une Pucelle d'Orléans qui n'aura pas été brûlée. On verra combien nos mœurs sont adoucies.

Je ronge mon frein et mon âme bien tristement loin de mon cher ange.

MMMMMMMCCXCIII. — A M. MARMONTEL.

8 mars.

Non, mon cher confrère, mon successeur, devenu mon maître; non, pour mon malheur, je n'ai point reçu de nouvelles du Pérou[1]; non, M. de Vaines ne m'a rien écrit et ne m'a rien envoyé. Il faut que je sois proscrit par l'inquisition, car notre ami Panckoucke m'avait dépêché, il y a près d'un mois, un livre par M. Moreau, secrétaire de M. de Vergennes, et je ne l'ai point reçu. Il y a quelque excommunication lancée sur les livres et sur moi.

Si vous conservez une bonne volonté dont j'ai grand besoin, vous m'enverrez votre ouvrage tout uniment par la diligence de Lyon. Ne me laissez point languir dans la misère, tandis que vous enrichissez Paris.

Pourriez-vous me dire si vous avez entendu parler de l'affaire d'un jeune philosophe, et par conséquent d'un jeune malheureux, nommé Delisle de Sales, auteur d'un livre intitulé *De la Philosophie de la nature?* Il a été violemment persécuté, et même décrété de prise de corps. Il y a un mauvais vent qui souffle sur la philosophie. On ne réussit, dit-on, qu'en faisant des journaux contre la tolérance, et le métier de Fréron est devenu une charge héréditaire dans l'État. Heureusement je suis loin de cette barbarie, et je vais m'en éloigner encore davantage en finissant une vie longtemps persécutée. Donnez-moi les *Incas* pour mon viatique, et que les Pizaro et les Almagro ne me privent point des précieuses marques de votre amitié.

P. S. Pourriez-vous me dire le nom d'un homme aimable[2] qui vint me voir à Ferney il y a quatre ans; qui avait un emploi considérable dans les fermes; qui demeurait à l'hôtel Bretonvilliers ou à l'hôtel Lambert; qui était ami d'un ministre aujourd'hui disgracié; qui vous présenta à lui? Vous devez le connaître à toutes ces indications. Où est-il? que fait-il? Pardon.

MMMMMMMCCXCIV. — DE FRÉDÉRIC II, ROI DE PRUSSE.

A Potsdam, le 26 mars.

Des trois raisons qui vous ont empêché de me répondre, la première et la seconde sont une suite des lois de la nature, mais la troisième est un effet de la méchanceté des hommes, qui me les ferait haïr si, par bonheur pour l'humanité, il n'y avait encore des âmes vertueuses en faveur desquelles on fait grâce à l'espèce. Mais quelle cruelle méchanceté de persécuter un vieillard, et de prendre plaisir à empoisonner les derniers jours de sa vie! cela fait horreur, et me révolte de

1. C'est en 1777 que parut la première édition des *Incas*, par Marmontel. (ÉD.)
2. Garville, ami du duc d'Aiguillon. (ÉD.)

telle sorte contre les bourreaux tonsurés qui vous persécutent, que je les exterminerais de la face de la terre si j'en avais le pouvoir. Le pauvre Morival, qui, jeune encore, a essuyé leurs persécutions, en a eu le cœur si navré, et principalement de l'inhumanité de ses parents, qu'il a été, ces jours passés, attaqué d'apoplexie. On espère cependant qu'il s'en remettra. C'est un bon et honnête garçon qui mérite qu'on lui veuille du bien par son application et le désir qu'il a de bien faire. Je suis persuadé que vous compatirez à sa situation.

Ceux qui vous ont parlé du gouvernement français ont, ce me semble, un peu exagéré les choses. J'ai eu occasion de me mettre au fait des revenus et des dettes de ce royaume : ses dettes sont énormes, les ressources épuisées, et les impôts multipliés d'une manière excessive. Le seul moyen de diminuer, avec le temps, le fardeau de ces dettes, serait de resserrer les dépenses et d'en retrancher tout le superflu. C'est à quoi on ne parviendra jamais; car, au lieu de dire : « J'ai tant de revenu, et je puis dépenser tant, » on dit : « Il me faut tant, trouvez des ressources. »

Une forte saignée faite à ces faquins tonsurés pourrait procurer quelques ressources : cependant cela ne suffirait pas pour éteindre en peu les dettes, et procurer au peuple les soulagements dont il a le plus grand besoin. Cette situation fâcheuse a sa source dans les règnes précédents, qui ont contracté des dettes et ne les ont jamais acquittées.

C'est ce dérangement des finances qui influe maintenant sur toutes les branches du gouvernement; il a arrêté les sages projets de M. de Saint-Germain, qui ne sont pas même exécutés à demi; il empêche le ministère de reprendre cet ascendant, dans les affaires de l'Europe, dont la France était en possession depuis Henri IV. Enfin, pour ce qui est de votre parlement, en qualité de penseur, j'ai condamné son rappel, parce qu'il était contraire aux principes de la dialectique et du bon sens.

Tenez, voilà comme on découvre et comme on voit les fautes des autres, tandis que l'on est aveugle sur ses propres défauts. Je ferais bien mieux de régler mes actions, et de m'empêcher de faire des folies, que de disséquer les ressorts qui meuvent les grandes monarchies.

Vous me parlez d'un auteur allemand qui se mêle aussi de diriger la politique européenne : je puis vous assurer que c'est un rêve-creux qui règle des partages à l'instar de ceux qui se firent en Pologne. Ce grand homme ignore que ces sortes de partages sont rares, et ne se répètent jamais durant la vie des mêmes hommes. Le peu de vérités qu'il y a dans les assertions de ce grand politique se réduit à la possibilité de nouveaux troubles qui s'élèvent en Crimée entre la Russie et la Porte, et à l'envie démesurée de l'empereur[1] de s'agrandir vers Andrinople. Ce prince est jeune et ambitieux; mes soixante-cinq ans passés doivent mettre mes intentions hors de soupçon. Ai-je le temps encore de faire des projets?

Je vous envoie ci-joint, au lieu de mauvais vers que j'aurais pu faire,

1. Joseph II. (Éd.)

un choix des meilleures pièces de Chaulieu et de Mme des Houlières, que j'ai fait imprimer à mon usage et à celui de mes amis.

Pour en revenir au divin patriarche des incrédules, je crois qu'il fera bien de tromper ses ennemis : leur intention est de le chagriner; il ne doit leur opposer que de l'indifférence et du mépris. Et s'il se voit obligé de se retirer en Suisse, il pourra les régaler, dans ce pays libre, d'une pièce qui démasquera leur turpitude et leur scélératesse. Que la nature conserve *divum Voltarium*, et que j'aie encore longtemps la satisfaction de recevoir de ses nouvelles! *Vale*. FÉDÉRIC.

Vous me prendrez pour un vieux fou politique en lisant ma lettre; je ne sais comment je me suis avisé de me constituer ministre du très-chrétien roi des Welches.

MMMMMMMCCXCV. — A M. LE MARÉCHAL DUC DE RICHELIEU.

Ferney, 28 mars.

Je vous ai avoué, il y a bien longtemps, monseigneur, que Dieu, quand il lui prit fantaisie de me faire, n'employa rien de la belle pâte dont il vous a pétri. Je m'en suis aperçu, il y a quelques jours, plus que jamais. Je perdis, pendant deux jours, la mémoire comme Bernard[1], et je la perdis si absolument, que je ne pouvais retrouver aucun mot de la langue. Jamais la nature n'a joué un tour plus sanglant à un académicien. Il est ridicule que je tâte de l'apoplexie étant aussi maigre que je le suis; mais je vous jure que j'aurai beau essuyer ces petits accidents et perdre la mémoire, je n'oublierai jamais les bontés dont vous m'avez honoré pendant ma misérable vie.

Je me ressouviens bien pourtant que j'avais prié Mme de Saint-Julien, il y a plusieurs mois, de me recommander à vous. Elle ne m'a point écrit depuis ce temps-là; mais elle vous a présenté ma requête fort mal à propos, et dans le temps que vous vous étiez rendu déjà à ma seule prière; de sorte que, dans mes malheurs, je n'ai qu'à vous remercier.

J'ai un procès au parlement de Dijon, probablement plus triste pour moi que le vôtre ne l'est pour vous; car je pourrais bien perdre le mien, et il me paraît impossible qu'on ne vous rende pas la justice qu'on vous doit. Tout ce qu'on a fait contre vous est si criant et si absurde, qu'on ne peut s'empêcher d'en rougir, pour peu qu'on ait conservé une ombre de raison et d'équité. Je suis bien malheureux de n'avoir pas pu venir faire un petit tour à Pâques vers mon héros. Tout indigne que je suis de paraître devant lui, je me serais cru trop heureux; mais je mourrai fidèle envers lui à mon culte de latrie.

MMMMMMMCCXCVI. — A M. LE MARÉCHAL DE NOAILLES.

A Ferney, 30 mars.

Monseigneur, dans l'état un peu fâcheux où la nature vient de me réduire, c'est une grande consolation pour moi d'être au moins ca-

1. Gentil Bernard, mort en 1775, avait perdu la mémoire et la raison les quatre ou cinq dernières années de sa vie. (ÉD.)

pable de regarder le monument que vous venez d'ériger à la gloire de feu M. le maréchal votre père, et à la vôtre [1]. Votre maison est chère à la nation ; je lui ai été bien respectueusement attaché. Un petit avertissement que j'ai reçu ces jours-ci de venir faire ma cour à vos ancêtres m'a laissé assez de force pour lire le livre le plus intéressant, le plus vrai et le plus plein qu'on ait écrit sur les règnes de Louis XIV et de Louis XV. Ce qui me fait le plus de plaisir, c'est que j'ai cru y découvrir beaucoup de traits qui ne peuvent être que de vous. Cet ouvrage doit instruire les citoyens et les rois.

Je ne puis, monseigneur, vous exprimer les remerciments que je vous dois. Je me suis mêlé autrefois de célébrer des héros ; mais je vois bien qu'il n'appartient qu'aux maîtres de parler de leur profession. Après avoir lu vos mémoires, je n'ai autre chose à faire qu'à les relire. Ils feront mon occupation pour le peu de temps que j'ai encore à vivre. Je vous souhaite, du fond de mon cœur, une vie plus longue que celle du grand homme dont vous avez les dignités et le mérite. A peine ai-je eu le bonheur de vous faire ma cour ; c'est une consolation à laquelle il faut que je renonce : mais je serai pénétré jusqu'à mon dernier moment de l'honneur et du plaisir que vous daignez me faire.

Je suis, avec un profond respect et une juste reconnaissance, monseigneur, votre, etc.

MMMMMMMCCXCVII. — A M. AUDIBERT.

Mars.

Envoyer de beaux vers et de l'argent comptant,
Ce n'est pas au Parnasse une chose ordinaire.
Vous pensez bien solidement,
Et vous possédez l'art de plaire.
C'est l'*utile dulci* que dans Rome autrefois
Enseignait le galant Horace,
Et dont vous donnez avec grâce
Des leçons chez les Marseillois.

Je vous remercie tendrement, mon cher confrère ; j'aurais bien voulu passer mon hiver entre vous et M. Guys.

J'ai abusé plus d'une fois de vos bontés, monsieur ; je les implore aujourd'hui en faveur de ma nièce, qui est toujours ou qui se croit toujours malade de la poitrine. Elle s'imagine que des branches de palmier d'Afrique, chargées de quelques dattes nouvelles, pourraient lui faire du bien. Je ne crois pas qu'un fruit d'Afrique rende la santé en Suisse ; mais je vous demande cette grâce pour ma pauvre nièce, qui pense que Maroc lui fera plus de bien que la nouvelle ville de Versoix.

On vous aura sans doute mandé, monsieur, que cette ville de Versoix, si longtemps abandonnée, se construit à la fin. Ferney lui a donné tant d'émulation, qu'elle s'élève à nos dépens, et même un peu, dit-on, à ceux de Berne, qui commence à en être effarouchée. On bâtit

1. Les Mémoires du duc de Noailles ont été rédigés par l'abbé Millot. (ÉD.)

les portes de la ville avec les pierres qui étaient déjà taillées pour achever le port.

Diruit, ædificat, mutat quadrata rotundis.
Insanire putas[1].

MMMMMMMCCXCVIII. — A MADAME DE SAINT-JULIEN.

6 avril.

Je suis obligé d'avouer à ma protectrice et à mon papillon-philosophe que j'ai reçu de la nature un décret d'ajournement personnel qui me forcera de paraître bientôt devant elle en assez mauvaise posture. Pardonnez-moi cette figure de rhétorique tirée du barreau. Il faut bien que je parle cette langue, puisque j'ai un procès dans votre commandement de Dijon. Je sais qu'on s'adresse à notre protectrice pour toutes les mauvaises affaires qu'on a dans la province. Tantôt c'est pour du sel gris, tantôt pour du sel blanc; c'est M. Racle qui demande à être payé de ce que le roi lui doit; c'est M. de Florian qui vous demande des recommandations pour sa femme, laquelle est poursuivie par le procureur du roi de Semur auprès du procureur du roi de Dijon, pour une tracasserie qui ne peut faire de sensation que dans une petite ville de province; enfin, c'est Mme Denis et moi qui nous adressons à la protectrice.

L'affaire de Mme de Florian n'est rien, et la nôtre est considérable. On nous demande quinze mille francs, et les frais iront au delà.

Vous nous avez déjà favorisés, madame, auprès de M. de Richelieu; voyez si vous pouvez nous protéger encore auprès de M. Quirot de Poligny, conseiller au parlement, notre rapporteur : c'est-à-dire souvenez-vous si vous avez à Dijon quelque commissionnaire, quelque homme qui exécute vos ordres, et qui puisse dire à M. de Poligny que vous daignez vous intéresser à notre bon droit.

Il y a des temps malheureux où l'on est forcé d'importuner de ses misères les papillons-philosophes qui ont un cœur compatissant et généreux. Je me suis trouvé à la fois assailli ou abandonné de tous côtés. La ville de Ferney ne s'en trouve pas mieux. Il a fallu renoncer aux maisons qu'on avait commencées; et je tombe moi-même en ruine, quand je suis entouré de celle de ma colonie. Il me semble que je suis réformé à la suite de M. le duc de Choiseul. Ferney est dans un état bien plus déplorable que Versoix.

Je ne vous cache point, ma protectrice, que je pense toujours au jour fatal où l'on m'annonça qu'on allait ne s'occuper plus que de Chanteloup. J'étais si mal informé alors de tout ce qui se passait, que j'avais cru qu'il ne s'agissait que de diminuer le ressort du parlement de Paris, et de ne plus obliger les pauvres provinciaux de courir deux cents lieues pour aller se ruiner et se morfondre dans l'antichambre d'un conseiller au parlement.

Je me flattais encore qu'on ne persécuterait plus les malheureux phi-

1. Horace, livre I, épître I, vers 100. (Éd.)

losophes, et qu'on ne mettrait plus en prison douze mille volumes de l'*Encyclopédie*; qu'on respirerait enfin sous des lois plus tolérables. Je vis bientôt à quel point je m'étais trompé. Je fus au désespoir, j'y suis encore, j'y serai jusqu'au dernier moment de ma vie. C'est là ce qui dévore mon cœur du soir au matin; c'est ce qui m'a valu enfin l'espèce d'apoplexie, ou quelque chose de pis, qui va bientôt finir ma ridicule carrière.

Je vous demanderai à genoux une très-grande grâce, en prenant mon congé, c'est d'assurer le grand homme vis-à-vis lequel vous demeurez, que je pars de ce monde en n'y connaissant point de plus belle âme que la sienne : j'entends les âmes des hommes; car, pour celles des dames, je n'en connais point de plus noble et de plus charmante que la vôtre.

Voilà mes dernières volontés, et je vous supplierai très-instamment, dès que je serai inhumé dans un petit coin de la Suisse, de me mettre aux pieds du seigneur de Chanteloup comme aux vôtres.

P. S. Le procès que nous avons à Dijon est au nom de Mme Denis, et non pas au mien. Il suffirait que votre mandataire, si vous en avez un, recommandât à M. de Poligny l'affaire de Mme Denis en général.

MMMMMMMCCXCIX. — A M. LE COMTE D'ARGENTAL.

7 avril.

Mon cher ange, il n'y a que vous à qui j'ose écrire, dans l'état assez désagréable où je suis. J'ai reçu, comme vous savez, un petit avertissement de la nature, qui m'a fait souvenir que j'avais quatre-vingt-trois ans, et que ce n'était pas le temps de faire l'amour à Melpomène. Vous vous souvenez peut-être du petit souper à trois services [1] que je préparais pour elle, pour vous, et pour M. de Thibouville. La nouvelle de cette petite fête que je préparais avait transpiré chez quelques cuisiniers qui préparaient de pareils repas de plus haut goût que le mien. Cette concurrence m'avait intimidé, et je vous destinais un autre souper à cinq services [2]. Peut-être les fourneaux ont trop échauffé ma tête, et je serai obligé de renoncer à mon métier de Martialo [3].

Si vous étiez voisin des eaux de Bourbonne, au lieu d'être près des Tuileries, je vous demanderais la permission de porter mon souper chez vous, ou plutôt mes deux soupers : celui qui est à cinq services me paraît assez honnête, si j'ose le dire. C'est un repas de santé; mais cela ne suffit pas. On dit qu'il faut actuellement des entrées recherchées, et des nouveautés dont on n'aurait pas mangé autrefois. Il semble que je suis du bon vieux temps, et que la nouvelle cuisine n'est point faite pour moi.

J'ai bien la mine d'être obligé de prendre congé de la compagnie avant d'être en état de vous consulter. Cependant vous m'avouerez que ce serait une chose assez plaisante, si ma petite fête pouvait un jour réussir, et si même j'étais assez heureux pour venir quelque jour dans

1. *Irène*. (Éd.) — 2. *Agathocle*. (Éd.) — 3. Auteur du *Cuisinier français*. (Éd.)

un petit coin, vous faire toutes mes confidences. C'est une idée que je roule souvent dans ma tête, et qui me console :

> Et cette illusion pour quelque temps répare
> Le défaut des vrais biens que la nature avare
> N'a pas accordés aux humains.

Il faut que je vous confie mes scrupules sur *les Incas*, que mon confrère de l'Académie et en historiographerie[1] m'a fait parvenir. J'espérais que ces Incas m'amuseraient beaucoup dans ma convalescence; je vous avoue que j'ai été bien trompé. Il y a des sujets auxquels il ne faut rien changer : le grand intérêt est dans le simple récit. Celui qui ajouterait des fictions aux batailles d'Arbelles et de Pharsale glacerait le lecteur, au lieu de l'échauffer. Personne ne m'a parlé des *Incas*, excepté l'auteur. J'ai été étonné de ce silence, après le bruit qu'avait fait l'ouvrage. Serait-il arrivé la même chose *aux Mânes de Louis XV*[2]? Ce titre un peu fastueux ne promet-il pas trop, et ne peut-il pas se faire que l'encens qu'il prodigue à tout le monde n'ait plu à personne? Cependant le style en est noble et ne ressemble point au style insupportable qui règne aujourd'hui. L'auteur paraît réunir l'éloquence à la philosophie et à beaucoup de connaissances. Je vous aurai bien de l'obligation, mon divin ange, si vous voulez bien m'apprendre comment ces deux ouvrages réussissent à Paris. Il me paraît que ce sont deux pièces dont la scène est l'univers entier. Pour moi, qui suis obligé de quitter le théâtre, je vous demande votre avis du fond d'une loge grillée. Que ne puis-je en effet, avant de mourir, me cacher derrière vous, dans quelque loge, et entendre notre ami Lekain! Faut-il que je sois séparé de vous pour jamais! c'est une privation que je ne puis supporter. J'ai bien des chagrins, mais celui d'être si loin de vous m'est assurément le plus sensible. Je baise le bout de vos ailes de ma bouche pâle et mourante.

MMMMMMMCCC. — A M. DE LA HARPE.

8 avril.

Le petit avertissement que j'ai reçu de la nature, d'aller trouver Horace, au nom de qui vous m'écrivîtes une si jolie lettre, m'a empêché, mon très-cher confrère, de répondre plus tôt à celle que j'ai reçue de vous il y a trois semaines. Soyez persuadé qu'il n'y a personne, dans la littérature, d'assez vil et d'assez insensé pour vous attribuer jamais ces *Anecdotes sur* feu Zoïle *Fréron*. Il n'y a qu'un colporteur qui puisse les avoir écrites, et ce n'est pas à l'auteur de *Warwick* et de *Mélanie* qu'on pourra jamais attribuer de pareilles misères. Thieriot disait que c'était des vérités très-connues, mais tirées de la fange.

Soyez encore bien persuadé que je voulais m'amuser à Ferney, mais que je n'étais pas assez insensé pour faire passer mes amusements jusqu'à Paris. Ce n'est pas à mon âge qu'on a la témérité de faire de pa-

1. Marmontel, auteur des *Incas* et historiographe de France. (ÉD.)
2. Ouvrage de Gudin. (ÉD.)

reilles tentatives. Phryné et Ninon n'allaient pas au bal à quatre-vingt-trois ans. Hélas! j'ai même renoncé à voir les opéras-comiques qu'on joue sur le théâtre de la colonie de Ferney. La surdité s'est jointe à mes autres privations.

Si vous avez quelque chose à mander à Jean Racine, dont vous avez le style, pressez-vous, je vous prie. Je vous fais mes adieux d'avance, et je vous souhaite, du fond de mon cœur, tous les avantages et tous les succès qui sont dus à vos grands talents, à votre goût épuré, à votre amour du vrai, et à votre courage.

MMMMMMMCCCI. — A M. Dalembert.

8 avril.

Raton n'a pu répondre à la lettre du 6 de mars de ce vrai philosophe Bertrand, au sujet de l'ancienne anecdote touchant feu Cartouche-Fréron. La raison de son silence est qu'il reçut, il y a un mois, un avertissement de la nature qui le somma de comparaître bientôt au tribual devant qui ce maraud de Fréron étale actuellement son ânerie littéraire. Il n'est pas encore bien rétabli de son accident, et il se trouve même bien hardi, dans l'état où il est, d'oser écrire à Bertrand.

Les anecdotes dont il est question sont quelque chose de si bas, de si misérable, de si crasseux; c'est un ramas si dégoûtant d'aventures des halles et de sacristies, qu'il n'y a qu'un porte-dieu ou un crocheteur qui ait pu écrire une pareille histoire. J'en ai quelque part un exemplaire que Thieriot le fureteur m'envoya; et, dès que je pourrai retrouver ce rogaton, je le ferai parvenir à M. de La Harpe. Je ne conçois pas pourquoi son journal a moins de vogue que celui de Linguet[1]. Je suis persuadé qu'à la fin on préférera la raison et le bon goût à des paradoxes de forcené.

On m'a envoyé *la Philosophie de la nature*, prétendue troisième édition en six volumes; et on m'apprend que l'auteur[2] a été condamné par le Châtelet au bannissement perpétuel, et qu'il est à présent au cachot, les fers aux pieds et aux mains. On m'a envoyé aussi les noms des juges. On ne sait pas encore à quoi ils seront condamnés.

Je ne sais pas quel opéra-comique divise actuellement tout Paris. Je sais seulement que je mourrai bientôt, et que je vous embrasse avec la plus vive tendresse.

MMMMMMMCCCII. — A M. Marmontel.

8 avril.

L'accident qui m'est arrivé, mon cher ami, ne m'a pas tellement affaibli, que je n'aie été en état de faire le voyage du Mexique et du Pérou. Je l'ai fait dans votre beau vaisseau[3], et je ne saurais assez vous en témoigner ma reconnaissance.

Je n'entends point dire que la Sorbonne ait pris le parti du révérend père inquisiteur qui lut en latin cette bulle du pape à l'inca Atabalipa,

1. *Annales politiques, civiles et littéraires du dix-huitième siècle.* (Éd.)
2. Delisle de Sales. (Éd.) — 3. Le roman des *Incas*, par Marmontel. (Éd.)

et qui fit pendre et brûler sur-le-champ notre inca pour n'avoir pas entendu la langue latine; mais j'apprends que messieurs du Châtelet soutiennent bien mieux notre sainte religion que messieurs les sorboniqueurs. On me mande qu'ils ont condamné au bannissement perpétuel ce pauvre Delisle de Sales, auteur de six volumes sur la nature, dans lesquels il a mis tout ce qu'il n'a jamais lu. Cette abomination est révoltante; elle est du XIVe siècle. On prétend même que le parlement en est indigné, et qu'il va réformer la sentence du Châtelet.

Auriez-vous lu cette *Philosophie de la nature?* Je vois que toute philosophie court de grands risques. C'est un méchant métier que celui d'instruire les hommes : ceux qui les trompent et qui les volent sont plus adroits que nous; ils sont mieux récompensés; et ni vous ni moi ne voudrions pourtant être à leur place.

Adieu, mon cher confrère, mon cher ami; je vous avoue que je suis fâché de mourir sans vous avoir revu.

MMMMMMMCCCIII. — A M. DE VAINES.

A Ferney, 8 avril.

Le vieux malade de Ferney ressuscite un peu, pour assurer monsieur de Vaines qu'il est très-affligé d'être à moitié mort sans avoir pu goûter la consolation de vivre pendant quelques jours avec lui et avec ses amis. Il le supplie de vouloir bien lui conserver l'amitié dont il l'a honoré, et de souffrir qu'il mette dans ce paquet ces deux billets, l'un pour M. Dalembert, l'autre pour M. Marmontel.

S'il n'est pas en état d'écrire une longue lettre, il n'en est pas moins attaché à M. de Vaines, et n'en est pas moins sensible à toutes ses bontés.

Je finis mes adieux en cas que je parte, et je serai très-fâché, monsieur, de partir sans avoir pu embrasser un homme aussi aimable et aussi officieux que vous êtes. Me trouverez-vous un apoplectique trop importun, si je m'adresse à vous pour dire à M. Turgot que je lui serai attaché jusqu'à mon dernier moment? V.

MMMMMMMCCCIV. — A M. LE CHEVALIER DE CHASTELLUX.

9 avril.

Monsieur, la nature venait de me faire une niche fort ridicule, lorsque j'ai reçu ma félicité dans le beau présent de *la Félicité publique*. Il n'appartenait pas à un homme aussi maigre que moi d'être accusé d'une attaque d'apoplexie : ce ne devait pas être là mon genre. Cependant on prétend que telle a été ma destinée; et il faut bien qu'en effet j'aie essuyé cette plaisanterie, puisque tout le monde me le dit, et puisque j'ai été si longtemps sans pouvoir vous écrire et vous remercier; mais enfin je peux lire, et c'est là ma félicité, dont je vous remercie.

Je vois que vous avez bien étendu et bien embelli votre ouvrage. Les *Vues ultérieures* et l'*Appendix sur les dettes publiques* sont des morceaux très-instructifs. Vos remarques sur les esclaves sont d'autant plus belles, que vous aviez des esclaves autrefois, et actuellement ce sont des moines de Bourgogne et de Franche-Comté qui en ont. Il y a mille traits nouveaux qui intéressent et qui instruisent le lecteur.

Vous savez, monsieur, que j'avais été charmé de la première édition, et que je ne pouvais être suspect de flatterie : j'ignorais l'auteur. Je puis actuellement lui rendre les grâces que je lui dois; mais, dans l'état où je suis, je ne dois pas hasarder une très-longue lettre; un malade de mon âge doit se taire. Agréez sa très-tendre et très-respectueuse reconnaissance. Continuez à faire le bonheur de vos amis, en regrettant celle que vous avez perdue.

Je ne fais que des adieux. Mme Denis compte bien vous remercier un jour à Paris de l'honneur de votre souvenir.

MMMMMMMCCCV. — A M. Delisle de Sales.

10 avril.

Le vieillard malade, ou plutôt mourant, à qui M. Delisle a écrit, compte parmi ses plus grands maux celui de n'avoir pu lui répondre avec exactitude. M. Delisle ne doute pas que ce pauvre solitaire ne soit pénétré d'horreur au récit des méchancetés et des bêtises de ces cannibales. Une relation de cette grossièreté barbare figurerait très-bien dans un de ces journaux où l'on instruit l'Europe de ce qui se passe dans l'île de Bornéo ou dans l'île de Formose.

Le vieux malade va bientôt partir de ce globe, habité encore par tant de sauvages; mais il regrettera ceux qui parlent comme M. Delisle et son ami[1]. L'apoplexie dont il a été attaqué n'a pas tout à fait pénétré jusqu'à son âme.

MMMMMMMCCCVI. — A M. Panckoucke.

A Ferney, 30 avril.

On vous envoie, monsieur, sous l'enveloppe de M. le comte de Vergennes, un extrait assez intéressant des *Mémoires Noailles-Millot*. On souhaite passionnément que ces petits amusements vous soient de quelque utilité. J'avais déjà ces mémoires dans ma petite bibliothèque, et l'on vient de m'en apporter un nouvel exemplaire par la voie de M. Luneau de Boisjermain. Il est accompagné du fatras le plus savant et le plus impertinent que j'aie jamais lu; c'est *l'Histoire véritable des temps fabuleux*. Si j'étais plaisant, il y aurait un plaisant extrait à faire de ce déplaisant galimatias. Je n'ai pas envie de rire; cependant je m'égayerai à dire un mot de ce pédant en *us*, nommé Guérin du Rocher, prêtre.

Je suis bien en peine de l'affaire de M. Delisle de Sales. Son livre assurément ne méritait pas ce vacarme. Je ne peux pas dire qu'il ait été de tous les hommes le plus cruellement persécuté; car, il y a dix ans, il existait un chevalier de La Barre, petit-fils d'un lieutenant général des armées du roi. Les Français seront toujours moitié tigres et

1. L'abbé du Vernet. (Éd.)

moitié singes. Ils se réjouiront également à la Grève et aux grands danseurs de corde du boulevard.

Mes très-humbles compliments, je vous en prie, à M. et à Mme Suard, et à tous nos amis.

MMMMMMMCCCVII. — A M. LE MARQUIS DE VILLEVIEILLE.

30 avril.

Mon très-aimable seigneur suisse, le vieux malade, qui se meurt sur les frontières de la Suisse, vous remercie de votre lettre du mardi 22 d'avril. Il a ri comme un fou des Horaces et des Curiaces [1], quoique son état ne lui donne pas envie de rire; mais il pleure cette pauvre philosophie qu'on persécute si cruellement.

J'ai lu les six volumes de *Noailles-Millot;* je vous avoue que j'avais déjà été un peu fâché pour le duc de Bourgogne qu'il eût écrit à Mme de Maintenon contre le duc de Vendôme, et qu'il se fût amusé à détraquer une montre avant la bataille d'Oudenarde. J'aime mieux le marquis de Villette, qui veut bien commander une montre de Ferney; il n'a qu'à me donner ses ordres. La veut-il avec des diamants au poussoir, au bouton, et aux aiguilles? la veut-il à secondes? il sera servi sur-le-champ; vous savez combien je l'aime. Je suis enchanté qu'il ne m'ait pas oublié.

On dit que j'ai eu une attaque d'apoplexie; ce sont mes ennemis qui font courir ces mauvais bruits. J'avoue pourtant que j'ai eu un accident qui lui ressemblait fort. Cela est fort ridicule à un homme aussi maigre que moi; mais il faut que je passe par toutes les épreuves. Ce petit avertissement me dit que je ne vous suis pas attaché encore pour longtemps, mais ce sera avec la plus respectueuse tendresse.

MMMMMMMCCCVIII. — A FRÉDÉRIC II, ROI DE PRUSSE.

Avril.

Quoi! c'est donc cet heureux vainqueur
Et de l'Autriche, et de la France;
C'est ce grave législateur
De qui la sublime éloquence
Parut égale à sa valeur;
C'est ce généreux défenseur
De la raison qu'à toute outrance
La fanatique extravagance
Persécute avec tant d'ardeur;
C'est ce héros, mon protecteur,
Qui s'est fait, dit-on, l'imprimeur
Des idylles de des Houlière.
Seigneur, je ne m'attendais guère
De voir César ou Cicéron
Sortir de sa brillante sphère
Pour devenir un Céladon.

1. C'est-à-dire de la *Chanson sur le ballet des Horaces et des Curiaces.* (ÉD.)

Mais il faut que tous les goûts entrent dans votre âme universelle; elle sent mieux que personne qu'il y a dans les ouvrages de Mme des Houlières, quoique un peu faibles, des morceaux naturels et même philosophiques qui méritent d'être conservés; pour Chaulieu, il a fait quatre ou cinq pièces dignes de Frédéric le Grand.

Puisque vous protégez les philosophes après leur mort, Votre Majesté les protégera aussi pendant leur vie; la rage des pédants fanatiques en robe longue vient de condamner au bannissement perpétuel un jeune homme nommé Delisle, pour avoir fait un livre intitulé *la Philosophie de la nature*. C'est, dit-on, un savant plein d'imagination, beaucoup plus vertueux que hardi. M. Dalembert est, je crois, instruit de son mérite et de son malheur.

Pour moi, si ces ennemis des sages me persécutent à quatre-vingt-trois ans, j'ai ma bière toute prête en Suisse, à une lieue de la France; j'ai quelque ressemblance avec Morival; je fus attaqué, il y a un mois, d'une espèce d'apoplexie dont les suites me tourmentent plus que les fanatiques ne me tourmenteront. J'emploierai, si je puis, mes derniers moments à rendre exécrables les assassins juridiques de Morival d'Étallonde, du chevalier de La Barre, du général Lally, de la maréchale d'Ancre, et de tant d'autres.

Tout ce que Votre Majesté daigne me dire sur notre gouvernement et sur nos finances est bien vrai; c'est à Newton à parler de mathématiques, c'est à Frédéric le Grand à parler de gouverner les hommes : je serais étonné si la France attaquait aujourd'hui les Anglais sur mer, comme je serais surpris si notre puissance ou impuissance osait attaquer Votre Majesté sans avoir discipliné ses troupes pendant vingt années.

Daignez, sire, me conserver vos bontés jusqu'à mon dernier moment.

MMMMMMMCCCIX. — De M. Dalembert.

Ce 2 mai.

Vous avez cru, mon cher maître, aller voir les sombres bords, et moi j'ai un estomac qui, je crois, m'y mènera bientôt. Je viens d'écrire à votre ancien disciple que cet estomac maudit ne me permettait plus de projeter d'autres voyages que celui de l'autre monde (si monde y a), et que j'irai bientôt attendre Sa Majesté sur les rives du Styx, en faisant néanmoins des vœux, comme de raison, pour ne l'y pas voir sitôt. J'ai autant de peine à digérer ce que je mange que ce que je vois et ce que j'entends; et je ferai mes adieux, sans beaucoup de regrets, à un monde où il se fait et se dit tant de sottises. Le pauvre Delisle est actuellement *aux pieds de la cour;* nous attendons son jugement, qui suivra de près celui de votre Childebrand[1] et de sa gueuse[2]. Je suis quelquefois tenté de croire à la Providence, quand je vois le sort de Cartouche-Fréron et de Mandrin-Childebrand; mais je change d'avis quand je vais à la garde-robe, et je ne vois pas quel plaisir cette Providence peut avoir à une mauvaise déjection. Quelque chose qu'elle

1. Le maréchal de Richelieu. (Éd.) — 2. Mme de Saint-Vincent. (Éd.)

fasse, je lui pardonnerai, mon cher et illustre ami, tant qu'elle vous conservera. Nous avons ici le comte de Falkenstein[1]; je ne sais s'il viendra à nos académies; il est déjà venu voir nos portraits, et peut-être aimera-t-il mieux nos portraits que nos personnes. Il est bien le maître, et peut-être aura-t-il raison. Adieu, mon cher et illustre philosophe; je vous aime mieux que tous les comtes, tous les empereurs et tous les rois, et je vous embrasse bien tendrement.

Tuus BERTRAND.

MMMMMMMCCCX. — A M. DELISLE DE SALES.

6 mai.

. . . .

Oui, c'est au ridicule, et non à leurs remords, qu'il faut livrer tous ces inquisiteurs soit de Goa, soit de Paris, soit d'Espagne. Tout ce que peut vous ajouter un homme de quatre-vingt-trois ans, mourant des suites d'une attaque d'apoplexie, c'est que si les grands chirurgiens vous font des incisions aussi profondes que les fraters subalternes vous en ont fait, vous ferez très-bien de venir prendre les eaux chez le mourant. Comme vous avez passé votre jeunesse dans l'Oratoire, vous n'avez pas oublié la façon d'exhorter les gens à la mort. Venez chez un ami digne de vous estimer : nous aimerons Dieu ensemble, et nous détesterons les injustices des hommes.

. . . .

MMMMMMMCCCXI. — A M. LE MARÉCHAL DUC DE RICHELIEU.

A Ferney, 6 mai.

Il paraît un *Résumé*[2] de cent vingt-six pages. Je vous conjure, monseigneur, de me l'envoyer. Ne me tenez point rigueur; ne me punissez point de la mauvaise démarche de Papillon-philosophe[3], qui vous est venu demander des secours, après que vous m'en aviez donné, pour m'aider à soutenir le procès ridicule et ruineux que j'ai à la cour de Dijon pour une chaumière du pays de Genève. Je suis comme un vieux lapin qui combat pour un terrier; et vous, un aigle attaqué par cinq ou six chats-huants.

Je vous demande en grâce, je vous supplie à genoux de me faire lire votre résumé. Ordonnez qu'on me l'envoie, ou par la poste avec un contre-seing, ou par la diligence de Lyon. N'abandonnez pas absolument le persécuté de quatre-vingt-trois ans, tombé depuis peu en apoplexie, et ne soyez pas si fier de votre jeunesse de quatre-vingts ans. Conservez-moi vos bontés, comme je vous conserve mon très-tendre respect, sur le point d'être enterré en Suisse.

1. Nom sous lequel voyageait Joseph II. (ÉD.)
2. Dans le procès du maréchal de Richelieu avec Mme de Saint-Vincent. (ÉD.)
3. Mme de Saint-Julien. (ÉD.)

MMMMMMMCCCXII. — A M. DALEMBERT.

9 mai.

Votre estomac et votre cul, mon cher ami et mon cher philosophe, ne peuvent pas être en pire état que ma tête. Ma petite apoplexie, à l'âge de quatre-vingt-trois ans, vaut bien vos déjections à l'âge de soixante ans. Mettons l'un et l'autre, dans le même plat, vos entrailles et mes méninges, et présentons-les à la Philosophie. Je meurs accablé par la nature, qui m'attaque par en haut, quand elle vous lutine par le bas. Je meurs persécuté par la fortune, qui s'est moquée de moi dans la fondation de ma colonie. Je meurs poursuivi par les mauvais livres qui pleuvent. Je meurs aboyé par les dogues qui déchirent ce Delisle. Je sais qu'étant en curée, ils veulent me dévorer aussi; mais ils feront mauvaise chère. Je suis un vieux cerf plus que dix cors, et je leur donnerai de bons coups d'andouillers avant d'expirer sous leurs dents. La cervelle me tinte si prodigieusement, à l'heure que je vous écris, que l'*amanuensis* et moi ne nous entendons plus. Mon cœur est encore sain; il sera à vous jusqu'au dernier moment.

Adieu, sage, adieu; mes compliments à Pascal-Condorcet; il jouera un grand rôle. Adieu, cher Bertrand; souvenez-vous de Raton.

MMMMMMMCCCXIII. — A M. LE BARON D'ESPAGNAC.

A Ferney, 9 mai.

Monsieur, ces jours passés je rencontrai Eustache Prévôt, dit *La Flamme*, l'un des invalides que vous avez eu la bonté de me donner. Il me dit qu'il était presque aveugle; je lui répondis que je ne voyais pas trop clair. Il ajouta qu'il était très-malade; je lui répliquai que j'étais tombé en apoplexie il y a près de deux mois, comme cela n'est que trop vrai. Il m'avoua, en soupirant, qu'il était cassé de vieillesse; je lui fis confidence que j'avais quatre-vingt-trois ans. Enfin il me conjura d'obtenir de vous que vous daignassiez l'admettre parmi les invalides de votre hôtel. Il me protesta qu'il voulait avoir la consolation de mourir sous vos lois et sous vos yeux. Je vous demanderais la même grâce pour moi; mais il faut donner la préférence à un vieux soldat qui a essuyé plus de coups de fusil que je n'en ai jamais tiré à des lapins.

Permettez donc que je vous présente ma requête pour *La Flamme*, qui me paraît en effet un peu éteinte. Ajoutez cette grâce à toutes celles dont vous m'avez honoré, et soyez persuadé du respect, de l'attachement, et de la profonde estime avec laquelle j'ai l'honneur d'être, monsieur, votre, etc.

MMMMMMMCCCXIV. — A M. DE CROIX, SECRÉTAIRE DU ROI, ANCIEN TRÉSORIER DE FRANCE, A LILLE.

A Ferney, 12 mai.

On n'a rendu, monsieur, que depuis très-peu de jours, au vieillard moribond dont vous embrassez généreusement la défense, la lettre et l'ouvrage que vous avez daigné lui faire tenir[1]. Il les a lus avec une extrême sensibilité; mais le déplorable état où il se voit réduit le prive du plaisir de vous remercier de sa main. Il fut atteint, le 8 de mars dernier, à l'âge de quatre-vingt-trois ans, d'un coup d'apoplexie qui augmente prodigieusement la *somme* de ses souffrances, et qui, sans doute, ne tardera guère à la réduire à zéro. Dans l'impossibilité où il est d'écrire, il vous prie d'agréer ses excuses, et de ne pas douter de son estime et de sa reconnaissance.

MMMMMMMCCCXV. — A M. L'ABBÉ DU VERNET.

17 mai.

Le vieillard, très-malade des suites de son apoplexie, se console de quitter bientôt le monde, où il n'entend parler que des extravagances barbares des fanatiques; mais il mourra bien plus consolé d'avoir appris, de science certaine, que les détestables coquins de convulsionnaires qui ont persécuté M. Delisle n'auront pas grand crédit au parlement, où ils sont prisés ce qu'ils valent. On ne dira même rien de désagréable à un homme aussi estimable que M. Delisle. On lui recommandera seulement de se conformer plus exactement aux règlements de la librairie.

Je présente mes très-humbles remercîments à M. l'abbé du Vernet, et je le prie d'embrasser pour moi son prisonnier[2], qui, je crois, est actuellement délivré.

MMMMMMMCCCXVI.—A M. LE MARQUIS DE VILLETTE.

17 mai.

Le vieux malade de quatre-vingt-trois ans, affligé d'un reste d'apoplexie qui le mène au pays où est descendu Catherin Fréron, a été bien consolé par le souvenir et par la lettre de M. le marquis de Villette. Soit qu'il vive ou qu'il meure, M. de Villette aura dans deux mois son quantième[3] du mois avec répétition et belle boîte d'or de couleur, dont le centre sera garni d'une figure en émail très-ressemblante. Le tout coûtera vingt-cinq ou vingt-six louis.

Le malade, qui n'a guère de force d'écrire ni de dicter, fait ses tendres compliments à M. le marquis de Villevieille, et peut-être ses derniers adieux. Il y a eu un reclus, nommé M. Delisle de Sales, en faveur de qui M. de Villette a fait une belle action. Je n'en suis pas surpris. Je ne le suis pas non plus de la persécution qu'il éprouve : elle est digne des Welches.

V.

1. *L'Ami des arts, ou Justification de plusieurs grands hommes.* C'est une apologie de Rameau et surtout de Voltaire. (ÉD.)
2. Delisle de Sales. (ÉD.)
3. A l'occasion de cette montre à quantième, Villette adressa à Voltaire une épître à laquelle celui-ci répondit. (ÉD.)

MMMMMMMCCCXVII. — A M. SÉLIS[1].

A Ferney,... mai.

Monsieur, un peintre des Gobelins[2] est venu dans ma solitude le 28 de mai, et m'a apporté une lettre dont vous m'honorez du 17 d'avril, accompagnée d'une traduction des *Satires* de Perse et de très-jolis vers français. M. d'Argental m'avait déjà prévenu de toutes vos bontés pour moi; mais je n'avais pas encore reçu votre ouvrage. Mon grand âge et ma déplorable santé ne m'ont point empêché de lire déjà votre très-judicieuse préface et la traduction de la première satire. Je vois que vos notes éclaircissent beaucoup le texte, et que ceux qui veulent faire quelque progrès dans la langue latine doivent vous lire et vous étudier. J'éprouve par moi-même qu'on peut apprendre à tout âge, et c'est avec reconnaissance que j'ai l'honneur d'être, monsieur, votre, etc.

MMMMMMMCCCXVIII. — A M. LE COMTE D'ARGENTAL.

A Ferney, 2 juin.

Je suis indigné contre moi-même, mon cher ange, de n'avoir pas depuis si longtemps tendu les bras à vos ailes, qui m'ont toujours couvert de leur ombre. Hélas! ce n'est pas ma faute; je n'ai eu ni bras, ni pieds, ni tête depuis quelques mois. Je vous écris aujourd'hui d'une main qui n'est pas celle dont je me sers ordinairement; mais c'est toujours le même cœur qui dicte. Je vous parlerai d'abord de l'ambigu à cinq services[3], qui probablement sera servi bien froid, ou plutôt qu'on n'osera jamais servir. Ce n'est pas que le repas ne soit régulier, et qu'il n'y ait des plats assez extraordinaires qui pourraient être de haut goût; mais malheureusement Mme de Saint-Julien avait parlé, il y a plusieurs mois, de notre souper; le bruit s'en était répandu dans Paris. Je crois fermement que ce souper ne valait rien du tout, et que le cuisinier a très-bien fait de le supprimer; l'autre est meilleur[4]; mais il faudrait que le cuisinier fût à Paris, qu'il jouât le rôle de maître d'hôtel, et que les gourmets n'eussent pas le goût aussi égaré qu'ils l'ont depuis quelques années. J'ai vu le menu d'un nouveau traiteur de l'Amérique qui a été servi vingt fois sur table[5], et dont en vérité je n'aurais jamais voulu manger un morceau. Si quelque jour la fantaisie pouvait vous prendre de tâter du vieux cuisinier que vous savez, quand ce ne serait que pour la rareté du fait, ce vieux cuisinier serait capable de faire le voyage auprès de vous, et de se loger dans quelque gargote bien obscure et bien ignorée. Qui sait même si cette aventure ne pourrait pas arriver l'année mil sept cent soixante-dix-huit? Je me berce de cette chimère, parce qu'elle m'entretient de vous. Le préalable

1. Nicolas-Joseph Sélis était professeur au collége d'Harcourt quand il publia sa traduction en prose des *Satires de Perse*, in-12, contenant aussi quelques pièces en vers. Quinze ans auparavant, il avait fait imprimer sa *Relation de la maladie, de la confession et de la mort de M. de Voltaire*. (*Note de M. Beuchot.*)
2. Mézière. (ÉD.) — 3. La tragédie d'*Agathocle*. (ÉD.)
4. La tragédie d'*Irène*. (ÉD.)
5. La tragédie de *Zuma*, par Lefèvre, qui avait eu vingt représentations. (ÉD.)

serait qu'alors M. le duc de Duras vous donnât sa parole d'honneur de se mettre avec vous à table, et même de manger avec appétit; mais il est plaisant, entre nous, qu'on ait tant mangé de *Zuma*, et qu'on n'ait pas seulement essayé de tâter du *Don Pèdre*[1] : le hasard gouverne ce monde.

Mon cher ange, le hasard m'a bien maltraité depuis quelques mois. Ce hasard est composé de la nature et de la fortune; des chances horribles sont sorties du cornet contre moi. Ma colonie est aussi délabrée que l'ont été Pondichéri et Québec. Je me suis trouvé ruiné tout d'un coup, sans savoir comment, et je me suis enfin aperçu qu'il n'appartenait qu'à Thésée, Romulus, et M. Dupleix, de bâtir une ville.

Portez-vous bien, mon cher ange; aimez-moi encore, tout chimérique et tout infortuné que je suis. Ma tendre amitié n'est pas du moins une chimère; elle est la consolation très-réelle du reste de mes jours.

MMMMMMMCCCXIX. — A MADAME DE SAINT-JULIEN.

A Ferney, 2 juin.

Ma protectrice, je ne me sers point de la main de l'ami Wagnière, qui est absent; je ne me sers point de la mienne, qui ne peut plus écrire. Je vous demande pardon de vous avoir remerciée si tard de m'avoir appris l'aventure du nasillonneur de Brosses[2], que je suivrai bientôt. Tous les malheurs se sont accumulés sur notre colonie depuis qu'elle a été privée de l'honneur de votre présence. M. l'intendant fait bâtir une ville charmante à Versoix. Là, tandis que la nôtre, à peine commencée, tombe en ruine, on construit actuellement quatre portes magnifiques à la nouvelle ville de Versoix, avec des pierres aussi belles que le marbre, qui avaient été destinées pour le port par M. le duc de Choiseul. On donne à cette ville des priviléges immenses : ce sera un lieu de franchise et un lieu d'agrément, tandis qu'on ne nous a pas accordé la moindre concession ni le moindre privilége. Je me trouve ruiné de fond en comble, pour avoir donné de nouveaux sujets au roi. Que deviendra mon obélisque de marbre que j'avais déjà commandé au marbrier de Vevay? Le nom de M. le duc de Choiseul ne sera donc que sur des débris, et ne sera vu que par des gueux!

Je me crois aussi malheureux dans la petite entreprise que j'avais faite sous vos yeux avant que vous partissiez. Je n'étais pas plus propre à faire le métier de Pradon à l'âge de quatre-vingt-trois ans, qu'à faire le métier de Mansard. Je vous demande en grâce, pour que je meure moins désespéré, de mettre aux pieds de M. le duc de Choiseul ce pauvre sot qui, entre le mont Jura et les grandes Alpes, ne sut jamais de quoi il s'agissait à Paris et à Versailles, et qui ne connut pas mieux la France que l'ancienne Grèce. Il a été cruellement puni de son ignorance; mais il compte toujours sur vos bontés. Il vous sera attaché avec un bien tendre respect pour le peu de temps qu'il a encore à vivre sur les frontières de la Suisse. Et dites bien, je vous en prie, à M. le

1. Tragédie de Voltaire. (ÉD.)
2. La mort du président de Brosses, arrivée en 1777. (ÉD.)

duc de Choiseul, qu'il mourra en le regardant comme celui qui fait toujours l'honneur de la France.

A vos genoux, votre fidèle sujet.

MMMMMMMCCCXX. — A M. de La Harpe.

4 juin.

Mon cher confrère, j'ai reçu presque à la fois deux lettres de vous, et *la Religieuse*[1]. Cette très-attendrissante *Religieuse* était bien, et elle est beaucoup mieux. Je regarde cet ouvrage comme un des meilleurs que nous ayons dans notre langue.

Pour votre journal[2], il est le seul que je puisse lire, et nous en avons cinquante. J'avais cédé aux instances de l'ami Panckoucke, qui voulait absolument que je combattisse quelquefois sous vos étendards, et qui m'assurait que vous le trouveriez fort bon; mais aussi il m'avait promis le plus inviolable secret. Il ne me l'a point gardé; il m'a décelé très-mal à propos, et m'a beaucoup plus exposé qu'il ne pense.

Je vous prie, mon cher confrère, de lui dire bien résolûment qu'il ne mette jamais rien sous mon nom; je ne suis pas en état de faire la guerre. Ce n'est pas que je manque de courage ni de bonnes raisons pour la faire; mais il faut de la santé, même pour la guerre de plume. J'ai besoin de repos, après mon accident, que vous appellerez comme il vous plaira, mais dont les suites sont bien désagréables. L'indiscrétion de Panckoucke avec son V. me fait une peine mortelle[3]. Il accoutume le public à croire que non-seulement je me porte bien, mais que j'abuse de ma santé jusqu'à écrire des lettres un peu impudentes.

On m'accuse, dit-on, d'avoir écrit à messieurs les juges du Châtelet une philippique un peu forte[4] sur le procès ridicule qu'ils ont fait à ce pauvre Delisle, et sur le jugement atroce qu'ils ont rendu. Vous devez bien savoir comme je pense sur le livre et sur la sentence; mais assurément je serais plus fanatique que ces messieurs, et cent fois plus répréhensible qu'eux, si je leur avais écrit sur cette affaire. Je ne connais point cette prétendue lettre, et je veux croire qu'elle n'existe pas.

Quand vous aurez un moment de loisir, dites-moi, je vous prie, quel est le polisson[5] que le libraire de la poste du soir a choisi pour son bel esprit.

Je suis en peine de la santé de M. Dalembert. Pour la mienne, elle est bien déplorable; mais il y a environ quatre-vingt-trois ans que je suis accoutumé à souffrir.

Je vous embrasse de tout mon cœur.

1. *Mélanie*, drame de La Harpe. (Éd.)

2. *Journal de politique et de littérature*. (Éd.)

3. En insérant, dans les numéros des 15 et 25 mai du *Journal de politique et de littérature*, les articles de Voltaire sur l'ouvrage de M. de Chastellux et sur celui de Guérin du Rocher, Panckoucke avait mis en note : « Cet article est de M. de V. » (Éd.)

4. *Lettres de l'inquisiteur de Goa sur la Philosophie de la nature*. Il paraît que c'étaient les conseillers Clément qui voulaient qu'on poursuivît Voltaire pour cet écrit, qui est de Delisle de Sales. (*Note de M. Beuchot.*)

5. C'était Sautereau de Marsy. (Éd.)

MMMMMMMCCCXXI. — A M. de Vaines.

4 juin.

Je suis bien sensible, monsieur, à la bonté avec laquelle vous vous êtes souvenu de moi; car je pense souvent à vous, et à l'homme unique[1] avec lequel vous avez travaillé, et dont vous serez toujours l'ami. Mon âge et mes maladies me forcent de renoncer un peu au monde; mais je regretterai toujours de n'avoir pu vivre avec un homme de votre mérite, et je serai bien fâché de mourir sans avoir eu la consolation de vous embrasser.

Des gens qui se croient bien instruits, et qui peut-être ne le sont point du tout, me disent qu'un homme chez qui vous avez été à la campagne, il y a quelque temps, sera bientôt aussi puissant dans la ville qu'il y est aimé et respecté. Je souhaite passionnément que cette prédiction soit véritable; mais c'est à condition qu'il en arrive autant à votre autre ami. Je crois que la France ne s'en trouverait pas plus mal, si ces deux hommes-là étaient à leur véritable place.

Je ne sais si vous avez vu l'*Éloge de Pascal*[2], avec ses *Pensées*, mises en meilleur ordre et relevées par des notes qui valent bien le texte. L'éditeur est, ce me semble, un homme égal à Pascal pour le génie, et supérieur par la raison. Il est triste, à mon gré, pour le genre humain, qu'un homme comme Pascal ait été un fanatique; ce qui me console, c'est que saint Augustin l'était tout autant.

Je m'aperçois que mon petit billet est un peu indiscret, mais je n'écris pas à un docteur de Sorbonne.

MMMMMMMCCCXXII. — A M. le maréchal duc de Richelieu.

A Ferney, 6 juin.

Eh! mon Dieu, monseigneur, vous accusez un mourant de ne s'être pas battu dans votre armée. Il y a plus d'un an que Mme Denis et moi nous soutenons à Dijon, presque sans sortir de notre lit, le procès le plus désagréable et le plus ruineux. Malgré ce fardeau qui nous accable, je me suis souvent plus occupé de l'injustice qu'on vous faisait que de toutes celles que j'essuie. Je vous ai supplié vingt fois de daigner m'envoyer tout ce qui paraissait dans votre affaire; vous n'avez jamais voulu me répondre sur cet article. Quand j'eus le bonheur de servir M. de Morangiés, quand j'affrontai la canaille des petits praticiens de Paris, qui se croient des Cicéron, M. de Morangiés m'avait envoyé tous ses papiers, sans en excepter un seul.

Je ne sais d'ailleurs si une petite anecdote de MM. Clément, conseillers au parlement, serait parvenue jusqu'à vous. Ces messieurs voulaient m'impliquer dans la plate et chétive, mais dangereuse affaire d'un jeune homme sorti de l'Oratoire, nommé Delisle, lequel a été jugé immédiatement après vous. Ces chiens de Saint-Médard, ces restes de con-

1. Turgot, sous le ministère de qui de Vaines avait été premier commis des finances. (Éd.)

2. Par Condorcet. (Éd.)

vulsionnaires, aboyaient d'une gueule si fanatique, que je pris le parti, à l'âge de quatre-vingt-trois ans, de me ménager une petite retraite sur un coteau méridional de la Suisse, à quatre lieues de chez moi.

Vous voyez que la grêle tombe sur les plus misérables arbrisseaux comme sur les plus hauts chênes. Tout souffre dans ce monde; mais, dans la foule des affligés, peu de personnes ont vos ressources. Quelques envieux que vous ayez, vous êtes à l'abri de tout, parce que vous êtes au-dessus de tout. Il est certain que, dans cette maudite affaire, suscitée par la plus insigne friponnerie, et reconnue pour telle par tous les gens sensés de l'Europe, vous n'avez pu perdre que de l'argent. Vos services, vos dignités, votre considération, votre gloire, ne sont point effleurés. Vous serez bientôt dans la première place de l'État, qui représente le connétable.

Que n'avez-vous pu aimer, du moins pendant quelques mois, cette belle retraite de Richelieu, où je vous ai fait ma cour il y a tant d'années! que n'ai-je pu vous y suivre encore une fois! J'envisage avec la douleur de l'impuissance les montagnes des Alpes et du Jura, qui me séparent de vous. Job sur son fumier, près du lac de Genève, vous crie : « Conservez vos anciennes bontés pour un ancien malheureux. Buvez encore avec plaisir les derniers verres du vin trop mélangé de cette vie. Soyez heureux, si on peut l'être; vous aurez toujours de belles heures, et il ne me faut que de la pitié. »

Agréez, je vous en conjure, mon très-tendre respect.

MMMMMMMCCCXXIII. — A M. le chevalier de Chastellux.

7 juin.

J'ai trop tardé, monsieur, à vous remercier de vos remercîments. Si le triste état où j'ai été peut me laisser encore de la force et du loisir, je crois qu'avant de mourir je ferai une campagne sous vos drapeaux. Je ne vous sers pas comme font les Suisses, à qui il est très-indifférent de se battre pour l'Allemagne ou pour la France, pourvu qu'ils aient une bonne capitulation; je ne suis pas même un volontaire qui fait une campagne pour son plaisir; je suis une espèce d'enthousiaste qui prend les armes pour la bonne cause.

Il est vrai que je ne sais pas quel est le chevalier de *la Poste du soir*[1] qui croit m'avoir abattu de sa lance enchantée. Il serait bon de savoir à qui on a affaire; mais, quel qu'il soit, si nous étions aux prises, je lui ferais bien voir que son héros est un charlatan qui en a imposé au public. Je lui démontrerais que ce charlatan, devenu si fameux[2], n'a pas mis une citation dans son ouvrage qui ne soit fausse, ou qui ne dise précisément tout le contraire de ce qu'il avance.

Je prouverais à tous les gens raisonnables que ses raisonnements et ses systèmes sont aussi faux que ses citations; que des plaisanteries et des peintures brillantes ne sont pas des raisons, et qu'un homme qui n'a regardé la nature humaine que d'un côté ridicule ne vaut pas celui qui lui fait sentir sa dignité et son bonheur.

1. Le *Journal de Paris*. (*Éd. de Kehl.*) — 2. Montesquieu. (Éd.)

Voilà ce qui m'occupe à présent, monsieur; mais, pour remplir mon projet, j'ai besoin d'un long travail qui me mette à portée de citer plus juste que l'auteur de *l'Esprit des lois;* et surtout je voudrais savoir quel est le bel-esprit de *la Poste du soir* contre lequel je veux me battre.

Serait-ce abuser de vos bontés de vous demander des nouvelles de la noble entreprise du jeune comte de Lally, de faire rendre justice à la mémoire de son père?

Conservez vos bontés, monsieur, pour votre très-attaché et très-respectueux serviteur.

MMMMMMMCCCXXIV. — A M. DE VAINES.

11 juin.

Je vous remercie, monsieur, de la lettre que vous m'avez envoyée de cet homme illustre[1] avec lequel vous avez travaillé trop peu de temps, et qui sera toujours cher aux bons citoyens amateurs de la vertu et des grands talents.

Comme j'imagine que vous avez actuellement quelque loisir, j'en abuse peut-être en vous priant de jeter les yeux sur le manuscrit que j'ai l'honneur de vous envoyer. Il s'agit d'un grand nombre de vérités qui combattent l'opinion publique si souvent hasardée, et reçue sans examen. Si les nombreuses erreurs qu'on me force de relever dans *l'Esprit des lois* vous font la même impression qu'elles m'ont faite, je vous supplie, monsieur, de vouloir bien envoyer au sieur Panckoucke le manuscrit cacheté, avec la lettre pour lui ci-jointe.

Je sais bien que ma hardiesse augmentera le nombre de mes ennemis; mais je suis, comme M. de La Harpe, né pour combattre, et j'ai raison, papiers sur table. Pour peu que vous soyez de mon avis, je croirai avoir remporté la victoire.

Le *Pascal* de M. de Condorcet m'a donné un peu d'humeur contre les réputations usurpées. C'est bien dommage que cet ouvrage ne soit pas entre les mains de tout le monde. Il faudrait que chacun eût dans sa poche ce préservatif contre le fanatisme.

Je vous prie instamment, monsieur, de conserver un peu de bonté pour le vieux malade.

MMMMMMMCCCXXV. — DE FRÉDÉRIC II, ROI DE PRUSSE.

A Potsdam, 17 juin.

Le talent est un don des dieux
Qu'en nos jours leur main trop avare
Rend plus estimable et plus rare
Qu'au temps des Quinault, des Chaulieux.
Né sur les bords de la Baltique
Sous un ciel chargé de frimas,
Admirateur du chant lyrique,
Mon âme épaisse et flegmatique
En s'efforçant n'en produit pas.

1. Turgot. (ÉD.)

Que me restait-il donc à faire?
Ne pouvant être un bon auteur,
Je me rendis l'humble éditeur
D'Épicure et de des Houlière.

Si j'étais Voltaire ou Apollon, j'aurais peut-être resserré le volume en le réduisant à moins de pages; mais m'aurait-il convenu d'être aussi sévère censeur, ne pouvant surpasser ceux que j'aurais ainsi mutilés? Il me serait arrivé comme à La Beaumelle et à Fréron. Ils jugèrent *la Henriade*, ils voulurent y substituer des vers; et il n'y eut à y critiquer que ce qu'ils avaient ajouté à ce poëme.

J'en viens à vos chagrins et à vos peines : souvenez-vous bien que l'intention de ceux qui vous persécutent est d'abréger vos jours. Jouez-leur le tour de vivre à leur dam, et de vous porter mieux qu'eux.

Nous sommes ici tranquilles et aussi pacifiques que les quakers. Nous entendons parler du général Howe, dont chaque chien en aboyant prononce le nom. Nous lisons dans les gazettes ce qu'on raconte des hauts faits des *insurgents* d'Amérique. Les uns vantent la force de la flotte anglaise; d'autres disent que la France et l'Espagne ont plus de vaisseaux que ces insulaires.

Actuellement la politique des gazetiers se repose : il n'est plus question que du séjour du comte de Falkenstein[1] à Paris. Ce jeune prince y jouit des suffrages du public; on applaudit à son affabilité; et l'on est surpris de trouver tant de connaissances dans un des premiers souverains de l'Europe. Je vois avec quelque satisfaction que le jugement que j'avais porté de ce prince est ratifié par une nation aussi éclairée que la française. Ce soi-disant comte retournera chez lui par la route de Lyon et de la Suisse. Je m'attends qu'il passera par Ferney, et qu'il voudra voir et entendre l'homme du siècle, le Virgile et le Cicéron de nos jours. Si cela arrive, vous l'emporterez en tout sur Jésus. Il n'y eut que des rois, ou je ne sais quels mages, qui vinrent à son étable de Bethléem; et Ferney recevra les hommages d'un empereur.

Pour rendre le parallèle parfait, je substitue, à l'étoile qui guidait les mages, les lumières de la raison, qui conduit notre jeune monarque. Si cette visite a lieu, je me flatte que les nouvelles connaissances ne vous feront pas oublier les anciennes, et que vous vous souviendrez que parmi la foule de vos admirateurs il existe un solitaire à Sans-Souci qu'il faut séparer de la multitude. *Vale*. FÉDÉRIC.

J'ai lu cet ouvrage de Delisle; il y a sans doute de bonnes choses, mais peu de méthode, et, sur la fin, beaucoup de ce que les Italiens appellent *concetti*.

MMMMMMMCCCXXVI. — A M. GIN[2].

Ferney, 20 juin.

En passant tout d'un coup par-dessus les compliments et les remerciments que je vous dois, monsieur, je commence par vous avouer que

1. L'empereur Joseph II. (ÉD.)
2. Auteur d'un livre sur *les Vrais principes du gouvernement français, démontrés par la raison et par les faits*. (ÉD.)

despotique et *monarchique* sont tout juste la même chose dans le cœur de tous les hommes et de tous les êtres sensibles. Despote (*herus*) signifie *maître*, et *monarque* signifie *seul maître*, ce qui est bien plus fort. Une mouche est monarque des animalcules imperceptibles qu'elle dévore; l'araignée est monarque des mouches, puisqu'elle les emprisonne et les mange; l'hirondelle domine sur les araignées; les pies-grièches mangent les hirondelles : cela ne finit point. Vous ne disconviendrez pas que les fermiers généraux ne nous mangent; vous savez que le monde est ainsi fait depuis qu'il existe. Cela n'empêche pas que vous n'ayez très-lumineusement raison contre l'abbé Mably, et je vous en rends, monsieur, mille actions de grâces. Vous prouvez très-bien que le gouvernement monarchique est le meilleur de tous; mais c'est pourvu que Marc Aurèle soit le monarque; car d'ailleurs qu'importe à un pauvre homme d'être dévoré par un lion ou par cent rats? Vous paraissez, monsieur, être de l'avis de *l'Esprit des lois*, en accordant que le principe des monarchies est *l'honneur*, et le principe des républiques, *la vertu*. Si vous n'étiez pas de cette opinion, je serais de celle de M. le duc d'Orléans, régent, qui disait d'un de nos grands seigneurs : « C'est l'homme le plus parfait de la cour; il n'a ni humeur ni honneur; » et je dirais au président de Montesquieu que, s'il veut prouver sa thèse en disant que dans un royaume on recherche les honneurs, on les recherche encore plus dans les républiques. On courait après les honneurs de l'ovation, du triomphe, et de toutes les dignités. On veut même être doge à Venise, quoique ce soit *vanitas vanitatum*. Au reste, monsieur, vous êtes beaucoup plus méthodique que cet *Esprit des lois*, et vous ne citez jamais à faux, comme lui; ce qui est un point bien important; car, si vous voulez vérifier les citations de Montesquieu, vous n'en trouverez pas quatre de justes; je m'en suis donné autrefois le plaisir. Je suis édifié, monsieur, de la circonspection avec laquelle vous vous arrêtez, dans le texte, au règne de Henri IV : tout ce que vous dites m'instruit; et je prends la liberté de deviner ce que vous ne dites pas. Je vous remercie surtout de la manière dont vous pensez et dont vous vous exprimez sur ce gouvernement tartare qu'on appelle féodal; il est perfectionné, dit-on, à la diète de Ratisbonne; il est abhorré à une demi-lieue de chez moi, à droite et à gauche; mais, par une de nos contradictions françaises, il subsiste, dans toute son horreur, derrière mon potager, dans les vallées du mont Jura; et douze mille esclaves des chanoines de Saint-Claude, qui ont eu l'insolence de ne vouloir être que sujets du roi, et non serfs et bêtes de somme appartenant à des moines, viennent de perdre leur procès au parlement de Besançon, attendu que plusieurs conseillers de grand'chambre ont des terres où la mainmorte est en vigueur, malgré les édits de nos rois : tant la jurisprudence est uniforme chez nous ! Enfin votre livre m'instruit et me console; j'en chéris la méthode et le style. Vous n'écrivez point pour montrer de l'esprit, comme fait l'auteur de *l'Esprit des lois* et des *Lettres persanes;* mais vous vous servez de votre esprit pour chercher la vérité. Jugez donc, monsieur, si je vous ai obligation de l'honneur que vous m'avez fait de m'envoyer votre ouvrage; jugez si je le lis avec délices, et si je n'emploie qu'une formule vaine en vous assurant que j'ai l'honneur d'être, avec la plus respectueuse estime, et la plus sensible reconnaissance, etc.

MMMMMMMCCCXXVII. — De M. Dalembert.

A Paris, ce 23 juin.

Il y a un siècle, mon cher et illustre ami, que je ne vous ai ennuyé de mon bavardage; je suis bien sûr au moins de ne pas vous ennuyer aujourd'hui. Celui qui vous portera ma lettre la rendra intéressante pour vous : c'est M. Delisle, qui a pensé être la victime du fanatisme atroce et absurde de ces plats jansénistes du Châtelet, qui mériteraient bien d'y être enfermés. Il va, comme les anciens chrétiens après les persécutions, vous présenter les cicatrices des fers qu'il a portés et des coups qu'il a reçus; et il sera plus glorieux, et avec plus de raison, de vous montrer ces honorables marques de ce qu'il a souffert pour la raison, que ne l'étaient, au concile de Nicée, ces évêques qui montraient, avec complaisance, leurs oreilles coupées *pour la foi*, et qui méritaient bien de les montrer *tout entières*. M. Delisle joint à ses talents, à ses vertus et au mérite d'avoir été persécuté, un caractère et une douceur de mœurs qui vous le rendront encore plus cher, et qui intéressent pour lui tous ceux qui le connaissent, à moins qu'ils ne soient jansénistes.

Vous aurez déjà appris que nous avons perdu Gresset [1], si le mot de *perdu* n'est pas trop fort pour un homme qui ne disait plus que des *oremus*. Je ne sais quel successeur nous lui donnerons. Je ne connais qu'un homme [2] qui en soit digne; mais il a des raisons pour ne pas se présenter en ce moment, et je crois qu'il fait bien. Il est bien fâcheux qu'ayant à prendre Pascal, nous soyons forcés de lui substituer quelque Danchet ou quelque Flamen [3]. Heureusement l'Académie vient de décider qu'attendu l'absence de plusieurs d'entre nous, l'élection ne se ferait qu'au mois de novembre, après Fontainebleau; et peut-être arrivera-t-il, dans cet intervalle de temps, quelque circonstance favorable à ce que je désire. *Multa quæ provideri non possunt, fortuito in melius cadent.* J'ai quelques raisons pour l'espérer, et je serais au comble de mes vœux, ainsi que vous.

On assure que cette canaille jésuitique va être rétablie en Portugal, à l'exception de l'habit. Cette nouvelle reine me paraît une superstitieuse imbécile dirigée par des prêtres et par des moines. Si le roi d'Espagne vient à mourir, ou s'il devient tout à fait imbécile (ce qui est, dit-on, fort avancé), je ne réponds pas que ce royaume n'imite le Portugal. Cette canaille ressemble aux vers de terre, fort aisés à couper, mais fort difficiles à mourir. C'en est fait de la raison, si l'armée ennemie gagne cette grande bataille. Adieu, mon cher et illustre ami;

1. Gresset était mort le 16 juin : il fut remplacé à l'Académie par l'abbé Millot. (Éd.)

2. C'est Condorcet que désigne Dalembert; mais Condorcet n'entra à l'Académie française qu'en 1782, à la place de Saurin. (Éd.)

3. Premier prêtre. (Éd.)

je ne vous recommande pas M. Delisle; il est tout recommandé pour vous, et par sa personne, et par ses amis, et par ses ennemis. J'espère qu'il m'apportera de bonnes nouvelles de votre santé. Pour moi, je n'aurai bientôt plus ni tête ni estomac. Je pourrai bien ne pas tarder à aller joindre Gresset. Je ne serai guère plus seul en l'autre monde que je le suis en celui-ci, après la perte que j'ai faite[1], et qui m'est aussi nouvelle que le premier jour. Adieu; conservez-vous et aimez-moi.

MMMMMMMCCCXXVIII. — A M. DE VAINES.

A Ferney, 25 juin.

Vous pourriez donc, monsieur,

Humiles habitare casas, non *figere cervos*[2];

vous pourriez venir avec M. Suard et M. de Garville dans ce coin de l'univers où j'achève ma vie loin du monde. Venez, vous prolongerez ma chétive carrière, ou vous en rendrez la fin heureuse. Venez, monsieur, me rendre, s'il est possible, aux beaux-arts et à la société. J'ai perdu *causas vivendi*, la santé, le sommeil, l'appétit, tout ce qui attache à la vie. Si quelque chose peut me ressusciter, ce sera assurément le plaisir de m'entretenir avec vous.

Je suppose que vous allez voir le pays dont M. de La Borde fait la description, et les singulières montagnes qu'il met en taille-douce. La Suisse devient tous les jours digne de la curiosité des gens qui pensent. Je rendrai de grandes grâces à la destinée de me trouver sur la route, et je commence par vous les rendre d'avoir bien voulu penser à moi. Je dois vous faire des excuses d'un fatras dont je vous ai importuné, et que je vous ai supplié de faire passer à l'ami Panckoucke. Mais, selon ce qu'il me mande, il doit être actuellement en chemin pour Genève. Cramer et lui sont deux savants qui viennent se consulter de temps en temps.

Je ne sais, monsieur, si vous êtes un savant du premier ordre; mais je pense que les savants auraient beaucoup à apprendre avec vous. Hélas! que me servirait-il d'apprendre dans le triste état où je suis réduit? La science de digérer est assurément la première de toutes; mais tout me manque : vous serez ma consolation.

Votre projet du mois d'auguste est le fond de la boîte de Pandore pour un homme qui est assiégé de tous les maux.

MMMMMMMCCCXXIX. — A M. LE COMTE D'ARGENTAL.

A Ferney, 27 juin.

Votre vieux cuisinier, mon cher ange, est bien loin de vous faire bonne chère. Il est réduit aux apothicaires, et très-étonné d'être encore en vie : cependant il ne voudrait pas mourir sans vous envoyer les cinq pâtés qu'il vous a promis, et qu'il n'a faits que pour vous. Je ne sais

1. Mlle Lespinasse, morte le 23 mai 1776. (Éd.)
2. Virgile, *Bucol.*, II, 29. (Ed.)

s'ils sont de l'ancienne cuisine ou de la nouvelle. Je ne peux manger d'aucun des nouveaux plats qu'on m'a envoyés de Paris ; mais mon dégoût ne prouve point que j'aie mieux réussi que les jeunes cuisiniers du temps présent.

Je cède enfin à l'envie extrême de vous montrer ce que je sais encore faire. Jurez-moi, mon cher ange, que personne au monde, hors M. de Thibouville, ne verra mes petits pâtés. Jurez-moi de me les renvoyer dès que vous en aurez mangé un petit morceau. Vous verrez, après cet essai, si je puis me mettre au rang des pâtissiers modernes qui empoisonnent le public. Le point principal est de vous plaire. Commencez par me faire serment de ne point laisser sortir les pâtés de vos mains, et de me les renvoyer en m'apprenant si j'y ai mis trop ou trop peu de poivre, et si le goût qui règne aujourd'hui est plus dépravé que le mien.

Le fond de mes petits pâtés n'est pas fait pour une monarchie; mais vous m'avez appris qu'on avait servi du *Brutus*, il y a quelque temps, devant M. le comte de Falkenstein[1], et que les convives ne s'étaient pourtant pas levés de table.

En un mot, mon cher ange, il me paraît si comique de faire encore la cuisine à mon âge, et je vous confie tous mes ridicules avec tant de bonne foi, que je les tiens pour pardonnés. Votre amitié, mon cher ange, me console de tout ; mais je ne demande point votre indulgence : je veux savoir si mes pâtés ne vous écorcheront pas le gosier.

MMMMMMMCCCXXX. — A M. le marquis d'Argence de Dirac.

27 juin.

Mon cher marquis, votre vieux malade ne tâte point du ridicule qu'on lui veut donner dans Paris de recevoir une visite du comte de Falkenstein. Il sait trop bien que l'église de son village n'est pas assez belle pour attirer les regards d'un homme qui devrait avoir l'église de Saint-Pierre de Rome pour sa paroisse, et que de misérables manufactures de montres ne valent pas la peine d'être regardées par le protecteur de tous les beaux-arts. Pour ma manufacture de vers français, il y a longtemps qu'elle est à bas. En un mot, je puis vous assurer qu'un seigneur rempli de goût, comme M. le comte de Falkenstein, ne se détournera pas pour voir un mourant qui n'a d'autre mérite que d'aimer tendrement ceux qui pensent comme vous. L'état où je suis ne me permettrait pas même de me présenter devant lui. Je ferais une étrange figure en sa présence, avec mes quatre-vingt-trois ans et mes quatre-vingt-trois maladies. Je ne dois songer qu'à paraître devant Dieu, et non devant les puissances de la terre.

Adieu, mon digne et respectable ami.

1. L'empereur Joseph II, dans son séjour à Paris. (*Éd. de Kehl.*)

MMMMMMMCCCXXXI. — A M. DE VAINES.

2 juillet.

Je n'ai, monsieur, qu'à vous remercier et à attendre cette fin du mois d'auguste. Si je suis encore en vie dans ce mois-là, j'apprendrai de vous comment on pense à Paris, et surtout comment on doit penser; car, en vérité, je n'en sais rien.

Permettez-moi de glisser dans ma lettre un petit billet pour votre ami M. le marquis de Condorcet. Mon âme et mon corps sont dans un état bien triste. On dit que c'est ce qui arrive à la plupart des gens de mon âge. Vous ferez ma consolation.

MMMMMMMCCCXXXII. — DE FRÉDÉRIC II, ROI DE PRUSSE.

Le 9 juillet.

Oui, vous verrez cet empereur[1],
Qui voyage afin de s'instruire,
Porter son hommage à l'auteur
De *Henri quatre* et de *Zaïre*.
Votre génie est un aimant
Qui, tel que le soleil attire
A soi les corps du firmament,
Par sa force victorieuse
Amène les esprits à soi :
Et Thérèse la scrupuleuse[2]
Ne peut renverser cette loi.

Joseph a bien passé par Rome,
Sans qu'il fût jamais introduit
Chez le prêtre que Jurieu nomme
Très-civilement l'Antechrist.
Mais à Genève qu'on renomme,
Joseph, plus fortement séduit,
Révérera le plus grand homme
Que tous les siècles aient produit.

Cependant les Autrichiens ont jusqu'à présent encore mal profité des leçons de tolérance que vous avez données à l'Europe. Voilà en Moravie, dans le cercle de Préraw, quarante villages qui se déclarent tous à la fois protestants. La cour, pour les ramener au giron de l'Église, a fait marcher des convertisseurs avec des arguments à poudre et à balle, qui ont fusillé une douzaine de ces malheureux, en attendant qu'on brûle les autres. Ces faits, que nous vous communiquons, sont par malheur peu consolants pour l'humanité.

Je ne sais si je me trompe; mais il me semble qu'il y a un levain de férocité dans le cœur de l'homme, qui reparaît souvent quand on croit l'avoir détruit. Ceux que les sciences et les arts ont décrassés sont comme ces ours que les conducteurs ont appris à danser sur les

1. Joseph II n'alla pas visiter Voltaire. (ÉD.)
2. Marie-Thérèse, impératrice, et mère de Joseph II. (ÉD.)

pattes de derrière; les ignorants sont comme les ours qui ne dansent point. Les Autrichiens (j'en excepte l'empereur) pourraient bien être de cette dernière classe.

Il est bien fâcheux que les Français, d'ailleurs si aimables, si polis, ne puissent pas dompter cette fougue barbare qui les porte si souvent à persécuter les innocents. En vérité, plus on examine les fables absurdes sur lesquelles toutes les religions sont fondées, plus on prend en pitié ceux qui se passionnent pour ces balivernes.

Voici un rêve[1] que je vous envoie, qui peut-être vous amusera un moment. Vous donner de tels ouvrages d'une imagination tudesque, c'est jeter une goutte d'eau dans la mer.

Je vous remercie du beau projet de politique dont vous me faites l'ouverture; ce serait une chose à exécuter si j'avais vingt ans. Le pape et les moines finiront sans doute; leur chute ne sera pas l'ouvrage de la raison; mais ils périront à mesure que les finances des grands potentats se dérangeront. En France, quand on aura épuisé tous les expédients pour avoir des espèces, on sera forcé de séculariser des abbayes et des couvents. Cet exemple sera imité, et le nombre des *cucullati* réduit à peu de chose. En Autriche, le même besoin d'argent donnera l'idée d'avoir recours à la conquête facile des États du saint-siége pour avoir de quoi fournir aux dépenses extraordinaires, et l'on fera une grosse pension au saint-père.

Mais qu'arrivera-t-il? la France, l'Espagne, la Pologne, en un mot toutes les puissances catholiques, ne voudront pas reconnaître un vicaire de Jésus subordonné à la main impériale. Chacun alors créera un patriarche chez soi. On assemblera des conciles nationaux. Petit à petit chacun s'écartera de l'unité de l'Église, et l'on finira par avoir dans son royaume sa religion, comme sa langue à part.

Comme je ne fixe aucune époque à cette prophétie, personne ne pourra me reprendre. Cependant il est très-probable qu'avec le temps les choses prendront le tour que je viens d'indiquer.

Je suis fort sensible aux marques de votre souvenir, et des vieux temps dont vous rappelez la mémoire. Hélas! que retrouveriez-vous à Sans-Souci, s'il était possible que je pusse espérer de vous y revoir?

Un vieillard glacé par les ans,
Froid, taciturne, et flegmatique,
Dont le propos soporifique
Fait bâiller tous les assistants;
Au lieu de mots assez plaisants,
Assaisonnés d'un sel attique,
Qu'il débitait dans son bon temps,
Un radotage politique,
Et d'obscure métaphysique,
Plus ennuyeux, plus révoltants
Que ne sont les nouveaux romans.

1. Il s'agit de l'*Essai sur les formes du gouvernement et sur les devoirs des souverains*, qui fait partie des *Œuvres posthumes de Frédéric II*. (Éd.)

Ainsi, quand le moelleux Zéphyre
Des airs cède l'immense empire
Au fougueux souffle d'Aquilon,
La nature aux abois expire;
Le champ qui portait la moisson
A perdu sa belle parure;
L'arbre est dépouillé de verdure;
Les jardins sont privés de fleurs :
L'homme ainsi ressent les rigueurs
Du temps qui vient miner son être.
Si, jeune, il se nourrit d'erreurs,
Dès qu'il juge et qu'il sait connaître,
L'âge, les maux, et les langueurs
Le font pour toujours disparaître.

Toutes ces variations sont pour le commun de l'espèce, mais non pour le divin Voltaire. Il est comme Mme Sara, qui faisait tourner la tête aux roitelets arabes à l'âge de cent soixante ans. Son esprit rajeunit au lieu de vieillir : pour lui le Temps n'a point d'ailes; mais il est à craindre que la nature n'ait perdu le moule où elle l'a jeté. On nous conte que Jupiter prolongea la nuit qu'il coucha avec Alcmène, pour se donner le temps de fabriquer Hercule : je suis persuadé que si l'on examinait les phénomènes de l'année 1694, pareille merveille s'y trouverait [1]. Enfin jouissez longtemps des prodigalités de la nature; personne ne s'intéresse plus à votre conservation que le solitaire de Sans-Souci.

Vale. FÉDÉRIC.

Il fallait les charmes de l'enchanteur de Ferney pour tirer des vers de ma vieille et stérile cervelle.

MMMMMMMCCCXXXIII. — A M. DUTERTRE, NOTAIRE A PARIS.

16 juillet.

Ayant encore, monsieur, le ridicule de n'être point mort, je vous envoie, si vous le trouvez bon, mon certificat de vie, qui servira de ce qu'il pourra. Dieu merci, je n'entends rien du tout à mes affaires; vous avez eu la bonté de vous en charger, et c'est ma seule consolation. M. le duc de Bouillon, Altesse Sérénissime, a daigné m'écrire des lettres pleines de bienveillance; mais il m'a déclaré que ce n'était point à lui à me payer les vingt-deux ou vingt-trois mille francs qui me sont dus par S. A. S. monseigneur son père.

S. A. S. Mgr le duc de Wurtemberg, qui me doit aussi beaucoup d'argent, me paye en politesses. Mes maçons, mes charpentiers et mon boucher, qui ne sont pas si polis, me feraient mettre en prison pour être payés, si Dieu ne m'avait pas accordé le bénéfice d'âge de quatre-vingt-trois ans.

Je présume, monsieur, que dans ma détresse vous avez eu pitié de moi, et que vous avez satisfait la succession de M. de Laleu. C'est une

1. L'année 1694 est celle de la naissance de Voltaire. (ÉD.)

chose bien étonnante qu'il ait mieux aimé me prêter vingt-deux mille francs de sa caisse que de me les faire payer par feu M. le duc de Bouillon. Il est encore plus étonnant que M. d'Ailly m'ait fait perdre l'hypothèque privilégiée que j'avais sur tous les biens de ce prince : c'est un malheur irréparable.

Je n'ai d'espérance et de ressource que dans votre sagesse, dans votre exactitude, et dans l'amitié dont vous m'avez déjà donné des marques. Je viendrais vous en remercier, si mon âge, ma santé, et ma bourse, me permettaient de faire le voyage. Je prendrais quelque petit appartement dans votre voisinage, pour apprendre, pendant quelques jours, à connaître un peu cette ville, que je n'ai vue depuis trente années.

MMMMMMMCCCXXXIV. — A M. le chevalier de Lisle

A Ferney, 18 juillet.

M. de Villette, monsieur, m'ayant écrit, il y a deux mois, que vous auriez la bonté de vous charger d'une montre pour lui, et que je n'avais qu'à vous l'envoyer, souffrez que j'use de la permission que vous avez donnée. Je joins à cette boîte le reçu de l'horloger.

Je n'ai point eu le bonheur de voir passer le grand homme qui est venu dans nos quartiers. Mon âge, mes maladies, et ma discrétion, m'ont empêché de me trouver sur sa route. Je vous confie que deux horlogers génevois, habitants de Ferney, moins discrets et plus jeunes que moi, s'avisèrent, après boire, d'aller à sa rencontre jusqu'à Saint-Genis, arrêtèrent son carrosse, lui demandèrent où il allait, et s'il ne venait pas chez moi. L'empereur, qui les prit pour des Français étourdis, leur dit qu'il n'avait pas encore été interrogé sur la route de France. L'un de ces républicains polis lui dit que c'était une députation de ma part. L'empereur, ayant appris depuis que ces messieurs étaient des natifs de Genève, n'a point voulu coucher dans la ville, ni même voir les syndics, qui se sont présentés à lui. Il a refusé des chevaux que les Bernois lui avaient préparés, et n'a pas même voulu passer par Berne.

Voilà toutes les nouvelles que peut vous mander votre très-humble et très-obéissant serviteur, Le vieux malade.

MMMMMMMCCCXXXV. — A M. de Messange, receveur des tailles en Forez[1].

A Ferney.

J'ai reçu, monsieur, ma condamnation par livres, sous, et deniers, que vous avez eu la patience de faire, et la bonté de m'envoyer. J'admire votre sagacité, et je me soumets à mon arrêt sans aucun murmure. Tout le monde meurt au même âge ; car il est absolument égal, quand on en est là, d'avoir vécu vingt heures ou vingt mille siècles. M. l'abbé Terray avait sans doute notre néant devant les yeux, quand

1. Auteur des *Recherches sur la population des généralités d'Auvergne, de Lyon, de Rouen et de quelques autres villes du royaume*. (Éd.)

il a établi ses rentes viagères. J'ai fait mettre au chevet de mon lit mon compte final, dont je vous ai beaucoup d'obligations. Rien n'est plus propre à me consoler des misères de cette vie que de songer continuellement que tout est zéro. Ce qui est très-réel, c'est l'exactitude de votre travail, son utilité, et la reconnaissance que je vous dois; ce sont les sentiments avec lesquels j'ai l'honneur d'être, etc.

MMMMMMMCCCXXXVI. — A M. DALEMBERT.

3 auguste.

Notre martyr[1] ne vous reverra pas sitôt, mon cher et sage confesseur. Il s'en va à Paris par Strasbourg et par Nancy, ce qui n'est pas le plus court chemin. J'ai imaginé que son véritable refuge devait être à Sans-Souci. Il me semble que c'est à Julien à prendre soin de Libanius, d'autant plus que Julien, second du nom, vient de faire un petit ouvrage[2] beaucoup plus fort que tous ceux de son brave prédécesseur, et qu'il doit être bien content d'avoir un tel officier dans son armée. Il faut absolument que ce soit vous, mon très-cher philosophe, qui lui ouvriez les portes de ce sanctuaire. Dieu vous a conservé pour secourir ceux qui souffrent pour son nom et pour sa gloire. J'ai actuellement avec Julien[3] une petite affaire qui ne me permet pas de lui écrire sur d'autres objets. Je ne pourrai lui écrire sur M. Delisle que dans cinq ou six semaines. Je vous supplie de commencer cette sainte négociation. Ce n'est pas assez de fuir loin de MM. Clément et compagnie, il faut vivre à son aise.

> *Nam si* Libanio *puer et tolerabile desit*
> *Hospitium*[4].

Libanius ne pourra peut-être plus servir si bien la bonne cause. Les stoïciens, quoi qu'on dise, ont des besoins comme les autres hommes.

Ayez donc la bonté, mon cher ami, de dire à Luc que, n'ayant pu le venir voir, vous lui envoyez un de vos disciples. Dès que vous aurez bien voulu m'instruire que votre lettre sera partie, je presserai Luc, je le conjurerai *per patrem suum Julianum, per omnes apostolos nostros, et per sanctum Evangelium nostrum*, et encore plus par son propre intérêt, d'admettre auprès de lui un homme aimable, qui lui sera nécessaire; car, après tout, Luc devient vieux; il a besoin d'un homme qui l'entende et qui l'amuse, qui lui serve quelquefois de secrétaire, de bibliothécaire.

Est-il vrai que nous serons assez heureux pour être renforcés par Pascal-Condor...[5]? Si vous venez à bout de cette grande affaire, les portes de l'enfer ne prévaudront plus contre nous. *Vale, et miserere mei*[6].

1. Delisle de Sales, qui était porteur de la lettre. (ÉD.)
2. L'*Essai sur les formes du gouvernement*. (ÉD.)
3. Frédéric sollicitait le duc de Wurtemberg, son neveu et pupille, de payer les arrérages qu'il devait à Voltaire. (ÉD.)
4. Juvénal, satire VII, vers 60-61. (ÉD.) — 5. Condorcet. (ÉD.)
6. Matthieu, chap. XVI, verset 18. (ÉD.)

MMMMMMMCCCXXXVII. — A MADAME LA COMTESSE DE VIDAMPIERRE.

3 auguste.

Madame, je joins aux regrets que me laisse votre illustre ami [1] les remercîments que je vous dois. Il a été opprimé, mais il n'a point été malheureux, puisque vous êtes à la tête de tous ceux qui lui ont rendu justice. J'ai vu par un petit écrit [2] combien de sortes de mérites vous possédez.

Agréez mes faibles hommages : ils sont bien sincères. Je vois qu'avec un esprit supérieur, et avec les charmes de votre sexe, vous connaissez toutes les vertus de l'amitié. Elle est la plus grande des consolations dans les malheurs dont cette vie n'est que trop traversée. J'ose vous dire que j'ai éprouvé cette consolation dans le peu de jours que j'ai passés avec M. Delisle. Je me sens véritablement attaché à lui, et je me flatte, madame, qu'il voudra bien faire valoir auprès de vous les sentiments de l'estime que vous m'inspirez, et le respect avec lequel j'ai l'honneur d'être, etc

MMMMMMMCCCXXXVIII. — A M. LE COMTE DE TRESSAN.

4 auguste.

J'ai jugé, monsieur, que vous n'aviez point reçu une lettre que je vous avais écrite pour vous remercier d'un présent très-précieux pour moi, dont vous m'aviez honoré. Il y a quelquefois dans les bureaux des gens un peu trop curieux.

Je prends aujourd'hui le parti de ne me confier qu'au confesseur et martyr M. Delisle, qui prend son plus long pour retourner à Paris. Il est impossible de ne pas s'intéresser à lui, dès qu'on a le bonheur de le connaître. Si ceux qui l'ont persécuté avaient pu vivre quelques jours avec lui, ils seraient devenus ses plus ardents défenseurs.

Je pense qu'à présent il n'a rien de mieux à faire que de tâcher d'avoir une place auprès d'un souverain qui me paraît avoir besoin d'un homme comme lui. M. Dalembert peut le servir très-efficacement, et je ne m'y épargnerai pas; car, si je suis rentré en grâce auprès de ce prince [3] si connu en Europe par ses armes victorieuses, par son coffre-fort, et par sa manière de penser, je dois faire usage de ce petit moment de bonne fortune pour servir votre ami et, j'ose dire, à présent le mien.

Il est vrai que les agréments de sa société sont plus faits pour la France que pour l'Allemagne; mais je ne vois à présent de porte ouverte pour lui que celle que je propose. Il trouvera dans Paris des soupers, des plaisanteries, des amis intimes d'un quart d'heure, des espérances trompeuses et du temps perdu. Peu de personnes savent comme vous consoler leurs amis par des services toujours constants.

1. Delisle de Sales. (ÉD.)
2. *Mélanges de poésie et de prose, par Mme la comtesse de Vidamp.....* (avec une préface par Delisle de Sales). (ÉD.)
3. Frédéric II, roi de Prusse. (ÉD.)

Si vous approuvez mon idée, vous l'appuierez sans doute auprès de M. Dalembert, et nous parviendrons à la faire réussir.

Que puis-je à présent vous souhaiter de mieux, monsieur, après que vous avez fait du bien? Jouissez de vous-même, de votre repos, de vos amis, de votre réputation et de tous les amusements qui rendent la vie tolérable. Mes montagnes chargées de neiges éternelles saluent de loin votre belle vallée de Montmorency, et ma décrépite vieillesse s'incline profondément devant vous avec le respect le plus tendre.

MMMMMMMCCCXXXIX. — A M. LE COMTE D'ARGENTAL.

4 auguste.

Mon cher ange, il y a plus de soixante ans que vous voulez bien m'aimer un peu. Il faut que je fasse à mon ange un petit croquis de ma situation, quoiqu'il soit défendu de parler de soi-même, et quoiqu'on ait joué *l'Égoïsme*[1] bien ou mal dans votre *tripot* de Paris.

J'ai quatre-vingt-trois ans, comme vous savez, et il y a environ soixante-six ans que je travaille. Tous les gens de lettres en France, hors moi, jouissent des faveurs de la cour; et on m'a ôté, je ne sais comment, du moins on ne me paie plus, une pension de deux mille livres que j'avais avant que Louis XV fût sacré.

Je suis retiré depuis trente ans ou environ sur la frontière de la Suisse. Je n'avais qu'un protecteur en France, c'était M. Turgot, on me l'a ôté; il me restait M. de Trudaine, on me l'ôte encore.

J'avais eu l'impudence de bâtir une ville; cette noble sottise m'a ruiné.

J'avais repris mon ancien métier de cuisine pour me consoler; je ne sens que trop, toute réflexion faite, que je n'entends rien à la nouvelle cuisine, et que l'ancienne est hors de mode.

Le chagrin s'est emparé de moi, et m'a fait perdre la tête. Je suis devenu imbécile, au point que j'ai pris pour une chose sérieuse la plaisanterie de M. de Thibouville, qui me demandait des pastilles d'épine-vinette. J'ai eu la bêtise de ne pas entendre ce logogriphe; j'ai cru me ressouvenir qu'on faisait autrefois des pastilles d'épine-vinette à Dijon, et j'en ai fait tenir une petite boîte à votre voisin, au lieu de vous envoyer le mauvais pâté que je vous avais promis.

Ce pâté est bien froid; cependant il partira à l'adresse que vous m'avez donnée, à condition que vous n'en mangerez qu'avec M. de Thibouville, et que vous me le renverrez, tel qu'il est, partagé en cinq morceaux.

Je ne vous dirai pas combien tous les pâtés qu'on m'a envoyés de votre nouvelle cuisine m'ont paru dégoûtants; mon extrême aversion pour ce mauvais goût ne rendra pas mon pâté meilleur. Peut-être qu'en le faisant réchauffer on pourrait le servir sur table dans deux ou trois ans; mais il faudrait surtout qu'il fût servi par les mains d'une jeune personne de dix-huit à vingt ans, qui sût faire des honneurs d'un

1. *L'Égoïsme*, comédie en cinq actes et en vers, par Cailhava. (ÉD.)

pâté comme Mlle Adrienne les faisait à trente ans passés. Il nous faudrait aussi un maître d'hôtel tel que celui qui est le chef de la cuisine ancienne, et qui vous fait sa cour quelquefois; et avec toutes ces précautions, je doute encore que ce pâté, qui n'est pas assez épicé, fût bien reçu. Quoi qu'il en soit, goûtez-en un petit moment, mon cher ange, et renvoyez-le-moi *subito*, *subito*.

Je ne vous parle point du voyageur [1] que vous prétendiez devoir passer chez moi. Je ne sais si vous savez qu'il a été assez mécontent de la ville [2] qui a été représentée quelques années par un grand homme de finances [3], et que cette ville a été encore plus mécontente de lui. Quoi qu'il en soit, je ne l'ai point vu, et je ne compte point cette disgrâce parmi les mille et une infortunes que je vous ai étalées au commencement de mon épître chagrine.

Le résultat de tout ce bavardage, c'est que j'aimerai mon cher ange, et que je me mettrai à l'ombre de ses ailes jusqu'au dernier moment de ma ridicule vie.

MMMMMMMCCCXL. — A M. DE VAINES.

5 auguste.

Il vous est échappé, monsieur, une fois de me flatter de l'espérance d'une certaine apparition dans le mois d'auguste, vulgairement août dans la langue des Welches. Plus je me sens indigne d'une telle visite, et plus je la désire. Je sais bien qu'un pauvre vieillard n'est point fait pour les sociétés les plus aimables; mais il ne les aime pas moins. J'ignore encore si les affaires publiques vous permettront de vous écarter de Paris. J'ignore ce que font vos anciens amis; j'ignore tout dans ma solitude profonde. Je suis dans une espèce de tombeau, entre le mont Jura et les grandes Alpes, livré aux souffrances, compagnes de la vieillesse, et me repentant, comme tant d'autres, d'avoir très-mal employé ma jeunesse. Si vous voulez venir me ressusciter, vous ferez une très-bonne action.

Permettez du moins que je vous adresse ce petit paquet pour M. d'Argental; il est assez bon pour m'aimer depuis soixante-dix ans, et c'est le seul ami qui me reste dans Paris. Vous me faites sentir combien il serait doux d'en avoir deux. Je ne crois pas commettre une indiscrétion en vous adressant un si gros paquet; vous avez bien voulu depuis longtemps m'accoutumer à prendre avec vous ces libertés.

Agréez, monsieur, tous les sentiments qui m'attachent à vous. Tout le monde m'assure qu'ils seraient bien plus forts si j'avais eu l'honneur de vous voir, comme j'ai eu celui de recevoir de vos lettres.

MMMMMMMCCCXLI. — DE M. LE COMTE DE LA TOURAILLE.

Au Palais-Bourbon, 6 auguste.

On nous dit, monsieur, qu'Auguste et Mécène ont quelquefois été boire du vin de Falerne chez Horace; cet honneur ne l'aurait pas immortalisé, si ses talents ne l'avaient seuls rendu digne des hommages

1. L'empereur Joseph II. (ÉD.) — 2. Genève. (ÉD.) — 3. Necker. (ÉD.)

de la postérité. En reculant les époques de ces royales familiarités que donne et reçoit souvent l'orgueil, j'ose croire, monsieur, que feu M. Jupiter, qui était plus grand seigneur qu'Auguste, donna plus d'embarras que de vanité à Baucis et à Philémon, quand, pour s'amuser, il fut, selon Chaulieu, manger un plat d'asperges dans leur pauvre taudis.

Charles IX, voulant combler de joie son bon ami Ronsard, avait formé le dessein de l'aller voir *dans sa maison des champs*. « Cette marque de protection me serait glorieuse, dit le poëte, mais ne rendrait pas mes vers meilleurs. »

D'après cela, monsieur, doit-on s'affliger de n'avoir pas vu l'empereur[1] dans sa maison? Je ne fais d'ailleurs que vous rendre les opinions des gens sensés de ce pays-ci, qui s'intéressent à votre satisfaction, sans avoir assurément la moindre idée de manquer de respect aux dieux et aux souverains.

M. le prince de Condé, monsieur, sera toujours disposé à seconder votre amour paternel en faveur de votre colonie, et vous pouvez, de votre côté, compter sur l'assidu bienfaiteur des Bourguignons. Il en est, comme vous le dites, le Titus adoré.

Je quitte les superbes fêtes de Chantilly pour rentrer sans regret dans ma quiète solitude du palais Bourbon, où j'ignore assez souvent s'il y a dans le monde des gens plus riches et plus heureux que moi. Je suis un peu comme ce paysan du mont Saint-Gothard à qui on vantait les richesses du roi de France : « Je parie, dit-il, qu'il n'a pas de si belles vaches que les miennes. »

Recevez, monsieur, l'hommage de ma sincère et constante vénération.

MMMMMMMCCCXLII. — A M. LAUS DE BOISSY.

A Ferney, 7 auguste.

Je suis condamné, monsieur, à des souffrances intolérables dans les derniers jours de ma vie. Votre lettre du 2 juillet et votre très-jolie comédie[2] m'auraient fait oublier mes maux, si quelque chose pouvait les adoucir. Il m'a fallu passer plus d'un mois sans pouvoir vous remercier et c'est pour moi une nouvelle peine. Si j'ai encore quelques jours à vivre, et si ces jours sont un peu moins douloureux, soyez sûr, monsieur, que je les passerai à nourrir dans mon cœur tous les sentiments que je dois à vos bontés et à un mérite aussi reconnu que le vôtre.

J'ai l'honneur d'être, avec un attachement respectueux, etc.

VOLTAIRE.

MMMMMMMCCCXLIII. — A M. DE LA SAUVAGÈRE.

A Ferney, 10 auguste.

Je n'ai pu, monsieur, vous remercier plus tôt de vos bontés, et des nouvelles instructions que vous voulez bien me donner sur les phéno-

1. A la sollicitation des prêtres, il avait promis à sa mère de ne point voir M. de Voltaire dans son voyage. (*Ed. de Kehl.*)

2. *La Course, ou les Jockesy*, comédie en un acte et en prose. (ÉD.)

mènes singuliers qui se manifestent dans votre terre. J'ai été longtemps sur le point de passer du règne animal au règne végétal. Mon vieux et faible corps a été sur le point de faire pousser les herbes de mon cimetière ; sans cela, je vous aurais remercié plus tôt.

Un jour viendra, monsieur, que vos découvertes détruiront toutes les ridicules charlataneries dont on nous berce. On rougira d'avoir dit que les Alpes et les Pyrénées ont été formées par les mers, comme on rougit aujourd'hui de la matière subtile, rameuse, et cannelée de René Descartes. Notre siècle se vante d'étudier l'histoire naturelle : hélas ! il n'étudie que des fables contre nature.

Je vous invite, monsieur, à faire des protestations dans quelque journal sage et digne de vous. Mon peu d'érudition, mon âge, et les maladies qui me persécutent, ne me permettent pas de vous seconder, et ne m'empêchent pas d'être infiniment sensible à votre mérite, à votre amour de la vérité, et aux services que vous êtes à portée de lui rendre.

MMMMMMMCCCXLIV. — A M. de Vaines.

12 auguste.

La mort de M. de Trudaine, monsieur, comble mon désespoir et achève ma vie. J'ai vécu, c'est-à-dire souffert, trop longtemps. Si j'ai le bonheur de vous voir à Ferney, je mourrai moins malheureux; il est vrai que vous ne verrez à Ferney qu'un hôpital dans une solitude. Votre voyage sera une belle action de charité; vous serez entre un malade et un mourant[1]. Si je ne savais que M. de Trudaine était malade depuis longtemps, je croirais que le chagrin a avancé ses jours. On m'a dit que M. de Condorcet a remis la place qu'il avait acceptée de M. Turgot. Je vous prie de présenter mes tendres respects à ces deux grands hommes, et de recevoir les miens, puisque vous pensez comme eux.

MMMMMMMCCCXLV. — A Frédéric II, roi de Prusse.

Auguste.

Monsieur le grand rêveur, personne n'a jamais fait un plus beau songe que vous. Si Nabuchodonosor avait rêvé ainsi, il n'aurait jamais oublié un pareil songe, et n'aurait point proposé à ses mages de les faire pendre s'ils ne devinaient pas ce qu'il avait oublié. L'empereur Julien, tout grand philosophe, tout homme d'esprit, et tout apostat qu'il était, n'eut pas le bonheur de raisonner aussi bien étant éveillé, que vous étant endormi. On reproche à ce grand homme d'avoir fait enchérir les bœufs et les vaches par ses fréquents sacrifices, dans les temps qu'il se moquait du saint sacrifice de la messe et des autres facéties des christicoles. Pour vous, monsieur, vous vous moquez de toute la terre, et vous avez grande raison. Il y a même quelque apparence que vous la corrigerez de ses ridicules avant qu'il soit trois ou quatre mille ans; et en vérité vous méritez de vivre jusqu'à cette heureuse révolution. Je ne désespère pas que vous ne montriez ce nouveau prodige au monde. En effet, s'il y a quelque secret pour l'opérer, c'est le

1. Mme Denis et Voltaire. (Éd.)

beau précepte que vous rapportez à la fin de votre rêve : « Réjouis-toi, car tu n'es pas sûr d'en faire autant demain. »

Si vos productions de la nuit m'ont fait un si grand plaisir, celles du jour ne m'en font pas moins. Vos petits vers sont délicieux, mais vous n'avez pas prophétisé aussi juste sur moi que sur le reste de l'univers. Je n'ai point vu M. le comte de Falkenstein[1], et vous verrez pourquoi dans la lettre que j'eus l'honneur de vous écrire avant celle-ci, et que je mets à la suite. Je vous y demande une grâce singulière, mais qui me paraît nécessaire, et dont il peut résulter un très-grand bien.

Je me jette à vos pieds, etc.

MMMMMMMCCCXLVI. — De Frédéric II, roi de Prusse.

Le 13 auguste.

Je reçois vos deux jolies lettres la veille de mon départ pour la Silésie, de sorte que je me hâte de vous répondre. J'avais cru que les oracles étant, dans leur origine, rendus en vers, Apollon inspirait tous les poëtes; mais il n'inspire que les Voltaire et les Virgile, et les poëtes obotrites prédisent de travers, comme il m'est quelquefois arrivé. Je dis tant pis pour l'empereur s'il ne vous a pas vu : des ports de mer, des vaisseaux, des arsenaux, se trouvent partout; mais il n'y a qu'un Voltaire que notre siècle ait produit; et quiconque a pu l'entendre et ne l'a pas fait en aura des regrets éternels; mais j'ai appris de bonne part de Vienne que l'impératrice a défendu à son fils de voir le vieux patriarche de la tolérance.

Les Suisses font sagement de réformer leurs lois, si elles sont trop sévères; cela est déjà fait chez nous : j'ai aussi médité sur cette matière pour ma propre direction; j'ai même barbouillé quelque bagatelle sur le gouvernement, que je vous enverrai à mon retour, sous le sceau du secret. S'il s'agit de contribuer au bien public, au progrès de la raison, je m'y prêterai avec plaisir. La banque vous fera passer par Neuchâtel l'argent nécessaire pour le prix proposé par messieurs les Suisses. Tout homme doit s'intéresser au bien de l'humanité.

Vous savez que je ne me suis jamais rendu garant du duc de Wurtemberg; je le connais pour ce qu'il est. Si vous croyez que mon intercession puisse vous être utile[2], j'écrirai volontiers à ce prince, quoique vous sachiez tout comme moi qu'à l'exemple des grandes puissances il a embrouillé le système de ses finances de telle sorte, que peut-être ses arrière-héritiers seront occupés à payer ses dettes. J'attends votre réponse sur cet article.

Je pars pour la Silésie, où je m'occuperai de la justice, qui veut être veillée et surveillée; j'aurai des arrangements de finance à prendre, des défrichements à examiner, des affaires de commerce à décider, des troupes à voir, et des malheureux à soulager : je ne pourrai finir ma tournée que vers le 4 ou 5 du mois prochain, vers lequel temps je me flatte d'avoir votre réponse. Si ma lettre est courte, ne l'attribuez

1. Joseph II. (Éd.)

2. Précédemment on a vu Voltaire réclamer des arrérages du prince de Wurtemberg. Il paraît qu'il s'agissait depuis du capital. (Éd.)

qu'au voyage que je dois faire. Il faudrait avoir le cerveau bien desséché et bien stérile pour manquer de matière quand on écrit à Voltaire, surtout quand on chérit ses ouvrages, et l'estime autant que le fait le philosophe de Sans-Souci. *Vale.*

MMMMMMMCCCXLVII. — A M. LE COMTE D'ARGENTAL.

15 auguste.

Les voilà enfin ces cinq pâtés[1] trop froids et trop insipides, qui ne sont point du tout faits pour votre pays, et que je ne vous envoie, mon divin ange, que par pure obéissance. Je vous demande bien pardon d'obéir. Renvoyez-moi, par la même voie, ces cinq pièces de four, qui ne doivent être servies sur aucune table. Ne les montrez à personne. Ayez pitié de votre ancienne créature, qui a perdu la tête, et à qui il ne reste que son cœur.

MMMMMMMCCCXLVIII. — A M. LE COMTE DE LA TOURAILLE.

A Ferney, 18 auguste.

Si Charles IX, dont vous me parlez, monsieur, était allé près de la maison de Ronsard, et s'il eût trouvé un petit officier étranger qui n'eût point désemparé de la portière de son carrosse, et qui l'eût regardé sous le nez; si le moment d'après deux Genevois, habitués dans le village de Ronsard, se fussent présentés à Charles IX étant ivres, et lui eussent demandé familièrement où il allait, Charles IX, à mon avis, eût très-bien fait de se fâcher et de ne point aller chez Ronsard.

C'est ce qui est arrivé au grand voyageur[2] dont vous me parlez, sur la route de Genève. Il trouva ces jeunes gens un peu trop familiers, et il eut raison. Il ne soupa et ne coucha ni à Genève ni chez Ronsard; il ne vit personne. Le résident de France se présenta devant lui, et il ne lui parla point. Il fut de très-mauvaise humeur sur toute la route, depuis Lyon.

Je conçois que le héros de Chantilly est plus affable, et que la vie est plus agréable dans ce beau séjour. Si vous êtes actuellement dans le palais Bourbon, vous avez passé d'un ciel dans un autre.

Vraiment je crierai à M. le prince de Condé, du fond de mon purgatoire, si on persécute ma colonie, et je vous adresserai mes plaintes; mais actuellement je ne puis crier que des maux que la nature me fait souffrir. Je suis assurément votre supérieur en fait de tourments, comme je suis votre doyen. Je suis à vos pieds en tout le reste, pénétré de vos bontés et de vos grâces, me recommandant d'ailleurs à Dieu dans ma misère, et rempli pour vous du plus respectueux attachement.

MMMMMMMCCCXLIX. — DE FRÉDÉRIC, LANDGRAVE DE HESSE-CASSEL.

Cassel, le 23 auguste.

Monsieur, je viens de recevoir votre lettre du premier de ce mois. J'espère que vous aurez reçu la mienne, par laquelle j'accepte de bon

1. La tragédie d'*Agathocle.* (ÉD.) — 2. Joseph II. (ÉD.)

cœur la proposition que vous me faites d'encourager l'institut de la société de Berne. Il est étonnant que dans un royaume de notre Europe qui se dit policé on pense encore à un tribunal aussi cruel que celui de l'inquisition, qui serait digne des Iroquois et des anthropophages.

Je suis, avec l'amitié la plus sincère, monsieur, votre, etc.

MMMMMMMCCCL. — A M. LE MARÉCHAL DUC DE RICHELIEU,

27 auguste.

Un peu volé, dans de semblables occasions, signifie beaucoup volé. C'est la figure que les Grecs appelaient *euphémie*, ce qui signifie adoucissement, ménagement. Un doyen d'Académie sait ces choses-là mieux que moi, quoiqu'il ne soit pas extrêmement pédant. Or, extrêmement pédant veut dire qu'il n'est point pédant du tout.

Après cette discussion académique, je viens, monseigneur, à la morale. Je conçois très-bien qu'un esprit comme le vôtre est au-dessus de toutes les petites misères, de toutes les tracasseries inévitables dans le pays où vous vivez, et de tous les accidents de la vie. Quand on a été élevé dans son berceau par Mme de Maintenon, quand on a vu Louis XIV et la régence, on est sans doute accoutumé à tout; et le maréchal de France possesseur du palais de Richelieu peut jouir du soir serein d'un jour mêlé d'orages et de très-belles heures. Je ne suis pas au-dessus de Saint-Évremond comme vous êtes au-dessus du comte de Grammont, mais je voudrais repasser avec vous toute votre brillante et singulière vie. Il me paraît que la Providence m'avait réservé pour cette dernière besogne. Cette Providence a changé d'avis; elle me jette à cent trente lieues de vous, et j'achève mes derniers jours dans mon lit de deux pieds et demi de large, entre les Alpes et le mont Jura.

Mille grâces vous soient rendues pour la bonté avec laquelle vous voulez bien me parler de mon chétif squelette, qui n'a jamais été bien étoffé, et qui est actuellement réduit à rien, mais dans lequel il y a encore je ne sais quel être sentant et pensant, et tout à fait attaché à votre grand être. Il est vrai que dans l'antre où je végète j'ai mis des pierres à côté les unes des autres; mais ces pierres-là me retombent sur le nez et m'écrasent. J'ai des procès tout comme un grand seigneur, et je ne sais pas les soutenir aussi gaiement que mon héros a soutenu le sien.

Mon grand chagrin, mon ver rongeur, est d'être si loin de vous, et de me voir dans l'impuissance de venir encore vous faire ma cour, de vous renouveler mon très-tendre et très-vieux respect, et de jouir de vos bontés.

MMMMMMMCCCLI. — A M. LE COMTE D'ARGENTAL.

31 auguste.

Mon cher ange, il n'y a plus moyen de vous parler en figure, depuis que vous êtes un peu content de ce que je vous ai envoyé. Vous m'avez rendu le courage et l'espérance; mais comment vous ferai-je tenir l'ouvrage[1] que vous prenez sous votre protection? Vous savez que M. de Vaines ne peut venir dans mon hôpital solitaire. J'ignore encore si on lui conservera sa place. Je n'ai eu l'honneur de voir M. le duc de Villequier qu'un moment; c'était un de mes plus mauvais jours; je me trouvai mal devant lui, et il prit le parti de s'en aller au lieu de dîner. Les contre-temps les plus funestes ont suivi ce désagrément. M. de Villequier avait oublié une lettre de M. de Malesherbes, écrite de Montigny, au mois de juillet; il ne me l'a renvoyée qu'hier, du fond de la Suisse.

La mort de M. de Trudaine, chez qui M. de Malesherbes m'écrivait, a mis le comble à toutes les contradictions que j'éprouve. Figurez-vous qu'au milieu des embarras et de la ruine de ma colonie, entouré de créanciers pressants et de débiteurs insolvables, j'ai entrepris deux ouvrages d'un genre bien différent de la tragédie, et peut-être beaucoup plus intéressants et plus utiles. Tant de fardeaux à mon âge ne sont pas aisés à supporter, avec les maladies qui me désolent, et qui me privent de la consolation de venir vous embrasser. Il faut combattre jusqu'au dernier moment la nature et la fortune, et ne jamais désespérer de rien jusqu'à ce qu'on soit bien mort. Commençons par mes Syracusains; voyons comment je pourrais vous les envoyer; tout le reste sera mon affaire. La vôtre, mon cher ange, sera d'être le plénipotentiaire de Syracuse aussi bien que de Parme.

Mme de Saint-Julien m'avait obligé de me réfugier en Sicile, en disant mon secret de Constantinople. Serais-je assez heureux pour que vous engageassiez M. le duc d'Aumont à faire son affaire de cette *Sicile* que vous semblez aimer, et de la faire paraître à Paris sous sa protection?

Je suis persuadé que vos conseils et ceux de M. de Thibouville suffiraient pour faire représenter l'ouvrage de manière à lui assurer quelque succès, et que peut-être même la singularité d'une pareille entreprise à mon âge désarmerait la cabale, et contribuerait à me faire mourir en paix. J'ose dire que c'est à vous et à M. de Thibouville, l'élève de Baron, à ramener le bon goût dans Paris. Mes derniers jours seraient trop heureux, si j'avais quelque part à une telle victoire. Il me semble qu'il serait digne de M. le duc d'Aumont de se joindre à vous. Vous êtes tous trois très-capables d'ajouter le plaisir du secret à celui de conduire cette affaire, dont le succès serait pour moi de la plus grande importance. Cette importance tient à des choses que vous devinez bien, et dont je vous parlerais si j'avais assez de force pour faire un tour à Paris. Et je l'aurai, cette force, mon cher ange, si vous avez celle de réussir dans la négociation que je vous propose. Oui, vous y réussirez; car vous êtes et vous serez mon ange gardien jusqu'au moment où j'irai, comme de raison, à tous les diables.

1. *Agathocle.* (Éd.)

MMMMMMMCCCLII. — A M. LE CHEVALIER DE CHASTELLUX.

4 septembre.

Je réponds d'abord, monsieur, à la fin de la lettre dont vous m'honorez, du 19 auguste, ou peut-être du 29 ; car je perds les yeux comme tout le reste. Je pleure bien amèrement la mort de M. de Trudaine, et ce n'est pas seulement parce qu'il était le seul homme en place qui me fût resté de tous ceux qui pouvaient favoriser ma colonie et adoucir la fin de mes jours, c'est parce que sa vertu aimable et son goût pour les belles-lettres me le rendaient infiniment cher. Je passerai le peu de temps qui me reste à regretter M. et Mme de Trudaine. J'ose me flatter que vous daignerez faire souvenir de moi M. de Fourqueux et Mme d'Invau. Je ne sais si elle aura reçu dans son temps une lettre dans laquelle je pris la liberté de mêler ma douleur à la sienne.

Je n'aurai pas la consolation de voir M. et Mme de Vaines dans mon malheureux désert. Le changement qu'on fait dans les postes les retient à Paris. Ils amenaient probablement avec eux M. Barthe, dont vous me parlez. Je me faisais un grand plaisir de voir son ouvrage, qui doit être plein d'esprit et de raison ; car tout ce que je connais de lui est dans ce goût.

Je ne puis jamais avoir l'honneur de vous écrire, monsieur, sans vous parler de cette *Félicité publique* qui a fait la mienne. Je pense et je dis hautement que ce livre est rempli de plus de vérités utiles que *l'Esprit des lois*, et je ne veux point mourir sans le prouver.

Conservez-moi, monsieur, les bontés consolantes dont j'ai besoin, et agréez mon respect.

MMMMMMMCCCLIII. — DE FRÉDÉRIC II, ROI DE PRUSSE.

A Potsdam, le 5 septembre.

Vous aurez sûrement reçu à présent le prix destiné en Suisse à celui qui aura le mieux apprécié la justesse des punitions ; mais il me semble que M. Beccaria n'a guère laissé à glaner après lui. Il n'y a qu'à s'en tenir à ce qu'il a si judicieusement proposé. Dès que les peines sont proportionnées au délit, tout est en règle.

Je ne m'étonne point de ce qu'on fait en Espagne : on y rétablit l'inquisition, on se gendarme contre le bon sens, en un mot, on y fait des sottises. Au lieu du philosophe d'Aranda, c'est un confesseur, ou capucin, ou cordelier, qui gouverne le roi : *ex ungue leonem.*

Je reviens de la Silésie, dont j'ai été très-content : l'agriculture y fait des progrès très-sensibles; les manufactures prospèrent; nous avons débité à l'étranger pour cinq millions de toile, et pour un million deux cent mille écus de draps. On a trouvé une mine de cobalt dans les montagnes, qui fournit à toute la Silésie. Nous faisons du vitriol aussi bon que l'étranger. Un homme fort industrieux y fait de l'indigo tel que celui des Indes; on change le fer en acier avec avantage, et bien plus simplement que de la façon que Réaumur le propose. Notre population est augmentée, depuis 1756 (qui était l'année de la guerre), de cent quatre-vingt mille âmes. Enfin tous les fléaux qui avaient abîmé ce pauvre pays sont comme s'ils n'avaient jamais été, et je vous avoue que je ressens une douce satisfaction à voir une province revenir de si loin.

Ces occupations ne m'ont point empêché de barbouiller mes idées sur le papier; et pour épargner la peine de les transcrire, j'ai fait imprimer six exemplaires de mes rêveries : je vous en envoie un. Je n'ai eu que le temps de faire une esquisse; cela devrait être plus étendu; mais c'est à de vrais savants à y mettre la dernière main. Messieurs les encyclopédistes ne seront peut-être pas toujours de mon avis : chacun peut avoir le sien. Toutefois, si l'expérience est le plus sûr des guides, j'ose dire que mes assertions sont uniquement fondées sur ce que j'ai vu et sur ce que j'ai réfléchi.

Vivez, patriarche des êtres pensants, et continuez, comme l'astre de la lumière, à éclairer l'univers. *Vale*. FÉDÉRIC.

MMMMMMMCCCLIV. — A M. LE PRÉSIDENT DE RUFFEY.

Au château de Ferney, 5 septembre.

Je mérite, monsieur, d'être oublié de vous, ayant perdu tant d'années sans avoir eu l'honneur de vous voir et de vous écrire; mais vous pardonnerez à un homme qui n'a pas eu un moment de santé. Je suis près de terminer ma douloureuse carrière, et d'aller retrouver mon ancien ami et le vôtre, M. de La Marche.

Il faut, avant que je meure, implorer votre assistance dans les misérables affaires de ce monde. M. de Florian, ancien officier de cavalerie, qui avait épousé une de mes nièces en premières noces, a un procès à Dijon. Ma nièce, Mme Denis, en a un autre assez considérable. Monsieur votre fils est leur juge. Je ne vous en dis pas davantage, et je ne peux vous demander que ce que l'exacte justice peut vous engager à faire.

Je vous souhaite, monsieur, une santé meilleure que la mienne, et une vie plus longue. Je serai jusqu'au dernier moment de la mienne, avec tous les sentiments que je vous dois, et qui sont dans mon cœur, monsieur, votre très-humble et très-obéissant serviteur, VOLTAIRE.

MMMMMMMCCCLV. — A M. LE COMTE D'ARGENTAL.

5 septembre.

Messieurs du comité de Syracuse, vous me prenez trop à votre avantage. Je ne suis guère en état, dans le chaos de mes affaires, dans la multiplicité de mes années et de mes maladies, et dans l'affaiblissement total de mes fibres pensantes, de remplir sitôt la tâche très-difficile que vous me donnez. Vous avez le commandement; mais, pour que j'exécute vos ordres, il faut que vous ayez la bonté de m'ôter une trentaine d'années, et de me donner de nouveaux talents. Vous devez sentir qu'il n'est pas aisé de bien dire ce qu'on ne voulait pas dire, et de changer tout d'un coup la figure et l'attitude d'une statue qu'on a jetée en moule. J'avais voulu peindre un stoïcien, et vous me proposez de le changer contre un Sybarite, ou du moins contre un Grec élevé à la française et accoutumé, sur le théâtre de Paris, à parler de son amour à son inutile confident, et à lui marquer la tendre crainte qu'il a de déplaire à sa chère maîtresse, en lui faisant sa déclaration amoureuse. Ces fadeurs n'ont pu jamais être embellies que par Racine. Il est le seul qui ait pu faire passer des églogues sur le théâtre, à la faveur de son style enchanteur; mais j'ai bien peur que ce qui devient chez lui une beauté ne fût insupportable chez quiconque n'aurait pas l'avantage de s'exprimer comme lui.

Voudriez-vous qu'un héros sauvage et philosophe combattît son amour, comme Titus combat le sien? voudriez-vous même qu'il songeât s'il est amoureux? ou bien voudriez-vous que ce philosophe, fils d'un potier devenu roi, craignît de déroger en aimant la fille d'un vieux capitaine de dragons? ou bien craindrait-il de donner un mauvais exemple à son frère? Quels scrupules aurait-il à combattre? Il est beau de voir un homme lutter contre sa passion, quand cette passion est criminelle et funeste; mais hors de là le combat est ridicule, il est d'un froid insoutenable.

Quand on a jeté sa statue en moule, il faut l'embellir, la polir avec le burin; mais il ne faut pas vouloir faire d'un satyre un Apollon. Chaque chose doit rester dans son caractère, sans quoi tout est perdu. De plus, soyez très-persuadé qu'on écrit toujours très-mal ce qu'on écrit à contre-cœur.

L'ouvrage n'a pas, sans doute, le mérite continu dont il a besoin pour obtenir un jour un succès véritable, succès si rare, et qui dépend de mille circonstances étrangères. Il faut beaucoup de travail et de loisir; il faut surtout de la santé et des moments heureux; mais, dans l'état où je suis, je n'ai que l'envie de vous plaire.

En vérité, je me meurs. J'ai bien peur de ne pouvoir pas achever cette petite besogne que vous commenciez à favoriser.

Je me meurs, mon cher ange.

MMMMMMMCCCLVI. — AU MÊME.

28 septembre.

Vous ne m'avez jamais dit, mon cher ange, quelle est la dame [1] ou la demoiselle aimable et respectable, ou l'une et l'autre, qui vous prête sa main quand vous avez la bonté de m'écrire.

Vous ne m'avez jamais appris le secret du gouvernement de votre maison. Les ministres des princes sont discrets, et un vieux malade, entre le mont Jura et les grandes Alpes, n'a pas le don de deviner. Je ne puis que remercier au hasard la jolie main qui veut bien m'avertir quelquefois que vous êtes encore mon ange gardien, quoique j'aie la mine d'être bientôt damné.

S'il y a encore dans Paris quelques honnêtes gens qui n'aient pas abjuré le bon goût introduit en France pour quelque temps par nos maîtres; si on pouvait retrouver quelque étincelle de ce goût dans l'ouvrage [2] dont le fond ne vous a pas déplu; si cet ouvrage, retravaillé

1. Mme de Vimeux. (Éd.) — 2. *Agathocle*. (Éd.)

avec soin, pouvait trouver place au milieu des enchantements des boulevards et des soupers où l'on mange des cœurs avec une sauce de sang[1]; alors peut-être une pièce honnête, approuvée par vous, ferait ressouvenir les Français qu'ils ont eu autrefois un bon siècle.

Plus nous attendrons, et plus cette pièce mériterait de l'indulgence. La singularité d'un tel ouvrage, donné à quatre-vingt-quatre ans, pourrait adoucir la critique des ennemis irréconciliables, et inspirer même de l'intérêt au petit nombre qui regrette le temps passé. J'aimerais mieux même hasarder la chose à quatre-vingt-dix ans qu'à quatre-vingt-quatre, pourvu que je la visse jouer auprès de vous, dans une loge, assisté de quelques Mathusalems.

Cette idée me paraît assez plaisante; mais malheureusement le temps coule, la dernière heure sonne. M. de Thibouville dit qu'il est malade. Je tâcherai de profiter de vos réflexions et des siennes; mais songez que des réflexions qui peuvent faire corriger des fautes ne donnent jamais de génie. Ayez pitié de ma décadence, et rendez justice à un cœur qui vous chérira jusqu'à son dernier moment.

Je n'écris point aujourd'hui à M. de Thibouville. Je m'intéresse vivement à sa santé; je compte que ma lettre est pour vous deux.

N. B. Je reçois dans l'instant la lettre de mon divin ange; je crois y avoir répondu. J'y répondrai mieux en travaillant selon vos vues, si Dieu m'en donne la force.

MMMMMMCCCLVII. — A M. DE VAINES.

20 septembre.

Je me flatte, monsieur, que vous êtes un des administrateurs des *veredarii*[2]; mais je n'espère plus que ces *veredarii* puissent jamais vous amener de mon vivant vers le beau lac de Genève, dans le plus joli petit canton de la terre, entouré des plus horribles montagnes et des plus affreux précipices. Je vous avais attendu dans mon lit, dont je ne sors presque plus. Je vous aurais parlé avec confiance, et j'aurais peut-être mérité la vôtre. Cette consolation m'est ravie. Donnez-moi, je vous en prie, celle de faire parvenir cette lettre à un de vos amis bien digne de l'être. Conservez-moi un peu d'amitié. Je présente mes respects et mes regrets à Mme de Vaines.

MMMMMMCCCLVIII. — A M. LE MARÉCHAL DUC DE RICHELIEU.

22 septembre.

Je ne sais, monseigneur, ce qui m'est arrivé depuis que vous m'avez flatté que je vous ferais ma cour à cent cinquante ans, et que je serais témoin de vos amours avec l'abbesse de Rennes; mais j'ai été tout près d'aller demander là-bas un congé à Lucifer. Il m'envoie quelquefois de ses gardes pour me faire comparaître devant lui, et me fait

1. *Gabrielle de Vergy*, tragédie de de Belloy. (ÉD.)
2. De Vaines conserva l'administration des postes jusqu'au 1er janvier 1778. (ÉD.)

sentir qu'il n'appartient pas à un pauvre homme comme moi d'oser marcher sur vos pas.

J'ai vu dans ma retraite un homme qui a été, je crois, autrefois votre neveu; c'est M. le prince de Beauvau qui m'a fait cet honneur-là. J'aurais bien voulu que son oncle m'en eût fait autant, quand même il ne m'aurait pas amené Mme l'abbesse de Rennes. Vous croyez bien que j'ai été tenté cent fois d'aller à Paris; mais comme mes jambes, ma tête et mon estomac m'ont refusé le service, j'ai pris le parti d'attendre tout doucement ma destinée. Je crois que vous gouvernez très-bien la vôtre, et que vous vous êtes mis absolument au-dessus d'elle. La plupart des autres hommes sont au-dessous. Vous avez été grand acteur sur le théâtre de ce monde; vous êtes le spectateur le plus clairvoyant. Les décorations sont changées; le nouveau spectacle attire tous les regards. Je n'entrevois tout cela, du fond de ma caverne, qu'avec de bien mauvaises lunettes. Je suis un pauvre Suisse mort et oublié en France; mais je ne puis m'empêcher de vous dire que, par un effet singulier de la sympathie, le roi de Prusse est la seule correspondance qui me soit restée. Ce mot de sympathie doit vous paraître bien impertinent. Je ne crois pas que j'aie rien de commun avec le vainqueur de Rosbach, pas plus qu'avec le vainqueur de Minorque : cependant il y a une certaine façon de penser qui a rapproché de moi, chétif, ce héros du Nord; comme il y a eu dans vous une certaine bonté, une certaine indulgence qui vous a toujours empêché de m'oublier totalement. Je vous dirai même que depuis peu le roi de Prusse m'a donné des marques solides de sa protection, dans un temps où mes affaires étaient horriblement délabrées. Je ne me serais pas attendu à cette générosité, lorsque je me brouillai si impudemment avec lui, il y a trente ans. Cela ne démontre-t-il pas qu'il ne faut jamais désespérer de rien?

Je me souviens que je vous écrivis plusieurs fois sur la catastrophe de cet infortuné Lally. Je vous demandai votre avis; vous eûtes la discrétion de ne me jamais répondre; mais enfin Lally trouve un vengeur dans son fils, qui me paraît avoir le courage et le caractère de son père. Il poursuit la révision du procès avec une chaleur et une fermeté qui paraissent mériter l'applaudissement universel. Il a beaucoup d'esprit; son style est vigoureux comme son âme; le parlement ne lui met pas un bâillon dans la bouche. Je me flatte que vous n'en mettrez pas un dans la vôtre, et que vous daignerez me dire s'il est vrai que la requête en cassation soit admise[1]. Je suis bien persuadé qu'elle doit l'être. L'horrible aventure du chevalier de La Barre et de d'Étallonde méritait bien aussi qu'on se pourvût en cassation. L'un de ces deux martyrs est vivant, et est un très-bon et très-brave officier. J'ai obtenu pour lui une place auprès du roi de Prusse; il est son ingénieur. Qui sait s'il ne viendra pas un jour assiéger Abbeville, quand vous commanderez une armée en Picardie? J'attends cet événement dans cin-

1. Elle fut admise, et l'arrêt de condamnation contre Lally cassé. (Éd.)

quante ans. En attendant, je me meurs, malgré toutes vos plaisanteries. Je ne sors point de mon lit, et je vous demande un *Requiem.*

MMMMMMMCCCLIX. — A M. DALEMBERT.

22 septembre.

Je vous prie, mon véritable et cher philosophe, d'avoir pitié de votre pauvre Suisse. Votre santé est, dit-on, raffermie, quand la mienne est rongée par le temps. Je vous ai écrit pour ce Delisle, qui me paraît un si bon enfant, et tout fait pour votre royal ami des bords de la Sprée.

Je ne sais si votre protégé est à Paris, s'il vous a vu, si vous avez écrit en sa faveur, s'il veut que j'écrive. Je n'entends parler ni de vous ni de lui.

J'ignore ce que c'est que M. Remy[1]. Je ne connais point son ouvrage; mais il faut qu'il soit le philosophe le plus éloquent du royaume, puisqu'il l'a emporté sur le concurrent que vous connaissez[2]. Comment cela s'est-il fait? a-t-on eu tort, a-t-on eu raison? cassera-t-on le jugement de l'Académie? cette étrange aventure nous privera-t-elle d'un confrère dont nous avons tant de besoin? Mettez-moi, je vous en prie, au fait avant que je meure. Je ne me soucie point des querelles sur la musique, je ne songe et je ne songerai à mon agonie qu'à la bonne cause, dont il paraît qu'on ne se soucie plus guère. Chacun a pris son parti tout doucement, et je crois qu'on en restera là. Les charlatans en tout genre débiteront toujours leur orviétan; les sages, en petit nombre, s'en moqueront. Les fripons adroits feront leur fortune. On brûlera de temps en temps quelque apôtre indiscret. Le monde ira toujours comme il est toujours allé; mais conservez-moi votre amitié, mon très-cher philosophe.

MMMMMMMCCCLX. — A M. DE CHABANON.

A Ferney, 23 septembre.

M. Pindare-Théocrite sait sans doute que M. de Vaines et M. Suard n'ont point paru dans le petit coin du monde que vous avez, monsieur, embelli quelque temps par les agréments de votre société et par le charme de vos talents aimables. Moi, qui suis actuellement condamné à la solitude et aux souffrances que la vieillesse traîne après elle, j'y ajoute encore l'oubli du monde. Je ne sais plus ce qu'on fait dans la compagnie à laquelle vous feriez tant d'honneur. On ne m'instruit plus de rien; on me regarde comme mort, et on ne se trompe pas de beaucoup. Les personnes que j'aurais pu faire souvenir de mon existence, et qui devaient passer par chez moi, n'y sont pas plus venues que M. de Vaines et M. Suard. On ne me consulte pas plus sur la place qui vous est si bien due, que s'il s'agissait de nommer un chef d'escadron ou un maréchal de camp. Je vous avoue toute ma décadence : il ne faut pas faire le fier. Mais, quoique je n'espère rien de mon crédit,

1. Le sujet du prix était l'éloge du chancelier L'Hospital. Remy avait pour concurrent Condorcet, et aussi Guibert et Doigny du Ponceau. (ÉD.)
2. Condorcet. (ÉD.)

j'espère tout de votre mérite. On a deux mois encore pour se décider. Il m'est revenu qu'on emploie le clergé, les dames, et les plus grandes princesses. En vérité c'est Jeannot Lapin qui implore les dieux et les déesses pour être en possession de son terrier. Je m'imagine que vous entrerez de plein saut, sans tant de cérémonies. Tout ce que je sais, c'est que je voudrais bien que vous pussiez, pour ma consolation, faire encore quelque apparition dans nos retraites. Notre hameau commence à être changé en une jolie ville. Il y a un spectacle qui n'est pas mauvais; la salle est très-jolie et de fort bon goût; je ne la fréquente guère, car je ne sors pas de mon lit. J'attends la fin de ma carrière, et c'est en vous aimant de tout mon cœur.

MMMMMMMCCCLXI. — De Frédéric II, roi de Prusse.

A Potsdam, le 24 septembre.

Si j'exécute votre commission, j'aurai opéré un miracle plus grand que celui de Jean-Jacques à Venise : j'aurai, comme Bacchus ou Moïse, fait jaillir une fontaine d'un rocher. Mais ce rocher, sur lequel je dois faire mes opérations, est plus dur que le diamant; et vous voulez que j'en fasse sortir les eaux du Pactole! Je crains que mon soi-disant pupille[1] ne me perde de réputation, et qu'il ne m'arrive comme à ces prophètes des Cévennes qui voulurent à Londres ressusciter un mort, et qui n'en purent venir à bout. Cependant j'ai repassé tout mon Cicéron et tout mon Démosthène pour composer une lettre bien pathétique à Son Altesse Sérénissime, où par une belle péroraison je m'efforce d'amollir ses entrailles d'airain, lui représentant que le grand homme auquel il doit a mérité la reconnaissance de toute l'Europe, et qu'ainsi c'est une double dette dont il doit s'acquitter envers lui. Je lui parle d'une vieillesse respectable qu'il faut honorer et soulager, et de la réputation qui rejaillira sur lui d'avoir aidé à tranquilliser sur la fin de sa carrière ce patriarche des êtres pensants, et un homme dont le nom durera plus longtemps que celui de la forêt Noire et du Wurtemberg. Enfin, si des phrases peuvent trouver quelque chose dans des bourses vides, peut-être en ferai-je sortir les derniers écus. Mais je n'en réponds pas, car *de nihilo nihil*, etc., comme vous savez.

Grimm est arrivé ici de Pétersbourg. Nous avons beaucoup parlé de votre pantocratrice, de ses lois, des grandes mesures qu'elle prend pour civiliser sa nation. Grimm est devenu colonel : je vous en avertis pour ne pas omettre ce titre, qui de philosophe l'a rendu militaire. Apparemment que nous entendrons parler de ses hauts faits d'armes en Crimée, si le délire porte les Turcs à déclarer la guerre à l'impératrice.

Mais l'incertitude où je suis de ce que deviendra mon miracle m'occupe plus que tout ceci. Je crains quelque mauvais tour de mon pupille, qui, jaloux de ma réputation, me fera manquer mon miracle. Vivez, vivez cependant, et conservez-vous pour la consolation des êtres pensants, et pour le grand contentement du solitaire de Sans-Souci. *Vale.*

Fédéric.

1. Le duc de Wurtemberg. (Éd.)

MMMMMMMCCCLXII. — A M. LE MARQUIS DE VILLETTE.

24 septembre.

Quand l'abbé de Chaulieu et le marquis de La Fare s'écrivaient des billets en vers, soit pour aller souper au Temple ou à Saint-Maur, on n'imprimait point leurs billets dans le *Mercure galant;* les cafés de Paris ne devenaient point les confidents et les juges de leurs amusements; enfin on ne les exposait point aux impertinents discours de la canaille de la littérature, plus insolente et plus dangereuse que la canaille des halles. Il eût été à souhaiter que M. le marquis de Villette, qui écrit comme les Chaulieu et les La Fare dans leur bon temps, n'eût pas prodigué sa charmante facilité à un public toujours très-malin, très-injuste, et dont il faut se garder comme de la morsure des singes.

Un pauvre vieillard de quatre-vingt-trois ans, alité depuis deux mois, mourant, et ne devant écrire que son testament, ayant eu la faiblesse et la hardiesse de répondre aux vers charmants de M. le marquis de Villette, sur les mêmes rimes, et non pas avec le même agrément, ne devait pas être puni et être condamné au *Mercure.*

Ce *Mercure*, tout *Mercure* qu'il est, est feuilleté par les dames de la cour comme par les dames de la rue Saint-Denis. Le petit mot :

Je ne crains point qu'une coquine [1],

est relevé dans les deux *tripots* avec toute la charité qu'on y connaît. Il y a des conjonctures où ces petites méchancetés sont très à craindre, et malheureusement ce vieux malade est dans le cas.

La chose est faite; il n'y a plus de remède. La seule pénitence est de venir chez le bonhomme avec le marquis de Villevieille, d'assister à son extrême-onction, et de lui dire un *De profundis* en *ine* aussi joli que la charmante lettre.

Soit qu'il vive ou qu'il meure, M. de Villette aura dans deux mois son quantième avec répétition et belle boîte d'or de couleur, dont le centre sera garni d'une figure en émail très-ressemblante. Le tout coûtera vingt-cinq ou vingt-six louis.

Il y a un reclus, nommé M. Del.... de S.... [2], en faveur de qui M. de Villette a fait une belle action. Je n'en suis pas surpris. Je ne le suis pas non plus de la persécution qu'il éprouve : elle est digne des Welches.

V.

MMMMMMMCCCLXIII. — A M. PETRINI [3].

Du château de Ferney, 25 septembre.

J'ai toujours pensé que les barbares avaient tout bouleversé dans l'*Art poétique* d'Horace, comme ils ont fait dans Rome; et voilà pourquoi je tenais Boileau pour supérieur à Flaccus, parce qu'il est plus régulier. Aujourd'hui je préfère l'auteur de l'*Art poétique* en *terzetti :* vous avez

1. Vers de Voltaire. (Éd.) — 2. Delisle de Sales. (Éd.)
3. Il venait de publier en tercets une traduction de l'*Art poétique* d'Horace, sous ce titre : *la Poetica di Q. Oratio, restituita all' ordine suo.* (Éd.)

fait la même chose que les souverains pontifes, vous avez rebâti Rome. Je vous remercie, monsieur, et je suis très-sincèrement votre très-humble et très-obéissant serviteur. VOLTAIRE.

MMMMMMMCCCLXIV. — A M. SAURIN.

26 septembre.

Votre lettre, mon cher confrère, me console de tous les maux que mes quatre-vingt-trois ans me font souffrir.

Je commence par répondre à l'article qui vous regarde, parce que c'est celui qui m'intéresse le plus. Je ne sais pas quel est l'homme, ou très-méchant ou très-malavisé, qui a pu consigner un si sot mensonge dans un livre[1] qui est regardé comme une partie des archives de la nation. Ce n'est pas assez de l'avoir réfuté dans un journal[2], bientôt effacé par les journaux suivants : il serait juste et nécessaire que le coupable se rétractât dans le livre même où il a inséré cette calomnie. Elle fut inventée par Fréron *major*, et sera répétée par Fréron *minor*. J'ai un chien gros comme un mulet, qu'on appelle Fréron, parce qu'il aboie toujours. Je ferai dévorer Fréron *minor* par mon chien, s'il ose jamais répéter l'impertinence imprimée dans le gros livre du P. Lelong.

Ces prétendues anecdotes sont la ressource de la canaille de la littérature, qui veut briller dans le *Mercure galant*. Il court actuellement, parmi les pédants d'Allemagne, une calomnie aussi affreuse qu'absurde sur M. de La Harpe, que ses ennemis ont envoyée à tous les princes qu'ils fournissent de nouvelles. Il y a dans Paris plus de cent bureaux de mensonges littéraires et politiques. Ils seront recueillis un jour par quelque savant en *us*, qui se croira dépositaire de tous les secrets de la cour de Louis XVI.

Je vous sais bien bon gré, mon cher confrère, de regretter M. de Trudaine; c'était le seul homme d'État dans Paris sur qui je pouvais compter. Nous avons fait tous deux une grande perte; je me prépare à l'aller retrouver. L'*Agathocle* dont vous a parlé M. d'Argental est une témérité qui n'est pas faite pour être publique. J'ai un théâtre à Ferney, et je me suis amusé à faire jouer cette rapsodie, uniquement pour quelques amis. Il faudrait travailler deux ans pour mettre cette pièce en état d'être sifflée à Paris. Je n'en aurai assurément ni le temps ni la force. Si je faisais encore des vers, je voudrais en faire de pareils à

La loi de l'univers est : Malheur au vaincu....[3].
Et le droit d'opprimer n'émane point des cieux....[4].
Il rougit de sa gloire....[5], etc., etc., etc.

Adieu, mon très-cher confrère.

1. La *Bibliothèque historique de la France*, par Jacques Lelong et Fevret de Fontette, en cinq volumes in-folio. Dans le tome IV de la nouvelle édition, il était dit que Saurin père, à l'article de la mort, déclara et signa qu'il était l'auteur des couplets pour lesquels Rousseau avait été condamné. (ÉD.)
2. Saurin avait adressé à La Harpe une réclamation qui est insérée dans le *Journal de politique et de littérature* du 25 août 1777. (ÉD.)
3. *Spartacus*, tragédie de Saurin, acte III, scène IV. (ÉD.)
4. *Id.*, acte IV, scène III. (ÉD.) — 5. *Id.*, acte II, scène I. (ÉD.)

MMMMMMMCCCLXV. — DE CATHERINE II.

A Pétersbourg, le 20 septembre-1er octobre.

Monsieur, pour répondre à vos lettres, il faut que je vous dise premièrement que si vous êtes content du prince Ioussoupof, je dois lui rendre le témoignage qu'il est enchanté de l'accueil que vous avez bien voulu lui faire, et de tout ce que vous avez dit pendant le temps qu'il a eu le plaisir de vous voir.

Secondement, monsieur, je ne puis vous envoyer le recueil de nos lois, parce qu'il n'existe pas encore. L'année 1775, j'ai fait publier des règlements pour le gouvernement des provinces; ceux-ci ne sont traduits qu'en allemand. La pièce qui est à la tête rend raison du pourquoi de ces arrangements; c'est une pièce estimée à cause de la manière concise dont y sont décrits les faits historiques des différentes époques. Je ne crois pas que ces règlements puissent servir aux Treize-Cantons : j'en envoie un exemplaire pour la bibliothèque du château de Ferney.

Notre édifice législatif s'élève peu à peu : l'instruction pour le code en est le fondement : je vous l'ai envoyée il y a dix ans. Vous verrez que ces règlements ne dérogent point aux principes, mais qu'ils en découlent; bientôt ils seront suivis de ceux de finances, de commerce, de police, etc., lesquels nous occupent depuis deux ans; après quoi le code ne sera qu'un ouvrage aisé et facile à rédiger.

Voici l'idée que je m'en fais pour le criminel. Les crimes ne sauraient être en grand nombre; mais de proportionner les peines aux crimes, cela demande, je crois, un travail à part et beaucoup de réflexions. Je pense que la nature et la force des preuves pourraient être réduites à une forme de demandes très-méthodique, très-simple, qui éclaircirait le fait. Je suis persuadée, et je l'ai établi, que la meilleure des procédures criminelles et la plus sûre est celle qui fait passer ces sortes de matières par trois instances dans un temps fixé; sans quoi la sûreté personnelle des accusés pourrait être à la merci des passions, de l'ignorance, des balourdises involontaires, et des têtes chaudes.

Voilà des précautions qui pourraient ne pas plaire au soi-disant saint-office; mais la raison a ses droits, contre lesquels il faut que tôt ou tard la sottise et les préjugés viennent échouer.

Je me flatte que la Société de Berne[1] approuvera cette façon de penser. Soyez persuadé, monsieur, que la mienne à votre égard n'est soumise à aucune variation.

CATERINE.

J'oubliais de vous dire que l'expérience, depuis deux ans, nous confirme que la cour d'équité établie par mes règlements devient le tombeau de la chicane.

1. La Société économique de Berne avait proposé un prix sur la question des crimes et des peines. (ÉD.)

MMMMMMMCCCLXVI. — A M. LE COMTE D'ARGENTAL.

A Ferney, 3 octobre.

Vous me plongez, messieurs, dans le plus grand embarras où je puisse me trouver. M. Saurin et M. de La Harpe m'écrivent que vous m'avez vu en Sicile; ils me disent même du bien d'*Agathocle*. Voilà mon secret connu, et tout ce que j'osais espérer de cet *Agathocle* renversé.

Vous n'ignorez plus le grand nombre d'ennemis implacables qui me persécutent, et qui me poursuivront jusqu'à la mort. Peut-être le succès d'un ouvrage honnête, dans un âge si avancé, aurait pu, non pas désarmer des ennemis acharnés, mais émousser un peu la pointe du poignard qu'ils aiguisent depuis si longtemps contre moi. Je comptais ne me découvrir qu'après que j'aurais rendu, à force de soins, cet ouvrage un peu digne de votre approbation et de celle du public. Me voilà forcé par vous-mêmes à m'exposer à toute la méchanceté de mes ennemis, à tout le ridicule d'un vieillard qui veut faire le jeune homme, et à tous les chagrins qui peuvent suivre un tel désagrément.

Je n'ai d'autre parti à prendre, sur le bord du précipice où je suis, que de m'y jeter aveuglément, en comptant que votre amitié me soutiendra, et m'empêchera d'aller au fond.

Je crois avoir fait le seul usage que je pouvais faire de vos remarques, et je sens même qu'il m'est impossible de prendre un autre tour; je m'en rapporte à vous.

Je vous envoie donc mon *Sicilien*; et je vous demande en grâce, au nom de votre ancienne amitié, d'inspirer à M. le duc d'Aumont autant de bienveillance pour moi que vous en avez.

Le temps n'est pas favorable; mais je suis forcé à combattre dans la saison qui se présente. Si M. le duc d'Aumont est content de l'ouvrage, et s'il vous promet de le protéger d'une manière efficace, je lui écrirai sans doute, et de la manière dont je dois lui écrire; mais je ne me hasarderai certainement pas à l'importuner pour un ouvrage qui ne lui plairait point.

Je vous avoue que je suis dans une crise violente. Vous m'y avez mis, c'est à vous de m'en tirer. Mon cher ange ne voudrait pas me faire mourir de chagrin.

MMMMMMMCCCLXVII. — A M. DE VAINES.

A Ferney, 3 octobre.

Je vous crois, monsieur, toujours administrateur des postes, et toujours ami de M. d'Argental; car je sais, par mon expérience, que quand on l'aime c'est pour la vie.

Je prends donc la liberté de vous adresser ce petit paquet pour lui.

Je ne me console point d'avoir vu votre pèlerinage manqué. Ce sera un grand hasard si je suis en état de vous recevoir l'année qui vient. Je voudrais moi-même vous épargner le chemin, et vous aller rendre ma visite; mais à quoi servent les souhaits? à sentir nos besoins, et non pas à les soulager. J'ai réellement besoin de vous voir; il me semble que j'aurais bien des choses à vous dire sur ce monde-ci avant de le quitter.

Je viens de lire, avec une extrême satisfaction, le *L'Hospital* de M. de Condorcet. Tout ce qu'il fait est marqué au coin d'un homme supérieur. Que ne puis-je passer quelques jours entre vous et lui !

Mes respects et mes regrets à madame de Vaines.

MMMMMMMCCCLXVIII. — A M. le marquis de Cubières.

A Ferney, le 5 octobre.

Un beau siècle commence, et vous me l'annoncez.
Un jeune Titus le fait naître,
Et c'est vous qui l'embellissez :
L'écuyer est digne du maître.
Pégase, ayant su qu'aujourd'hui
Vous commandez dans l'écurie,
Vient s'offrir à vous, et vous prie
De vous servir souvent de lui ;
Il aime votre grâce et votre humeur légère ;
Sous d'autres écuyers il fit plus d'un faux pas ;
Sous vous il vole, il sait nous plaire,
Il ne vous égarera pas.

Je vois, monsieur, que vous avez ressaisi votre droit d'aînesse, et que vous faites d'aussi jolis vers que monsieur votre frère le chevalier. Je ne puis vous remercier à mon âge qu'en mauvaise prose rimée, et c'est à moi qu'il faudra dire :

Solve senescentem, etc.

J'ai l'honneur d'être avec respect, etc. Le vieux malade de Ferney.

MMMMMMMCCCLXIX. — A M. de La Harpe.

6 octobre.

Votre lettre, mon très-cher confrère, m'a été rendue par M. Panckoucke. Elle m'apprend dans mes limbes ce qui se passe dans votre brillant paradis de Paris.

Je rends mille grâces à M. de Marmontel de m'avoir fourré dans ses paquets d'une manière si agréable, et de m'honorer des sons les plus flatteurs de sa lyre, quand il donne à d'autres des coups d'archet sur les doigts.

Oui, sans doute, j'ai lu ce que vous dites de M. de Condorcet dans votre journal, et c'est le seul que je lise. Vous êtes, par ma foi, le législateur du goût et de la raison. C'est ce que M. le prince de Beauvau et M. de Villette, qui ont passé l'un après l'autre dans ma tanière, avouent hautement.

Continuez, ne vous lassez pas. Nous avons un extrême besoin de vous, pour ne pas devenir des barbares subsistant uniquement de musique italienne et allemande. Voyez ce qui est arrivé aux Italiens après le siècle des Médicis : ils n'ont eu que des doubles croches.

M. d'Argental est un petit indiscret volage, qui a pris sérieusement un petit divertissement ridicule, dont nous nous sommes amusés à Ferney, selon notre usage, c'est-à-dire en vous regrettant et en ne vous remplaçant point.

Je sais bien bon gré à M. de Saint-Lambert d'avoir soutenu Racine et Boileau en pleine Académie. Si vous êtes assez sages et assez heureux pour élire M. de Condorcet, je ne désespère plus du siècle; mais, si vous ne frappez pas ce grand coup, je donne le siècle à tous les diables.

MMMMMMMCCCLXX. — A M. LE COMTE D'ARGENTAL.

10 octobre.

Je vous ai envoyé, mon cher ange, les cinq anciens petits pâtés, avec une lettre douloureuse; le tout sous l'enveloppe de M. de Vaines, le 3 d'octobre; et, comme la vieillesse est timide et que tout me fait peur, j'ai grand peur en effet que vous n'ayez rien reçu, attendu qu'on m'a informé que M. de Vaines n'était plus administrateur des postes. Je me souviens d'une autre sottise que j'ai faite : j'ai mis dans ma lettre M. le duc d'Aumont au lieu de M. le maréchal de Duras. Ce n'est pas ma seule bévue; il y en a bien d'autres dans ce que je vous ai envoyé. L'impossibilité de les corriger est ce qui me désespère. Vous aurez cinq autres pâtés de Constantinople[1], si Dieu me prête vie; mais ceux-là sont beaucoup plus difficiles à cuire. Réchauffez les premiers : vous n'aurez les derniers qu'à la fin de l'hiver où nous allons entrer. Je ne tombe point en jeunesse; je tombe réellement en enfance. Ayez pitié de moi; mais êtes vous capable de vous remuer bien vivement pour votre ancienne créature, qui a tant besoin de vous, et qui se met toujours à l'ombre de vos ailes ?

Je fais mille remercîments à votre aimable secrétaire. Je vois que le caractère de son âme l'emporte encore sur celui de son écriture. Je lui demande sa protection auprès de vous.

MMMMMMMCCCLXXI. — A M. MARMONTEL.

A Ferney, 10 octobre.

Mon cher confrère, je vous fais mon compliment[2]. J'aime mieux que vous soyez marié que moi. Vous êtes fait pour le sacrement de mariage. On dit que vous avez un très-beau signe visible d'une chose invisible. Pour moi, je ne suis fait que pour le sacrement de l'extrême-onction. C'est un bon parti que vous prenez de vivre avec M. l'abbé Morellet. Vous devriez bien, quelque jour, nous le donner pour confrère, quand l'Académie aura dégorgé les prêtres qui l'ont pestiférée. L'abbé Morellet ou Mord-les, sa nièce et vous, vous ferez une société charmante. Je voudrais venir vous voir dans votre ménage, si j'étais un homme transportable.

Notre ami M. de La Harpe m'a instruit des obligations que je vous

1. *Irène*, tragédie, où la scène est à Constantinople. (ÉD.)
2. Marmontel venait d'épouser une nièce de l'abbé Morellet. (ÉD.)

ai. J'ai vu des vers charmants[1], dont je suis aussi reconnaissant qu'indigne. Il n'y a pas moyen que j'ose vous répondre sur le même ton, j'ai perdu mon *b-fa-si*.

Son rauco, e perdo il canto e la favella.

Mais je ne perdrai qu'avec la vie la tendre amitié qui m'attache à vous.

VOLTAIRE.

MMMMMMMCCCLXXII. — A M. DE CHABANON.

A Ferney, 10 octobre.

Mon cher ami, soyez sûr que je n'écris point de lettre qui ne soit pleine de la sensibilité qui est dans mon cœur, et de la justice si bien méritée que je vous rends. On ne me donne que des espérances, parce qu'au bout du compte trois ou quatre personnes avec qui je suis un peu lié ne sont pas trente-neuf personnes[2], parmi lesquelles il y en a une trentaine que je ne connais point du tout. Je suis regardé comme un homme mort, mais vous êtes très-vivant. Si je n'ai pas le bonheur de vous appeler mon confrère dans un mois, vous serez mon successeur dans très-peu de mois.

J'apprends qu'on se bat au Parnasse pour des croches et des rondes. Vous qui êtes un vrai maître dans tous les arts de ce Parnasse, c'est à vous à juger les combattants. Je vous demanderai bientôt un *Requiem;* mais, quand je lis quelque chose de vous, je lis des *Laudate*[3]. Comptez qu'il n'y a personne dans cet hémisphère qui soit pénétré plus que moi de l'honneur que vous faites aux deux mondes, et qui soit plus votre ami.

MMMMMMMCCCLXXIII. — DE FRÉDÉRIC II, ROI DE PRUSSE.

Le 11 octobre.

Je suis très-persuadé que si Marc Aurèle s'était avisé d'écrire sur le gouvernement, son ouvrage aurait été bien supérieur à ma brochure; l'expérience qu'il avait acquise en gouvernant cet immense empire romain devait être bien au-dessus des notions que peut avoir résumées un chef des Obotrites et des Vandales, et Marc Aurèle personnellement était si supérieur par sa morale pratique aux souverains, et j'ose dire aux philosophes même, que toute comparaison qu'on fait avec lui est téméraire. Laissons donc Marc Aurèle, en l'admirant tous deux, sans pouvoir atteindre à sa perfection; et, en nous mettant au niveau de notre médiocrité, rabaissons-nous à la stérilité de notre siècle, qui, s'épuisant pour donner Voltaire au monde, n'a pas eu la force de lui fournir des émules.

Je vois donc que les Suisses pensent sérieusement à réformer leurs lois. Ce code Carolin m'est connu; j'ai fourré le nez dans ces anciennes législations, lorsque j'ai cru nécessaire de réformer les lois des habi-

1. Dans le quatrième chant de son poëme de *Polymnie*, Marmontel avait amené l'éloge de Voltaire. Il avait communiqué le morceau à La Harpe, qui l'envoya au philosophe de Ferney. (ÉD.)
2. Les trente-neuf autres membres de l'Académie française. (ÉD.)
3. Allusion au goût de Chabanon pour la musique. (ÉD.)

tants des bords de la Baltique. Ces lois étaient des lois de sang, ainsi qu'on nommait celles de Dracon; et, à mesure que les peuples se civilisent, il faut adoucir leurs lois. Nous l'avons fait, et nous nous en sommes bien trouvés. J'ai cru, en suivant les sentiments des plus sages législateurs, qu'il valait mieux empêcher et prévenir les crimes que de les punir; cela m'a réussi, et, pour vous en donner une idée nette, il faut vous mettre au fait de notre population, qui ne va qu'à cinq millions deux cent mille âmes. Si la France a vingt millions d'habitants, cela fait à peu près le quart; depuis donc que nos lois ont été modérées, nous n'avons, année commune, que quatorze, tout au plus quinze arrêts de mort; je puis vous en répondre d'autant plus affirmativement, que personne ne peut être arrêté sans ma signature, ni personne justicié, à moins que je n'aie ratifié la sentence. Parmi ces délinquants, la plupart sont des filles qui ont tué leurs enfants; peu de meurtres, encore moins de vols de grands chemins. Mais parmi ces créatures qui en usent si cruellement envers leur postérité, ce ne sont que celles dont on a pu avérer le meurtre qui sont exécutées. J'ai fait ce que j'ai pu pour empêcher ces malheureuses de se défaire de leur fruit. Les maîtres sont obligés de dénoncer leurs servantes dès qu'elles sont enceintes; autrefois on avait assujetti ces pauvres filles à faire dans les églises des pénitences publiques; je les en ai dispensées : il y a des maisons dans chaque province où elles peuvent accoucher, et où l'on se charge d'élever leurs enfants. Nonobstant toutes ces facilités, je n'ai pas encore pu parvenir à déraciner de leur esprit le préjugé dénaturé qui les porte à se défaire de leurs enfants; je suis même maintenant occupé de l'idée d'abolir la honte jadis attachée à ceux qui épousaient des créatures qui étaient mères sans être mariées; je ne sais si peut-être cela ne me réussira pas. Pour la question, nous l'avons entièrement abolie et il y a plus de trente ans qu'on n'en fait plus usage; mais, dans des États républicains, il y aura peut-être quelque exception à faire pour les cas qui sont des crimes de haute trahison; comme, par exemple, s'il se trouvait à Genève des citoyens assez pervers pour former un complot avec le roi de Sardaigne, pour lui livrer leur patrie. Supposé qu'on découvrît un des coupables, et qu'il fallût s'éclaircir nécessairement de ses complices pour trancher la racine de la conjuration, dans ce cas je crois que le bien public voudrait qu'on donnât la question au délinquant. Dans les matières civiles il faut suivre la maxime qui veut qu'on sauve un coupable plutôt que de punir un innocent. Après tout, dans l'incertitude sur l'innocence d'un homme, ne vaut-il pas mieux le tenir arrêté que de l'exécuter? La vérité est au fond d'un puits; il faut du temps pour l'en tirer, et elle est souvent tardive à paraître; mais en suspendant son jugement jusqu'à ce qu'on soit entièrement éclairci du fait, on ne perd rien, et l'on assure la tranquillité de sa conscience, ce à quoi chaque honnête homme doit penser. Pardon de mon bavardage de légiste. C'est vous qui m'avez mis sur cette matière; je ne l'aurais pas hasardée de moi-même. Ces sortes de matières font mes occupations journalières; je me suis fait des principes d'après lesquels j'agis, et je vous les expose.

J'oublie dans ce moment que j'écris à l'auteur de *la Henriade*; je crois adresser ma lettre à feu le président de Lamoignon; mais vous réunissez toutes ces connaissances; ainsi nulle matière ne vous est étrangère. Si vous voulez encore du Cujas et du Barthole des Obotrites, vous n'avez qu'à parler; je vous donnerai toutes les [illegible]ons que vous désirez. C'est en faisant des vœux pour la conservation du patriarche de la tolérance que le solitaire de Sans-Souci espère qu'il ne l'oubliera pas. *Vale*.

MMMMMMMCCCLXXIV. — A M. LE COMTE D'ARGENTAL.

A Ferney, 22 octobre.

Messieurs et anges, je vous jure, encore une fois, qu'aucun mortel ne savait de quoi il était question. Ma folie est à présent publique. C'est à votre sagesse et à vos bontés à la conduire. J'aurais voulu que cette folie eût été plus tendre, et eût pu faire verser quelques larmes; mais ce sera pour une autre fois. Je suis occupé actuellement d'une nouvelle extravagance à faire pleurer. Il y a je ne sais quoi de philosophique dans celle que vous protégez. Cela est attachant, cela n'est pas mal écrit; mais élégance et raison ne suffisent pas. Ce n'est pas assez d'un intérêt de curiosité, il faut un intérêt déchirant. Je crois que la pièce est sage; mais qui n'est que sage n'est pas grand'chose. Tirez-vous de là comme vous pourrez.

On dit que les acteurs, excepté Lekain et ceux ou celles que vous voudrez honorer de vos conseils, sont supérieurement plats. On dit que la plupart de ces messieurs débitent des vers comme on lit la gazette. Je vous prierai donc, messieurs, dans l'occasion, d'empêcher qu'on ne m'estropie et qu'on ne me barbarise.

Je viens d'écrire à M. le maréchal de Duras, comme vous me l'avez ordonné. Je lui ai dit, avec raison, que la consolation de la fin de mes jours dépendait de lui. Car, messieurs mes anges, sachez que je ne puis avoir le bonheur de vous revoir qu'en Sicile[1]. Sachez que, si je vivais assez pour aller jusqu'à Constantinople, je ne pourrais faire ce second voyage qu'après avoir passé par Syracuse.

Je n'ai point dit à M. le maréchal de Duras de quoi il s'agissait précisément. Je l'ai seulement prévenu que vous lui montreriez quelque chose qui avait un grand besoin de sa protection. Je me suis bien donné de garde de lui dire que vous lui laisseriez ce quelque chose entre les mains. Je suis bien sûr que ma *Syracuse* ne sortira pas des vôtres : tout serait perdu si elle en sortait; autant vaudrait jeter Agathocle et Idace dans le gouffre du mont Etna. Pour moi, j'ai bien l'air de me jeter, la tête la première, dans le lac de Genève, si vous ne réussissez pas dans ce que vous entreprenez. Nous avons eu deux filles qui se sont noyées ces jours passés; j'irai les trouver, au lieu de venir me mettre à l'ombre de vos ailes; mais je n'ai que faire de me tuer; mon âge, mes travaux forcés, mes maux insupportables, et la Sicile et Constantinople, me tuent assez; et, si je meurs, c'est en me recommandant à messieurs et anges.

1. Lieu de la scène d'*Agathocle*. (Éd.)

MMMMMMMCCCLXXV. — A M. DE LA HARPE.

25 octobre.

Mon cher confrère, vous avez toujours raison, excepté quand vous dites un peu trop de bien de moi, de quoi je suis bien loin de me fâcher.

L'anecdote qu'on vous a contée de *Mérope* et de La Noue est comme bien d'autres anecdotes; il n'y a pas un mot de vrai.

J'ai quelque chose à vous envoyer, et je ne sais comment m'y prendre. J'ignore si l'on peut encore s'adresser à M. de Vaines. Tout change dans votre pays à chaque quartier de lune.

Il est plaisant que M. Luneau de Boisjermain puisse envoyer par la poste tous les livres qu'il veut, et qu'on ne puisse pas faire parvenir quatre feuilles d'impression à son ami, sans courir le risque de la confiscation.

Un polisson, qui fait des nouvelles à la main, écrit que l'intention de la cour est de casser l'Académie française, et de la joindre avec l'Académie des inscriptions. Cela est absurde, mais cela n'est pas impossible : *verum quia absurdum; credo quia impossibile*. En ce cas-là, vous n'auriez donc pas le plaisir de vous trouver confrère de M. de Condorcet, du rival de Pascal, plus grand géomètre assurément, meilleur philosophe, et homme beaucoup plus raisonnable. On m'avait mandé qu'il allait être des vôtres; c'était une acquisition admirable. Apparemment quelques saints personnages s'y sont opposés. On craint les penseurs.

On m'assurait que vous ne les craigniez point, parce que vous pensez mieux qu'eux. Pouvez-vous me mander s'il y a quelque apparence à tous ces contes que l'on m'a faits? Je vous garderai le secret, et je vous aurai grande obligation.

Dites, je vous prie, à M. Dalembert que M. Delisle, qui a passé deux mois chez moi, et qui s'était chargé de quelques lettres, ne m'a point écrit depuis qu'il est de retour à Paris : apparemment qu'il est occupé à ajouter un nouveau tome aux six volumes qu'il nous a donnés.

Bonsoir, mon très-cher confrère; continuez, ne craignez jamais rien, prenez toujours le parti du bon goût. Tout le monde, à la fin, y reviendra.

MMMMMMMCCCLXXVI. — A M. DE VAINES.

A Ferney, 25 octobre.

Si vous n'avez pas, monsieur, la place d'administrateur des postes, il faut bien pourtant que vous administriez quelque chose, et ce ne sera pas les sacrements. Je suis homme à en avoir bientôt besoin. Je vous supplie, en attendant, d'avoir la bonté de faire rendre ce paquet à M. d'Argental votre ami; mais ayez surtout celle de m'instruire de ce qu'on fait pour vous. Dites-moi quel poste vous occupez; parlez-moi de vos jouissances, ou du moins de vos espérances. Je m'intéresse à vous comme si je vous avais vu tous les jours. Il y a eu des gens devenus amoureux sur des portraits; je le suis de votre caractère et de votre esprit : nous voilà bien éloignés l'un de l'autre. Nous ne nous verrons probablement jamais; il n'y a point de plus malheureuse passion que la mienne.

MMMMMMMCCCLXXVII. — A M. LE COMTE D'ARGENTAL.

25 octobre.

Messieurs et anges, laissez-là votre *Agathocle;* cela n'est bon qu'à être joué aux jeux olympiques, dans quelque école de platoniciens. Je vous envoie quelque chose de plus passionné, de plus théâtral, et de plus intéressant. Point de salut au théâtre sans la fureur des passions. On dit qu'Alexis[1] est ce que j'ai fait de moins plat et de moins indigne de vous. Si on ne me trompe pas, si cela déchire l'âme d'un bout à l'autre, comme on me l'assure, c'est donc pour Alexis que je vous implore; c'est ma dernière volonté, c'est mon testament; il est plus vrai que celui qui m'a été imputé par l'avocat Marchand. Je vous supplie donc, messieurs et anges, d'être mes exécuteurs testamentaires et les protecteurs de mon dernier enfant : tâchez que M. le maréchal de Duras fasse sa fortune. *Agathocle* pourra un jour paraître, et être souffert en faveur de son frère Alexis; mais à présent, mes chers anges, il n'y a qu'Alexis qui puisse me procurer le bonheur de venir passer quelques jours avec vous, de vous serrer dans mes bras, et de pouvoir m'y consoler.

M. de Villette, votre voisin, qui est à Ferney depuis quelques jours et qui a été témoin de la naissance d'Alexis, prétend que le nom de Basile est très-dangereux, depuis qu'il y a eu un Basile dans *le Barbier de Séville*[2] Il dit que le parterre crie quelquefois : *Basile, allez vous coucher*, et qu'il ne faut, avec des Welches, qu'une pareille plaisanterie pour faire tomber la meilleure pièce du monde. Je ne connais point *le Barbier de Séville*, je ne l'ai jamais vu; mais je crois que M. de Villette a raison. Il n'y aura qu'à fait mettre Léonce au lieu de Basile par le copiste de la Comédie, supposé que ce copiste puisse être employé. Heureusement le nom de Basile ne se trouve jamais à la fin d'un vers, et Léonce peut suppléer partout. Voilà, je crois, le seul embarras que cette pièce pourrait donner. Il y a peut-être quelques vers qu'on pourrait soupçonner d'hérésie; mais, si quelques théologiens s'en scandalisent, je les rendrai orthodoxes par un tour de main. Je me jette entre vos bras comme un homme qui revient d'un voyage de long cours, n'ayant d'autre ressource que dans votre amitié. Si vous ne prenez pas cette affaire avec vivacité, avec emportement, avec rage, je suis perdu.

Je me mets, mon cher ange, bien sérieusement à l'ombre de vos ailes. J'envoie le manuscrit de Constantinople au quai d'Orsay, par M. de Vaines. On m'a dit qu'il était encore en place jusqu'au mois de janvier. Faites-vous rendre le paquet, et ayez pitié de V.

MMMMMMMCCCLXXVIII. — A M. DALEMBERT.

A Ferney, 27 octobre.

Je vous écris n'en pouvant plus, mon très-cher et très-grand philosophe. M. de Bitaubé l'homérique est venu à Ferney, comme Ulysse alla

1. Nom d'un personnage de la tragédie d'*Irène*. (ÉD.)
2. Comédie de Beaumarchais. (ÉD.)

voir les ombres dans *l'Odyssée;* je n'ai jamais été si ombre qu'à présent. A peine ai-je eu la force de m'entretenir avec M. de Bitaubé de ce qui s'est passé autrefois à Troie. Je suis encore plus étranger à tout ce qui se fait aujourd'hui à Paris. J'entre passionnément dans vos vues sur le panégyriste très-raisonnable de Pascal[1]. Je ne me flatte pas de les seconder; mais je crois que nous n'avons de salut à espérer qu'en ayant pour notre confrère cet homme supérieur, que je ne compare qu'à vous.

Quoiqu'il ne soit pas rare que les gens de lettres oublient leurs amis, cependant il est assez étonnant que le martyr du Châtelet[2] ait si fort oublié des gens qui ne l'ont pas mal reçu, et qui se sont empressés de le servir.

Je vous embrasse de bien loin, mon cher ami. Je ne compte plus vous embrasser de près. Ma vie n'aura été qu'une longue mort.

MMMMMMMCCCLXXIX. — A M. DOIGNY DU PONCEAU.

29 octobre.

Le solitaire de Ferney, accablé d'années et de maladies, a été hors d'état d'écrire depuis trois mois. Il profite dans ses souffrances d'un moment de relâche pour remercier M. Doigny, et pour lui témoigner avec reconnaissance combien il a reçu de consolation en lisant le *Panégyrique du chancelier de L'Hospital*[3]. Il voudrait pouvoir donner plus d'étendue à l'expression de ses sentiments. Il supplie M. Doigny de lui pardonner si le misérable état où il est ne lui permet pas de lui dire plus au long combien il est son très-humble et très-obligé serviteur. V.

MMMMMMMCCCLXXX. — A M. LE MARQUIS D'ARGENCE DE DIRAC.

A Ferney, 30 octobre.

J'ai eu l'honneur, monsieur, de voir monsieur votre fils, qui est digne de son père. J'aurais bien voulu le mieux recevoir, mais il a bien voulu pardonner à un vieillard qui n'a plus que la cendre du feu que vous allumiez autrefois par votre conversation toujours brillante et toujourt intéressante. Mme Denis lui a fait mieux que moi les honneurs de la maison, mais non pas de meilleur cœur. Ce cœur est tout ce qui me reste. J'ai perdu l'imagination et la pensée, comme j'ai perdu les cheveux et les dents. Il faut que tout déloge pièce à pièce, jusqu'à ce qu'on retombe dans l'état où l'on était avant de naître. Les arbres qu'on a plantés demeurent, et nous nous en allons. Tout ce que je demanderais à la nature, c'est de partir sans douleur; mais il n'y a pas d'apparence qu'elle me fasse cette grâce, après m'avoir fait souffrir pendan près de quatre-vingt-quatre ans. Encore faut-il que je la remercie de m'avoir donné l'existence, et de m'avoir procuré la consolation de vous voir dans ma chaumière. Mon seul bonheur à présent est de me flatter que vous vous souvenez de moi.

1. Condorcet. (ÉD.) — 2. Delisle de Sales. (ÉD.)
3. Ouvrage de Doigny du Ponceau, qui avait concouru pour le prix de l'Académie française, et obtenu une mention honorable. (ÉD.)

MMMMMMMCCCLXXXI. — A M. LE PRÉSIDENT DE RUFFEY.

A Ferney, 30 octobre.

Je ne me doutais pas, monsieur, quand j'avais l'honneur, il y a environ quinze ans, de vous voir dans ma retraite de Ferney avec feu M. le premier président de La Marche, que je lui survivrais si longtemps, et que je finirais ma carrière par des procès au parlement de Dijon, soit pour M. de Florian, soit pour moi-même. J'ai été jeté hors de mon élément, et je vais mourir dans une terre étrangère. Vos extrêmes bontés font ma consolation dans l'état assez triste où je me trouve, ayant perdu dans mes derniers jours mon bien et mon repos.

Vous trouverez peut-être le procès de Mme Denis, ma nièce, aussi mauvais que l'était celui de M. de Florian. Il me paraît indubitable pour le fond; mais je tremble pour la forme, que je ne connais pas du tout, et dans laquelle je crains que Mme Denis et moi nous n'ayons commis bien des fautes. Nous étions tous deux malades à la mort lorsqu'on nous intenta ce malheureux procès. Nous sommes à trois lieues de Gex, où nous étions obligés de plaider; par conséquent c'était un voyage de six lieues d'avoir audience d'un procureur.

Nous avons été condamnés, nous avons payé, et il faut que nous soyons condamnés et que nous payions une seconde fois à Dijon. Je ne puis faire le voyage de Dijon, attendu qu'ayant quatre-vingt-quatre ans et quatre-vingt-quatre maladies, mon seul voyage sera celui de l'autre monde.

Je prends la liberté de vous envoyer notre plaidoyer, qui n'est pas selon les usages du barreau, mais qui est, à mon avis, selon la raison et selon l'équité. Maurier est mon procureur, qui ne peut, ce me semble, se dispenser de signer le mémoire de Mme Denis. M. Arnoult, doyen de l'université, est mon avocat, qui ne peut signer un mémoire qu'il n'a point fait, et qui était à Paris pendant que nous étions obligés de travailler nous-mêmes à notre défense.

L'affaire est portée à une chambre du parlement; M. Quirot de Poligny en est le rapporteur. Voilà à peu près tout ce que je sais de cette affaire. Elle est assez extraordinaire et très-embarrassante. J'ai fait tout ce que j'ai pu pour l'accommoder, je n'ai pu en venir à bout. J'ai affaire à un homme qui me croit très-riche, et qui, en conséquence, me demande des sommes trop fortes, que je ne puis lui donner; il ne sait pas que je me suis ruiné à fonder une colonie et à bâtir une ville. *Linquenda*[1] hæc *et domus et placens* Denis. Je mourrai peut-être avant que le procès soit jugé[2].

1. *Linquenda tellus, et domus, et placens*
Uxor.
Horace, liv. II, od. XIV, v. 21. (ÉD.)

2. Le procès dont il est ici question était une demande en rescision pour cause de lésion d'outre-moitié dans le prix de la vente d'une mauvaise maison de cultivateur, achetée par Mme Denis, démolie sur-le-champ, et réunie au pourpris du château de Ferney. Ce procès ne fut point jugé, parce qu'après la mort de Voltaire les parties convinrent d'un arrangement à l'amiable. (ÉD.)

Ayez la bonté, je vous en prie, monsieur, de lire notre mémoire, en attendant que vous me disiez un *De profundis*. Si vous avez quelques amis parmi mes juges, je vous prie de parler autant que vous pourrez en faveur de la dame Denis la persécutée. Je ne me trouve compromis dans ce procès que parce que je suis son oncle, que je demeure avec elle, et que c'est moi qu'on veut rançonner. J'aurais bien mieux aimé vous envoyer un mémoire pour notre Académie que pour le parlement.

Je vous demande bien pardon de tout l'ennui que je vous cause. Mais enfin, à qui m'adresserai-je, qu'à celui qui a bien voulu me mettre au rang de ses confrères? En un mot, daignez lire le mémoire, et faites tout ce que l'équité, la bienfaisance et l'amitié vous dicteront. J'ai la vanité de compter sur vos bons offices, et j'ai l'honneur d'être avec les sentiments les plus respectueux, monsieur, votre très-humble et très-obéissant serviteur. VOLTAIRE.

MMMMMMCCCLXXXII. — A M. DELISLE DE SALES.

A Ferney, 2 novembre.

Soyez le bienvenu dans Babylone, monsieur. Vous croyez bien que je n'ai pu ni vous lire ni vous entendre sans m'intéresser tendrement à vous. Je vois qu'il est temps que vous preniez un parti et que vous songiez à vivre heureux autant qu'à être célèbre. Le roi de Prusse me paraît favorablement disposé pour vous. Voyez si vous avez quelque chose de meilleur à espérer à Paris. S'il ne se présente rien qui vous convienne dans cette Babylone, nous allons travailler à vous faire un sort en Prusse. M. Dalembert et moi, nous tâcherons de vous y introduire.

Si quid novisti rectius istis,
Canditus imperti; si non, his utere prudens [1].

Quelque chose qui arrive, il ne me paraît guère possible qu'un homme de votre mérite demeure abandonné. Je souhaite passionnément que vous ayez à choisir entre Babylone et Sans-Souci.

M. de Villette est chez moi. Il est assurément plus puissant que moi; il peut vous servir mieux, mais non avec plus de zèle. Mme Denis pense comme nous, et vous est très-attachée.

J'ajoute à ma lettre que M. de Villette épouse cette demoiselle de Varicour que vous avez vue chez nous. Il la préfère aux partis les plus brillants et les plus riches qu'on lui a proposés; et quoiqu'elle n'ait précisément rien, elle mérite cette préférence. M. de Villette fait un très-bon marché en épousant une fille qui a autant de bon sens que d'innocence, qui est née vertueuse et prudente comme elle est née belle; qui le sauvera de tous les piéges de Babylone, et de la ruine qui en est la suite. Nous jouissons, Mme Denis et moi, du bonheur de faire deux heureux.

1. Horace, liv. I, epître VI, vers 67-68. (ÉD.)

MMMMMMMCCCLXXXIII. — A MADAME DU BOCCAGE.

A Ferney, 2 novembre.

Génie vous-même, madame; je suis un pauvre vieillard, moitié poëte, moitié philosophe, et qui n'est pas à moitié persécuté, quoiqu'il ne dût être qu'un objet de pitié, étant surchargé de quatre-vingt-quatre ans et de quatre-vingt-quatre maladies; et étant très-près, par conséquent, d'aller voir mes anciens maîtres, que j'ai bien mal imités, les Socrate et les Sophocle. Quand je verrai Corinne, je lui soutiendrai hardiment qu'elle ne vous valait pas, soit qu'elle voulût briller dans la société, soit qu'elle voulût l'emporter sur les hommes dans l'art d'écrire.

Je ne suis point étonné qu'*Alzire* m'ait valu votre lettre, qui m'a infiniment touché. Vous vous êtes retrouvée dans le pays que vous aviez embelli. Vous, madame, et les insurgents, me rendez l'Amérique précieuse.

Mme Denis est aussi sensible à votre souvenir qu'elle est loin de jouer encore Alzire. Elle a été presque aussi malade que moi, et c'est beaucoup dire. S'il me restait la force de désirer, je désirerais d'être à Paris, pour jouir de l'honneur de votre société aussi souvent que vous me le permettriez, pour aimer ce naturel charmant, cette égalité et cette simplicité qui relèvent vos talents, et pour vous dire, avec la même simplicité, que je serai du fond de mon cœur, avec le plus sincère respect, madame, votre très-humble et très-obéissant serviteur, jusqu'au dernier moment de ma vie. LE VIEUX MALADE DE FERNEY.

MMMMMMMCCCLXXXIV. — A M. LE COMTE DE SCHOMBERG.

A Ferney, 2 novembre.

Monsieur, il faut d'abord vous dire que j'ai reçu la lettre dont vous m'aviez honoré de Strasbourg, du 13 de septembre, sept ou huit jours après que vous eûtes, à notre grand regret, quitté Ferney.

Je vous remercie aujourd'hui de celle du 19 d'octobre. Elle a été d'une grande consolation pour moi, dans les souffrances continuelles qui persécutent la fin de ma vie. Je n'ai quelquefois qu'un peu de gaieté naturelle à opposer à ces tribulations, ainsi qu'aux six juifs [1] qui m'ont traité comme un Amalécite, et aux chrétiens qui me traitent comme un juif. Je suis un peu aguerri au mal. J'avais contre moi tous les musulmans dans la dernière guerre de la Russie contre les Turcs.

Je suis bien de votre avis, monsieur, sur le ministre dont vous me parlez [2] : il est gai, donc le fond du cœur est bon. Il ne m'aime pas, parce qu'il m'a cru âme damnée de M. de Richelieu. Il est bien vrai que je serai damné, et lui aussi; mais il se trompait très-fort en croyant dans ce temps-là que je me mêlais d'autre chose que de mon plaisir. Je lui pardonne de tout mon cœur de s'être trompé, mais je ne lui pardonne pas s'il veut un peu de mal à notre Académie, parce qu'elle est libre. Le cardinal de Richelieu l'a créée avec cette liberté, comme

1. L'abbé Guénée. (ÉD.) — 2. M. de Maurepas. (*Éd. de Kehl.*)

Dieu créa l'homme. Il faut lui laisser son libre arbitre, dont elle n'a jamais abusé. C'est un corps plus utile qu'on ne pense, en ne faisant rien, parce qu'il sera toujours le dépôt du bon goût, qui se perd totalement en France. Il faut le laisser subsister, comme ces anciens monuments qui ne servaient qu'à montrer le chemin.

Je m'attendais à voir chez moi le chevalier ou la chevalière d'Éon, dont vous me parlez. Un gentilhomme anglais, qui était à Londres son intime ami, et qui n'avait vu en lui que Mlle d'Éon, m'avait leurré de cette espérance. J'ai été privé de cette amphibie. Quand on a eu l'honneur de faire sa cour à Mme de Blot et à Mme d'Ennery, on ne désire point de voir des êtres chimériques. Je me flatte que vous voudrez bien me mettre à leurs pieds, comme je leur demanderai leur protection auprès de vous. Je suis pénétré de l'honneur qu'elles me font de se souvenir de moi.

Je ne croyais pas que M. de Foncemagne fût mon aîné. Je le respectais assez déjà, sans y joindre encore ce droit d'aînesse. Je lui recommande l'Académie, si sa santé lui permet d'aller encore aux assemblées. C'est un des meilleurs esprits que j'aie jamais connus, quoiqu'il ait fait semblant de croire que le cardinal de Richelieu avait au moins quelque part à son malheureux testament. Il voulut plaire à feu Mme la duchesse d'Aiguillon, et cela est bien pardonnable.

Conservez-moi vos bontés, monsieur, si vous voulez faire passer quelques moments heureux au vieux malade de Ferney, qui vous est attaché avec le plus tendre respect.

MMMMMMMCCCLXXXV. — A M. le comte d'Argental.

5 novembre.

Mon cher ange, je vous importune de mes petits chiffons. Voici un *errata* pour la Sicile et pour Constantinople[1]. Je sens bien que vous me direz : « L'*errata* devait être cent fois plus long ; » et moi je vous répondrai qu'il est encore plus aisé de faire des fautes que de les corriger, et qu'il faut souffrir ses amis avec leurs défauts, surtout quand ils sont accablés de vieillesse et de maladies : alors le temps de s'amender est passé ; on peut se repentir, mais non pas se corriger. Qu'en pense M. de Thibouville ? N'a-t-il pas pitié de moi ?

Nous aurons grand soin, Mme Denis et moi, autant qu'il sera en nous, de lui conserver l'appartement de l'hôtel des Fées-Villettes. Notre chaumière de Ferney n'est pas faite pour garder des filles. En voilà trois que nous avons mariées : Mlle Corneille, sa belle-sœur Mlle Dupuits, et Mlle Varicour, que M. de Villette nous enlève. Elle n'a pas un denier, et son mari fait un excellent marché. Il épouse de l'innocence, de la vertu, de la prudence, du goût pour tout ce qui est bon, une égalité d'âme inaltérable, avec de la sensibilité ; le tout orné de l'éclat de la jeunesse et de la beauté.

Je me mets à l'ombre de vos ailes. Le vieux malade de Ferney.

1. Les tragédies d'*Agathocle*, où la scène est en Sicile, et d'*Irène*, où la scène est à Constantinople. (Éd.)

MMMMMMMCCCLXXXVI. — De Frédéric II, roi de Prusse.

A Potsdam, le 9 novembre.

M. Bitaubé doit se trouver fort heureux d'avoir vu le patriarche de Ferney. Vous êtes l'aimant qui attirez à vous tous les êtres qui pensent : chacun veut voir cet homme unique qui fait la gloire de notre siècle. Le comte de Falkenstein a senti la même attraction ; mais, dans sa course, l'astre de Thérèse lui imprima un mouvement centrifuge, qui, de tangente en tangente, l'attira à Genève. Un traducteur d'Homère se croit gentilhomme de la chambre de Melpomène, ou marmiton dans les offices d'Apollon ; et, muni de ce caractère, il se présente hardiment à la cour de l'auteur de *la Henriade;* et celui-là sait abaisser son génie pour se mettre au niveau de ceux qui lui rendent leurs hommages.

Bitaubé vous a dit vrai : j'ai fait construire à Berlin une bibliothèque publique. Les œuvres de Voltaire étaient trop maussadement logées auparavant : un laboratoire chimique qui se trouvait au rez-de-chaussée menaçait d'incendier toute notre collection. Alexandre le Grand plaça bien les œuvres d'Homère dans la cassette la plus précieuse qu'il avait trouvée parmi les dépouilles de Darius : pour moi, qui ne suis ni Alexandre ni grand, et qui n'ai dépouillé personne, j'ai fait, selon mes petites facultés, construire le plus bel étui possible pour y placer les œuvres de l'Homère de nos jours.

Si, pour compléter cette bibliothèque, vous vouliez bien y ajouter ce que vous avez composé sur les lois[1], vous me ferez plaisir, d'autant plus que je ne crains pas les ports. Je crois vous avoir donné, dans ma dernière lettre, des notions générales à l'égard de nos lois, et du nombre des punitions qui se font annuellement. Je dois cependant y ajouter nécessairement que la bonne police empêche autant de crimes que la douceur des lois. La police est ce que les moralistes appellent le principe réprimant. Si l'on ne vole point, si l'on n'assassine point, c'est qu'on est sûr d'être incontinent découvert et saisi. Cela retient les scélérats timides. Ceux qui sont plus aguerris vont chercher fortune dans l'empire, où la proximité des frontières de tant de petits États leur offre des asiles en assez grand nombre.

Vous voyez que dans l'empire on ne restitue pas même l'argent qu'on a emprunté des philosophes. Je vous envoie ci-joint la copie de la réponse que j'ai reçue de M. le duc de Wurtemberg. Ce prince, qui tend au sublime, veut imiter en tout les grandes puissances : et comme la France, l'Angleterre, la Hollande et l'Autriche sont surchargées de dettes, il veut ranger son duché de Wurtemberg dans la même catégorie. Et s'il arrive que quelqu'une de ces puissances fasse banqueroute, je ne garantirais pas que, piqué d'honneur, il n'en fît autant. Cependant je ne crois pas que maintenant vous ayez à craindre pour votre capital, vu que les états de Wurtemberg ont garanti les dettes de Son Altesse Sérénissime, et qu'au demeurant il vous reste libre de vous adresser aux parlements de Lorraine et d'Alsace. J'avais bien prévu que

1. *Prix de la justice et de l'humanité.* (Éd.)

Son Altesse Sérénissime serait récalcitrante sur le fait des remboursements, et je vous assure de plus que ce soi-disant pupille n'a jamais écouté mes avis ni suivi des conseils.

Que ces misères ne troublent point la sérénité de vos jours : tranquille, du palais des sages, vous pouvez contempler de cette élévation les défauts et les faiblesses du genre humain, les égarements des uns, et les folies des autres : heureux dans la possession de vous-même, vous vous conserverez pour ceux qui savent vous admirer, au nombre desquels, et en première ligne, vous compterez, comme je l'espère, le solitaire de Sans-Souci. *Vale.* FÉDÉRIC.

MMMMMMMCCCLXXXVII. — A M. ***.

Ferney, 9 novembre.

Vous avez vu ici le mariage de M. de Florian; vous verriez aujourd'hui celui de M. le marquis de Villette; je dis *marquis*, parce qu'il a une terre effectivement érigée en marquisat, comme seigneur de sept grosses paroisses, suivant les lois de l'ancienne chevalerie. Il est en outre possesseur de quarante mille écus de rente. Il partage tout cela avec Mlle de Varicour, qui demeure chez Mme Denis. La jeune personne lui apporte en échange dix-sept ans, de la naissance, des grâces, de la vertu, de la prudence. M. de Villette fait un excellent marché. Cet événement égaye ma vieillesse....

MMMMMMMCCCLXXXVIII. — A M. LE MARQUIS DE THIBOUVILLE.

10 novembre.

De mes deux anges il y en a donc un qui est devenu l'ange exterminateur. Il extermine en effet ma pauvre Irène : il prétend qu'elle sera traînée à la morgue et pendue par les pieds, parce qu'elle s'est tuée étant chrétienne. L'ange exterminateur aurait raison si l'impératrice de Constantinople prétendait avoir bien fait en se tuant; mais elle en demande pardon à Dieu, elle lui dit :

> Dieu, prends soin d'Alexis, et pardonne ma mort!

Elle ajoute même, en faisant un dernier effort :

> Pardonne, j'ai vaincu ma passion cruelle;
> Je meurs pour t'obéir : mourrais-je criminelle?

Son dernier mot étant un acte de contrition, il est clair qu'elle est sauvée.

Vous jugez bien que, pendant qu'elle prononce ces dernières paroles avec des soupirs entrecoupés, son père et son amant sont à genoux à ses côtés, et mouillent ses mains mourantes de leurs larmes. Je crois fermement que tous les gens de bien pleureront aussi.

J'ai adressé, je crois, à l'ange exterminateur quelques petites corrections qui m'ont paru nécessaires; mais elles ne sont pas en assez grand nombre. Je me suis dépêché, craignant que M. le maréchal de Duras ne fût revenu. On ne fait rien de bien quand on se presse.

Nous allons essayer *Irène* pour les noces de Mme de Villette; on la jouera derrière des paravents, au coin du feu; et nous verrons l'effet tout aussi bien que si nous étions dans une salle de spectacle.

J'avoue à M. Baron que je pense comme lui. Je crois cette tragédie vraiment tragique, et peut-être la plus favorable aux acteurs qui ait jamais paru. Je pense que les passages fréquents de la passion aux remords, et de l'espérance au désespoir, fournissent à la déclamation toutes les ressources possibles. J'oserais même dire que le théâtre a besoin de ce nouveau genre, si on veut le tirer de l'avilissement où il commence à être plongé, et de la barbarie dans laquelle on voudrait le jeter.

Je n'ai point dit à M. le maréchal de Duras de quoi il s'agissait. Je ne veux point non plus essuyer, à mon âge, les caprices et les impertinences de quelques comédiens.

Si je vous ai un peu amusés, messieurs, je me tiens payé de mes peines. Il est vrai que je n'aurais pas été fâché d'être un peu bien reçu à Paris, à la suite d'*Irène;* mais je crains bien de mourir sans avoir tâté de cette consolation.

J'ajoute encore un petit mot sur *Irène :* c'est que M. Baron a la plus grande raison du monde de dire qu'il n'y aura pas un homme dans le parterre qui examinera si le suicide est chrétien ou non. De plus, il est bon de dire à l'ange exterminateur que le suicide n'est défendu dans aucun endroit de l'*Ancien* ni du *Nouveau Testament.* Il y a une loi de Marc Aurèle qui ordonne de ne point confisquer les biens de ceux qui se sont tués. Je me flatte que si nous sommes barbares au Châtelet, nous ne le sommes point au théâtre.

MMMMMMMCCCLXXXIX. — A M. de Vaines.

Ferney, 11 novembre.

Je suis fâché, monsieur, de n'être point instruit de votre destinée. Vous savez combien j'ai été affligé de ne vous pas voir dans la liste des conservés. Pour moi, je vous conserve ma véritable et inutile amitié. Vous jouissez du moins du contre-seing jusqu'au premier janvier. J'en profite pour vous envoyer deux exemplaires d'un ouvrage[1] qui n'est que très-peu de chose, mais avec lequel on peut gagner cent louis d'or. Si vous connaissez quelque jeune jurisconsulte un peu nécessiteux et un peu éloquent, à qui vous vous intéressiez, vous pouvez lui donner un exemplaire de ce programme. A l'égard de l'autre exemplaire, je crois que vous avez des affaires trop importantes pour qu'il vous reste le temps de le lire; je n'ose vous en prier. Je suis plus occupé de votre situation que de tous les ouvrages du temps.

Conservez-moi vos bontés, quelque chose qui arrive. V.

1. *Prix de la justice et de l'humanité.* (Éd.)

MMMMMMMCCCXC. — A M. LE COMTE DE SCHOMBERG.

A Ferney, 15 novembre.

Monsieur, pendant que M. de Villette se marie chez moi à la fille d'un officier, dont l'unique dot est de la bonté et de la vertu; pendant qu'on prépare la noce, je suis assez près d'aller habiter mon cimetière, pour mettre un peu de variété dans la scène de ce monde.

J'ai lu, pendant ma maladie, le monument attendrissant que vous élevez à la mémoire de votre ami : j'ai vu partout l'éloquence du cœur et de la vérité. Si j'étais dans un âge où l'on peut travailler encore, je me garderais bien d'oser toucher à votre ouvrage. Il est plein d'intérêt, il est écrit avec sagesse, on y devine des vérités que vous avez l'art de laisser entrevoir. Il y a d'autres vérités que vous développez en homme qui connaît les nations, et qui sait les peindre; entre autres le portrait des Français et des Anglais est de main de maître. Si vous avez montré cet écrit à M. de Foncemagne, il vous aura sans doute conseillé de le faire imprimer : ce sera une consolation pour Mme de Blot et pour Mme d'Ennery. Cette espèce d'oraison funèbre, faite par l'amitié, sera éternellement chère aux îles de l'Amérique, où elle parviendra bientôt. L'accablement où je suis ne me permet pas de vous en dire davantage. Il me serait difficile de vous bien exprimer le plaisir que j'ai eu en lisant ce beau morceau, et l'estime respectueuse que je conserverai pour l'auteur jusqu'au moment où j'achèverai ma languissante vie.

MMMMMMMCCCXCI. — A M. DE VAINES.

17 novembre.

Puisque vous avez, monsieur, le droit de faire plaisir jusqu'au premier janvier, je vous procure cet émolument de votre charge, en vous suppliant de faire tenir le présent paquet à votre ami M. d'Argental. C'est à moi surtout qu'on a fait du mal par le changement arrivé dans les postes. Cela m'a privé du bonheur que j'espérais. Je ne compte sur rien pour l'année prochaine; je compte actuellement par semaines tout au plus. V.

MMMMMMMCCCXCII. — A M. LE COMTE D'ARGENTAL.

17 novembre.

Ne soyez point l'ange exterminateur; soyez l'ange sauveur. Secourez-moi, vous qui daignez m'aimer depuis environ soixante-dix ans, et empêchez-moi de mourir de douleur à quatre-vingt-quatre.

Tout ce que je demande, c'est que M. le maréchal de Duras puisse lire *Irène* mise dans son cadre.

Souffrez que je vous envoie des emplâtres pour mettre à toutes les blessures d'*Irène*. J'ose supplier instamment la secrétaire aimable que vous avez élevée de vouloir bien placer ces petits papiers que j'envoie. Il n'y a qu'à lire l'indication de chacun; ensuite on coupe avec des ciseaux cette indication, et on met la correction avec quatre petits pains à cacheter à la place convenable.

Par exemple, à l'acte second, on coupe le petit avertissement qui finit par *mettez ainsi;* et on colle proprement les vers ajoutés qui commencent par ces mots, *au premier coup porté*, et qui finissent par ces mots, *de mes scrupules vains.* Quand on a pris ce petit soin, la pièce est en état d'être lue sans peine; les yeux du lecteur sont contents; il faut qu'ils le soient pour qu'on puisse bien juger.

Je ne me suis pressé de rien; je veux seulement vous plaire et à M. le maréchal de Duras. Après avoir goûté cette satisfaction, je mourrai consolé, si cette pièce peut servir un jour à rétablir le seul spectacle qui fasse un véritable honneur à la France. C'est un malheur qu'il n'y ait aucun acteur qui s'y connaisse, et qu'aucun d'eux, excepté Lekain, ne sache mettre les nuances nécessaires dans ses rôles. Nous les avons fait sentir dans Ferney, ces nuances, sans lesquelles tout est perdu.

Adieu, mon cher ange; c'est moi qui suis perdu si vous ne me soutenez pas.

N. B. Voyez comme à la fin Irène demande pardon à Dieu de son suicide, et devinez quel effet prodigieux un père respectable et tendre, et un amant désespéré, ont fait par leurs cris douloureux en arrosant de leurs larmes Irène, tandis qu'Irène demande deux fois pardon à Dieu d'une voix mourante. Tout est froid à votre théâtre à côté de cette catastrophe.

MMMMMMMCCCXCIII. — De M. Dalembert.

Paris, 18 novembre.

Mon cher et illustre maître, M. Delisle et M. Bitaubé m'ont rendu vos lettres. J'ai beaucoup causé avec le premier sur son projet et son désir de s'attacher à votre ancien disciple, et j'écris en conséquence à cet ancien disciple tout le bien que je pense de M. Delisle, et tout l'avantage que le monarque trouverait à se l'attacher; je lui demande à quelles conditions il le voudrait, et je lui fais entendre que ces conditions doivent être avantageuses. Nous verrons sa réponse, qui sera, à ce que j'espère, telle que nous la désirons. Joignez-vous à moi de votre côté, et écrivez tout de suite; car ma lettre est partie d'hier.

Voilà la Sorbonne qui veut condamner l'abbé Remy comme hérétique pour son *Éloge de L'Hospital;* mais ces messieurs sont, à ce qu'on dit, divisés entre eux, et d'ailleurs ils craignent le parlement, dont on les menace.

Nous n'aurons pas Pascal[1] cette fois-ci; j'ai frappé à la porte de Rufin, et il m'a fait dire qu'il fallait encore attendre; mais j'espère au moins que nous n'aurons pas Cotin-Chabanon, qui demande l'Académie tout à la fois comme on demande l'aumône et comme on demande la bourse, et qui veut accumuler sur sa tête des titres au lieu de talents.

J'ai vu avec grand plaisir que vous avez donné cinquante louis à Berne pour ce prix intéressant, et j'ai lu avec plus de plaisir encore l'ouvrage que vous m'avez envoyé, et qui serait bien digne du prix.

1. Condorcet que Voltaire désirait voir entrer à l'Académie. C'est peut-être Maurepas qui est désigné par le nom de Rufin. (Éd.)

Mais je pense, mon cher et illustre maître, sauf votre meilleur avis, qu'il aurait fallu ne pas proposer les trois questions à la fois, et qu'il eût été bon de les séparer : 1° parce que la besogne est trop considérable, et que chacune des trois questions séparément vaut bien cent louis au moins; 2° parce que la troisième question ne peut guère être traitée à fond que par un jurisconsulte, et que les deux premières, et la première surtout, peuvent l'être par un homme qui ne serait que philosophe. Peut-être serait-il temps d'écrire encore là-dessus à l'Académie de Berne, et personne n'y est plus propre que vous.

Voilà encore la querelle sur la musique recommencée entre La Harpe et un de nos confrères, ou plutôt deux; car Suard et l'abbé Arnaud font bourse commune. Je pense que La Harpe a toute raison[1]; mais cette querelle met bien de l'aigreur parmi nous. Nous sommes comme ces marauds de Grecs qui, pendant que Mahomet les assiégeait, s'égorgeaient entre eux pour la transfiguration. Pauvre espèce humaine! Tout cela ne sera rien, mon cher confrère, si vous vous conservez pour la philosophie et pour vos amis; pour moi, je deviens imbécile, et incapable d'écrire deux mots qui aient le sens commun. Quand je pense à tout ce que vous faites avec vingt-quatre ans de plus que moi, je dis avec Térence : *Homo homini quid præstat*[2]*!* « Quelle distance entre un homme et un autre! » Mais je permets à nos esprits, mon cher et illustre maître, d'être à si grande distance qu'ils voudront, pourvu que nos cœurs soient bien proches : vous savez combien le mien a été de tout temps attiré vers le vôtre. Sur ce, je vous embrasse tendrement et vous demande votre bénédiction. *Tuus* BERTRAND.

MMMMMMMCCCXCIV. — DE FRÉDÉRIC II, ROI DE PRUSSE.

A Potsdam, le 18 novembre.

J'attends votre ouvrage instructif sur les abus de la législation[3], et avec impatience, persuadé que j'y trouverai l'utile et l'agréable. Il paraît que l'Europe est à présent en train de s'éclairer sur tous les objets qui influent le plus au bien de l'humanité, et il faut vous rendre le témoignage que vous avez plus contribué qu'aucun de vos contemporains à l'éclairer au flambeau de la philosophie. Pour vos Welches, sur lesquels vous glosez, je croirais qu'en les prenant en masse, ils sont à peu près semblables aux autres habitants de ce globe : ils ont peut-être quelque chose de trop impétueux dans leur vivacité, qui dégénère même en férocité. D'ailleurs l'homme est une espèce assez méchante, à laquelle il faut partout des principes réprimants, ou sa méchanceté foncière renverserait toutes les bornes de l'honnêteté et même de la bienséance. Souvenez-vous que si vos Français vont de l'échafaud au spectacle, Cicéron, Atticus, Varron, Catulle assistaient au spectacle barbare des combats de gladiateurs, et qu'ensuite ils allaient entendre

1. Il avait donné, dans le *Journal de politique et de littérature*, du 5 novembre, une *Réponse à l'anonyme de Vaugirard*. (ÉD.)
2. Térence, *Eunuch.*, acte II, scène II, vers 1. (ÉD.)
3. *Prix de la justice et de l'humanité*. (ÉD.)

les tragédies d'Ennius et les comédies de Térence. L'habitude gouverne les hommes : la curiosité les attire à l'exécution d'un coupable, et l'ennui les promène à l'Opéra, faute de pouvoir autrement tuer le temps.

Il y a des fainéants dans toutes les grandes villes, et peu de gens qui aient acquis assez de connaissances pour se former le goût. Quelques personnes, qui passent pour habiles, décident du sort des pièces; et des ignorants, incapables de juger par eux-mêmes, répètent ce que les autres ont dit. Ces jugements ne se bornent pas aux pièces de théâtre, ils se font remarquer universellement, et constituent ce qu'on appelle la réputation des hommes. Et voilà les solides appuis sur lesquels est fondée la renommée. Vanité des vanités[1] !

Vous voulez savoir ce que sont devenus les jésuites chez nous. J'ignorais l'anecdote du régiment levé de cet ordre, et qui probablement aura eu sa part à l'aventure des chèvres[2]; mais, comme ces animaux sont très-rares en Silésie, je ne crois pas que nos bons pères se soient avilis en fréquentant cette espèce. J'ai conservé cet ordre tant bien que mal, tout hérétique que je suis, et puis encore incrédule. En voici les raisons :

On ne trouve dans nos contrées aucun catholique lettré, si ce n'est parmi les jésuites; nous n'avions personne capable de tenir les classes; nous n'avions ni pères de l'Oratoire ni piaristes; le reste des moines est d'une ignorance crasse; il fallait donc conserver les jésuites, ou laisser périr toutes les écoles. Il fallait donc que l'ordre subsistât, pour fournir des professeurs à mesure qu'il venait à en manquer; et la fondation pouvait fournir la dépense à ces frais. Elle n'aurait pas été suffisante pour payer des professeurs laïques. De plus, c'était à l'université des jésuites que se formaient les théologiens destinés à remplir les cures. Si l'ordre avait été supprimé, l'université ne subsisterait plus, et l'on aurait été nécessité d'envoyer les Silésiens étudier la théologie en Bohême, ce qui aurait été contraire aux principes fondamentaux du gouvernement.

Toutes ces raisons valables m'ont fait le paladin de cet ordre. Et j'ai si bien combattu pour lui que je l'ai soutenu, à quelques modifications près, tel qu'il se trouve à présent, sans général, sans troisième vœu, et décoré d'un nouvel uniforme que le pape lui a conféré. Le malheur de cet ordre a influé sur un général qui en avait été dans sa jeunesse : ce M. de Saint-Germain avait de grands et de beaux desseins très-avantageux à vos Welches; mais tout le monde l'a traversé, parce que les réformes qu'il se proposait de faire auraient obligé des freluquets à une exactitude qui leur répugnait. Il lui fallait de l'argent pour supprimer la maison du roi : on le lui a refusé. Voilà donc quarante mille hommes, dont la France pouvait augmenter ses forces sans payer un sou de plus, perdus pour vos Welches, afin de conserver dix mille fai-

1. *Ecclésiaste*, I, 2. (Éd.)

2. Allusion à une armée levée par le pape et les jésuites contre Henri IV; elle amena des chèvres à sa suite, et fit connaître en France cette turpitude, jusque-là ignorée des Welches. C'est, avec la théologie, la seule chose que Rome moderne ait pu enseigner. (*Éd. de Kehl.*)

néants bien chamarrés et bien galonnés. Et vous voulez que je n'estime pas un homme qui pense si juste? Le mépris ne peut tomber que sur les mauvais citoyens qui l'ont contrecarré.

Souvenez-vous, je vous prie, du P. Tournemine votre nourricier (vous avez sucé chez lui le doux lait des Muses), et réconciliez-vous avec un ordre qui a porté, et qui, le siècle passé, a fourni à la France des hommes du plus grand mérite. Je sais très-bien qu'ils ont cabalé et se sont mêlés d'affaires; mais c'est la faute du gouvernement. Pourquoi l'a-t-il souffert? Je ne m'en prends pas au P. Le Tellier, mais à Louis XIV.

Mais tout cela m'embarrasse moins que le patriarche de Ferney : il faut qu'il vive, qu'il soit heureux, et qu'il n'oublie pas les absents. Ce sont les vœux du solitaire de Sans-Souci. *Vale.* FÉDÉRIC.

MMMMMMMCCCXCV. — A M. DE LA HARPE.

19 novembre.

Votre lettre du 12 de novembre, mon très-cher confrère, m'apprend les petites persécutions que notre compagnie essuie. J'ai d'ailleurs été informé des petites tracasseries qu'on m'a faites auprès de M. de Chabanon. On a voulu le rendre mon ennemi en le rendant mon confrère, lui que j'ai toujours reçu chez moi avec la plus tendre amitié : cela est bien injuste; mais peut-on attendre des hommes autre chose que des injustices?

Songez à vous, mon cher confrère : mettez les derniers fleurons à vos couronnes par les *Barmécides* et les *Menzicof*. Pour moi, j'ai la folie de faire jouer à Ferney des tragédies de province, faites par un vieillard de quatre-vingt-quatre ans. Cela nous amuse un moment, par la rareté du fait :

Dulce est desipere in loco [1].

C'est le mariage de M. de Villette, très-connu de vous, qui nous vaut ces bouffonneries. Il est venu nous voir, et nous l'avons marié, pour lui faire les honneurs de la maison. Il épouse une jeune et belle demoiselle, fille d'un officier des gardes, que nous avions chez nous. Cette demoiselle n'a d'autre dot que sa beauté et sa sagesse. M. de Villette, qui possède cinquante mille écus de rente, fait un très-bon marché. Pour moi, je reste seul dans mon lit, et j'y radote en vers et en prose.

Je vous envoie un ouvrage plus sérieux [2] que nos drames de Ferney. Vous devez vous y intéresser, mon cher confrère, non pas en qualité d'académicien, mais en qualité de Suisse du pays de Vaud; car enfin vous êtes mon compatriote. Je suis membre d'une société de Berne. Un des membres de la société a donné cinquante louis et moi cinquante autres, pour un prix qui sera adjugé à celui qui aura fourni la meilleure méthode de corriger l'abominable loi criminelle reçue en France et dans plusieurs États de l'Allemagne. Nous venons au secours de l'humanité et de la raison, bien cruellement traitées.

1. Horace, livre IV, ode XII, vers 28. (ÉD.)
2. *Le Prix de la justice et de l'humanité.* (ÉD.)

Si vous connaissez quelque jeune candidat de la chicane à qui vous vous intéressiez, et à qui vous vouliez faire gagner cent louis d'or, donnez-lui ce programme à lire, et faites-lui gagner le prix, à moins que vous ne vouliez nous faire l'honneur de le gagner vous-même. Vous verrez, dans ce programme, des choses que vous connaissez, et qui doivent faire dresser les cheveux à la tête de tous les honnêtes gens.

Je voudrais que les grands juges de toutes choses, les Dalembert et les Condorcet, eussent le temps de lire notre programme bernois.

Adieu, mon cher confrère; combattez, triomphez, et prospérez

MMMMMMMCCCXCVI. — A M. DE VAINES.

A Ferney, 19 novembre.

Le vieux malade persiste à profiter des bontés de M. de Vaines jusqu'au premier jour de janvier 1778, et à l'aimer toute sa vie.

MMMMMMMCCCXCVII. — A M. FRANÇOIS DE NEUFCHATEAU.

20 novembre.

Je n'ai reçu, monsieur, que le 18 de novembre votre paquet du 12 d'octobre. J'ai fait lire à M. le marquis de Villette, et à quelques amis qui passent le reste de l'automne dans ma chaumière, l'ouvrage plein d'esprit, de beaux vers, et de vérités, dont vous m'avez gratifié [1]. Je ne compte point pour des vérités les politesses que vous me faites dans cet écrit si agréable, et je ne suis point surpris qu'on vous ait refusé la permission d'imprimer l'éloge que vous faites d'un homme [2] peu agréable au ministère et à l'ordre des avocats : vous sentez que des ennemis se tiennent pour insultés quand on loue leurs ennemis.

Vous ne trouverez pas, monsieur, beaucoup de secours pour votre édition parmi les libraires de Suisse et de Genève : il y en a de riches qui n'impriment que de gros livres de bibliothèque; il y en a de pauvres qui ne débitent que des almanachs, mais aucun qui sache encourager le mérite d'un homme de lettres. Vous ne trouverez nulle ressource pour vos œuvres dans toute la librairie de ce pays-là. Il y a bientôt trente ans que j'y suis; vous pourrez dire de moi :

In qua scribebat barbara terra fuit [3].

Vous jouissez d'un sort contraire, quand vous avez le bonheur d'être chez M. Dupaty. Il daigna autrefois honorer ma retraite de sa présence lorsqu'il était un peu victime de son éloquence et de son courage : c'est un homme d'un rare mérite, et qui est fait pour sentir le vôtre. Je vous supplie, monsieur, de vouloir bien lui dire combien nous sommes flattés, ma nièce et moi, de son souvenir. Je lui envie le plaisir qu'il a de vous posséder chez lui. Je voudrais pouvoir partager vos peines, et goûter avec vous tous les plaisirs de l'esprit; mais j'ai quatre-vingt-quatre ans, je suis accablé de souffrances de toute espèce, et je n'ai plus qu'à mourir.

LE VIEUX MALADE DE FERNEY.

1. *Discours sur les dégoûts de la littérature.* (ÉD.) — 2. Linguet. (ÉD.)
3 Ovide, *Tristes*, liv. III, eleg. I, v. 18. (ÉD.)

MMMMMMMCCCXCVIII. — A M. DE VAINES.

23 novembre.

Le vieux malade trouve toujours sa consolation dans les bontés de M. de Vaines. Il lui adresse cet envoi pour M. de Condorcet son ami, et lui en adressera encore un autre avant l'expiration du bail des postes.

Extremum.... quod te alloquor, hoc est[1].

MMMMMMMCCCXCIX. — A M. HENNIN.

.... novembre.

Le vieux malade, monsieur, vous remercie de toutes vos bontés. Il vous renvoie l'édit du roi[2], qui n'est pas une extrême bonté pour la nation, mais qui est du moins un petit soulagement pour quelques pauvres petites familles. On n'est pas en état de faire de grandes choses quand on n'a que de grandes dettes.

Je supplie monsieur et madame Hennin d'agréer mes respects. V.

MMMMMMMCD. — A M. DELISLE DE SALES.

A Ferney, 24 novembre.

Je n'ai autre chose à vous mander, monsieur, sinon que j'écris aujourd'hui au même homme qui recevra la lettre de M. Dalembert.

Le gros paquet qui contiendra vos ouvrages ne pourra lui parvenir que dans deux ou trois mois, par les voitures de Suisse et par les chariots d'Allemagne. Ma lettre lui sera rendue dans quinze jours. Je compte beaucoup plus sur la recommandation de M. Dalembert que sur la mienne; mais je mets à cette négociation autant d'intérêt que lui. Il vaudrait mieux, sans doute, lui dédier un ouvrage de philosophie qu'à Palmyre[3]. La galanterie française n'a que faire ici :

Non erat hic locus....[4].

Au reste, le roi de Prusse fait bâtir une magnifique bibliothèque à Berlin. C'est à vous à lui fournir des ouvrages dignes de l'Apollon palatin. Le vieux malade vous embrasse sans cérémonie.

MMMMMMMCDI. — DE FRÉDÉRIC, LANDGRAVE DE HESSE-CASSEL.

Cassel, 24 novembre.

Monsieur, j'ai reçu la lettre du 27 du mois passé, avec le *Prix de la justice et de l'humanité*. Je me suis empressé de le lire, et j'y ai vu la justice et l'humanité tracées l'une et l'autre sur le papier avec la plume la plus éloquente et la prose la plus belle. Il serait à souhaiter

1. Virgile, *Æn.*, VI, 466. (ÉD.)
2. L'*Arrêt du conseil d'État du roi*, du 2 novembre 1777, concernant la répartition des vingtièmes, et portant suppression des vingtièmes d'industrie dans les bourgs, les villages et les campagnes. (*Note de M. Beuchot.*)
3. Delisle de Sales avait dédié sa *Philosophie de la nature*, *A la femme que j'aurai*, et qu'il appelait Palmyre. (ÉD.)
4. Horace, *Art poétique*, vers 19. (ÉD.)

que les jurisconsultes pensassent comme vous sur cette matière. Je viens d'en perdre un dans la personne de M. le conseiller privé Koop, qui réunissait tous les talents que l'on peut souhaiter dans une charge de cette importance. Homme juste, éclairé, laborieux, intègre, compatissant au malheur d'autrui, la mort nous l'a enlevé, et il n'avait pas encore cinquante ans. Il était entièrement revenu du sentiment barbare et inutile d'arracher le propre aveu du criminel par des supplices plus cruels que la mort.

Je voudrais pouvoir mériter les éloges que vous me donnez à cette occasion, et je les attribue uniquement à votre amitié pour moi, qui a trop d'indulgence.

Je suis avec la plus parfaite considération, monsieur, votre, etc.

MMMMMMMCDII. — A Frédéric II, roi de Prusse.

25 novembre.

Grand homme en tout, et sans rival
Depuis Paris jusqu'à la Mecque,
Vous fondez donc un hôpital
Pour la langue latine et grecque!
Vous placez leur bibliothèque
Vis-à-vis de votre arsenal.
Vous avez passé votre vie
Entre le dieu des grenadiers
Et le dieu de la poésie.
Tous deux, épris de jalousie,
Vous ont accablé de lauriers.
Vous les avez aimés en sage;
Vous les caressez tour à tour;
Et l'on pourra douter un jour
Qui des deux vous plut davantage.

J'apprends, sire, que M. Dalembert vous a proposé un des martyrs de la philosophie pour un de vos bibliothécaires. C'est ce Delisle [1], dont Votre Majesté a entendu parler, qui a été tout près d'être condamné comme Morival par un sanhédrin de barbares imbéciles. Ce Delisle est assez savant pour un bel esprit; il est très-laborieux; il a autant de véritable vertu que les bigots en affectent de fausse. Je le crois très-digne de servir Votre Majesté dans toutes les parties de la littérature; votre vocation est de réparer nos sottises et nos injustices.

J'ai mis aux chariots de poste des exemplaires du *Prix de la justice et de l'humanité*, pour lequel vous avez contribué si généreusement; ils arriveront quand il plaira à Dieu.

J'ai aujourd'hui quatre-vingt-quatre ans. J'ai plus d'aversion que jamais pour l'extrême-onction et pour ceux qui la donnent. En attendant, je suis à vos pieds, et je vous invoque comme mon consolateur dans cette vie et dans l'autre.

LE VIEUX MALADE

1. Frédéric refusa. (Éd.)

MMMMMMMCDIII. — A M. DALEMBERT.

26 novembre.

Non, vous n'êtes plus Bertrand, vous êtes Caton; vous êtes juste et intrépide...; mais je suis très-fâché de tout ce qui se passe.

A l'égard d'un des martyrs de la raison, condamné par les petits cuistres, et à peine sauvé par les grands cuistres, je me joins à vous auprès de Julien *minor* ou *major*, que vous appelez mon ancien disciple. Je lui écris le plus fortement qu'il m'est possible en faveur du martyr dont j'espère de nouvelles homélies moins longues, moins décousues, plus solides, plus neuves, et plus dignes d'un homme qui sera aupres de Julien. La belle bibliothèque qu'a fait bâtir cet homme amoureux de toute sorte de gloire est une occasion de placer Delisle très-avantageusement. Julien est en train de faire du bien. Il vient de m'accorder deux grandes bontés : l'une a été de daigner être mon solliciteur auprès de son neveu le duc régnant de Wurtemberg, sur lequel j'ai placé tout mon bien, et qui veut que je meure de faim, moi qui ne voulais mourir que de vieillesse.

Je m'occupe actuellement de la conversion de M. de Villette, à qui j'ai fait faire le meilleur marché qu'on puisse jamais conclure. Il a épousé, dans ma chaumière de Ferney, une fille qui n'a pas un sou, et dont la dot est de la vertu, de la philosophie, de la candeur, de la sensibilité, une extrême beauté, l'air le plus noble; le tout à dix-neuf ans. Les nouveaux mariés s'occupent jour et nuit à me faire un petit philosophe. Cela me ragaillardit dans mes horribles souffrances, et cela ne m'empêche pas de vous regretter tous les jours de ma vie. Vous savez que ma plus grande consolation est de vous aimer.

MMMMMMMCDIV. — A M. DE VAINES.

A Ferney, 26 novembre.

Le vieux malade a encore recours aux bontés de M. de Vaines, en lui demandant bien pardon de tant d'importunités.

MMMMMMMCDV. — A M. LE MARQUIS DE THIBOUVILLE.

26 novembre.

Je dois autant de reconnaissance que d'estime au vrai Baron, plus connaisseur que Baron. Nous sommes encore bien loin de livrer *Irène* aux bêtes féroces du parterre de Paris; mais j'ai eu le temps de remédier aux très-grands défauts que vous aviez trouvés au second acte, quand on vient annoncer au prince Alexis Comnène, en présence d'Irène, qu'il est mandé par l'empereur. C'est assurément un coup de théâtre qui méritait qu'Alexis en parlât avec plus d'étendue. Je n'ai pas manqué d'envoyer cette addition à l'ange exterminateur, redevenu l'ange sauveur.

Permettez-moi de résister obstinément aux autres critiques qui sont trop contraires à l'esprit dans lequel j'ai fait Irène. J'avais tenté d'abord de rendre son mari tout à fait odieux, afin de la justifier. Je m'aperçus bien vite qu'alors elle devenait ridicule de s'obstiner à être fidèle, et de se tuer très-sottement, pour ne pas manquer à la mémoire d'un méchant homme. J'ai vu évidemment qu'il faut avoir quelques reproches à se faire, pour qu'on soit bien reçu à se tuer entre son père et son amant.

A l'égard de la catastrophe, il faut bien se donner de garde de l'allonger. Le parterre s'en va dès que l'héroïne est morte. Il ne faut que le spectacle attendrissant de l'amant et du père, qui disent chacun deux mots aux genoux de la mourante.

Omne supervacuum pleno de pectore manat[1].

L'ascendant d'un vieillard fanatique sur une enfant, c'est-à-dire sur une fille et non pas sur un garçon, ne peut fournir aucune allusion. Vous savez bien qu'il n'y a, dans votre pays, aucun fanatique qui gouverne sa fille enfant.

Mon imagination décrépite est d'ailleurs aux ordres de votre critique judicieuse, et mon cœur est encore plus aux ordres de votre cœur. Vous vous êtes heureusement corrigé de l'habitude affreuse de m'écrire, deux fois par an, quatre mots indéchiffrables qui ne signifiaient rien. Cela est bon pour la petite poste de Paris, pour avertir un homme oisif qu'il est prié à souper chez une femme oisive, avec des gens qui n'ont rien à faire ni à dire. Je n'ai pas un moment à moi dans la journée : je suis accablé de travaux incroyables, de maladies, et d'années, et cependant je trouve encore des moments pour raisonner avec vous, pour vous dire que je vous aime tendrement, surtout quand vous secouez avec moi votre paresse, et que je viendrai vous voir, si je puis jamais supporter le voyage, et si je ne meurs point en chemin; mais la destinée m'a toujours contredit. Nous formons des projets avec Mme Denis, avec M. et Mme de Villette; nous arrangeons ces projets à midi, et nous en découvrons toutes les impossibilités à deux heures. Cette Mme Denis vous écrit à la fin : vous voyez bien qu'on n'est pas incorrigible. Pour moi, je tâche de me corriger, moi et mes ouvrages, dans un âge où l'on prétend qu'on est incapable de tout.

Je n'en crois rien. Si j'avais fait une faute à cent ans, je voudrais la réparer à cent et un. Adieu; si j'avais tort de vous aimer, je ne m'en corrigerais pas.

MMMMMMMCDVI. — De Catherine II.

A Pétersbourg, 23 novembre-4 décembre.

Monsieur, j'ai reçu les trois feuillets imprimés qui accompagnaient votre lettre du 28 octobre. Le sujet que vous proposez est digne de vous : il est à désirer qu'il soit entièrement rempli. Les inquisitions d'État et d'Église n'auraient pas besoin du grand fatras de règles et de formes, si les princes étaient instruits ou éclairés. J'attends avec une grande impatience les exemplaires complets que vous me promettez; je vous avoue que ceux de vos écrits me seraient les plus précieux : ils me

1. Horace, *de Arte poet.*, v. 337. (Éd.)

délasseraient de certains règlements de finance dont la base porte sur ces mots : *Vivre et laisser écrire.* On y travaille depuis deux ans, et je n'en vois pas la fin.

Adieu, monsieur; portez-vous bien, et souvenez-vous quelquefois de moi.

M. de Schowalow est revenu plus enchanté de vous que jamais.

MMMMMMMCDVII. — A CATHERINE II.

A Ferney, 5 décembre.

Madame, je reçus hier au soir un des gages de votre immortalité, le code de vos lois en allemand, dont Votre Majesté impériale daigne me gratifier. J'ai commencé, dès ce matin, à le faire traduire dans la langue des Welches; il le sera en chinois, il le sera dans toutes les langues : ce sera l'évangile de l'univers.

J'avais bien raison de dire, il y a treize ans, que tout nous viendrait de l'étoile du Nord.

J'ai pris la liberté d'adresser, il y a quinze jours, à Votre Majesté, par des chariots de poste d'Allemagne, le *Prix de la justice et de l'humanité.* C'est un petit coup de cloche qui annonce vos bienfaits au genre humain. Nous sommes deux membres de la société de Berne qui avons déposé chacun cinquante louis d'or pour le concurrent qui fera le projet d'un code criminel le plus approchant de vos lois, et le plus convenable au pays où nous vivons.

Je voudrais qu'on proposât un prix pour celui qui trouvera la manière la plus prompte et la plus sûre de renvoyer les Turcs dans le pays d'où ils sont venus; mais je crois toujours que ce secret n'est réservé qu'à la première personne du genre humain, qui s'appelle Catherine II. Je me prosterne à ses pieds, et je crie dans mon agonie : *Allah allah!* Catherine *reçoul ullah.*

MMMMMMMCDVIII. — A M. LE COMTE D'ARGENTAL.

A Ferney, 6 décembre.

Je ne vous parlerai pas aujoud'hui, mon cher ange, des deux enfants que j'ai faits dans ma quatre-vingt-quatrième année. Vous les nourrirez, s'ils vous plaisent : vous les laisserez mourir s'ils sont contrefaits. Mais je veux absolument vous parler d'un autre monstre : c'est de cet animal amphibie qui n'est ni fille ni garçon; qui est, dit-on, habillé actuellement en fille[1], qui porte la croix de Saint-Louis sur son corset, et qui a, comme vous, douze mille francs de pension. Tout cela est-il bien vrai? je ne crois pas que vous soyez de ses amis, s'il est de votre sexe; ni de ses amants, s'il est de l'autre. Vous êtes à portée, plus que personne, de m'expliquer ce mystère. Il ou elle m'avait fait dire, par un Anglais de mes amis, qu'il ou elle viendrait à Ferney, et j'en suis très-embarrassé.

Je vous demande en grâce de me dire le mot de cette énigme.

1. Le chevalier d'Éon. (ÉD.)

Je ne sais point de nouvelle de la santé de M. de Thibouville; vous croyez bien que je m'y intéresse. La mienne est bien déplorable; vous savez que je n'ai pas besoin d'un fort hiver.

Je remercie de loin votre très-aimable secrétaire, qui a bien voulu raccommoder les langes de mon dernier enfant. Savez-vous bien que je vous en enverrais encore un autre, si celui-là ne mourait pas en nourrice? Il est plaisant que je sois si prolifique, en étant continuellement à la mort.

Avez-vous mis en nourrice mon Constantinopolitain chez M. le maréchal de Duras? Je ne vous fais cette question, mon cher ange, que pour vous remercier de vos bontés, car je ne suis pressé de rien. Si j'avais des passions vives, ce serait de venir me mettre à Paris sous les ailes de mon ange. Je me recommande à M. de Thibouville.

MMMMMMMCDIX. — A M. DELAUNAY, MAÎTRE DES REQUÊTES.

8 décembre.

Le vieux malade très-mortel, au brillant et solide auteur du Panégyrique de la pitié.

Oui, la pitié est un don de Dieu; oui, son panégyriste a raison, et d'autant plus qu'il est très-éloquent; car, s'il ne l'était pas, à quoi servirait-il d'avoir raison?

Oui, la pitié est le contre-poison de tous les fléaux de ce monde. Voilà pourquoi Jean Racine prit pour sa devise, dans l'édition de ses tragédies : *Φόϐος καὶ ἔλεος*, *Crainte et pitié;* voilà pourquoi on dit à notre messe latine le *Kyrie eleison* des Grecs. Tous les prédicateurs cherchent à inspirer la pitié pour les pauvres et pour les malheureux; et la plupart de ces orateurs mêmes font pitié.

L'illustre maître de l'assemblée littéraire et fraternelle fera toujours plutôt envie que pitié.

Si je pouvais, dans mon triste état, faire un voyage à Paris, mon plus grand désir serait que le panégyriste de la pitié en eût un peu pour moi.

Pour M. de Villette, il est sans pitié pour sa nouvelle conquête, et ne lui donne pas le temps de respirer.

MMMMMMMCDX. — A MADAME LA MARQUISE D'AZY[1].

Les deux heureux, madame, me permettent de vous féliciter de leur bonheur. Mlle de Varicour a bien voulu être ma fille quelque temps; Mme de Villette jouit d'un sort plus beau, elle devient aujourd'hui votre nièce; et j'ose vous assurer qu'elle en est très-digne. Je vous rends votre bien, la vertu, le bon esprit, et les grâces.

Mon âge m'empêchera d'aller vous la présenter moi-meme, et vous faire ma cour. Affligé dans ma retraite d'un reste d'apoplexie qui m'entraîne au pays où est descendu Catherin Fréron, j'ai été bien consolé

1. Cette dame était tante de M. de Villette. (ÉD.)

par votre aimable lettre. Je n'ai jamais perdu l'habitude de vous être véritablement attaché, et rien n'altérera la sensibilité et le respect avec lesquels j'ai l'honneur d'être, etc.

MMMMMMMCDXI. — A M. FABRY.

12 décembre.

Monsieur, on me demande de Paris une copie circulaire imprimée que nous reçûmes de la part du ministère, dans tout le pays de Gex, il y a plusieurs années. C'était dans le temps que M. le duc de Praslin avait le département de la marine, et que la France envoya une petite flotte contre l'empereur de Maroc. La flotte fut prise; les soldats et les officiers qui la montaient furent mis aux fers. La lettre circulaire dont je vous parle nous exhortait à une contribution volontaire que nous fîmes. J'ai perdu l'exemplaire qui m'était adressé.

Comme vous êtes plus exact que moi, et que vous êtes un homme d'ordre, ce que je suis bien loin d'être, j'ai recours à vos bontés, pour tâcher de retrouver cette copie qu'on me demande. Je présume qu'elle pourrait être dans vos archives, ou dans celles des états de la province. Je vous serais très-obligé de cette complaisance, et je vous demande bien pardon de mon importunité.

Je vous souhaite d'avance, monsieur, une bonne année de 1778, quoique nous ne soyons encore qu'au jour de l'escalade de 1777. Il n'y a plus de bonne année pour moi, qui suis accablé de quatre-vingt-quatre ans et de quatre-vingt-quatre maladies.

Je n'en suis pas moins, avec un sincère attachement, monsieur, votre, etc.

MMMMMMMCDXII. — A M. LE COMTE D'ARGENTAL.

16 décembre.

Messieurs mes anges, il ne faut qu'une critique vraisemblable, faite par un homme d'esprit et imposant, pour séduire quelquefois les esprits les plus éclairés, et les cœurs les plus sensibles. Nous sommes tous dans notre retraite d'un avis absolument contraire au vôtre. Soyez juge entre vous et nous. On pense ici unanimement que si Alexis n'était pas coupable, Irène ne serait qu'une dévote impertinente qui se tuerait par piété.

On pense, et il est très-vrai, que l'exemple de Massinisse, dans la *Sophonisbe*, n'a rien de commun avec Alexis. Autrefois *Sophonisbe* réussit en Italie et en France. Ce fut même notre première tragédie régulière, et la *Sophonisbe* de Mairet l'emporta toujours sur la *Sophonisbe* de Corneille. Les esprits sont devenus depuis beaucoup plus raffinés et moins naturels. La *Sophonisbe* de Mairet, quoique corrigée avec le plus grand soin, a déplu à une nation qui ne veut point voir un roi traité comme un esclave par un Romain, obligé par ce Romain de quitter sa femme, et se déshonorant par la mort de cette femme même, pour n'être point déshonoré en la voyant traîner en triomphe à la queue de la charrette du vainqueur.

C'est ici tout le contraire. Je vous prie, messieurs les anges, de bien peser cette vérité; je vous prie de bien sentir que toute la tragédie d'*Irène* est d'amour, et d'amour effréné. La mort de Nicéphore n'en est que l'occasion, et n'en est point le sujet. Le cœur ne raisonne point; et une critique de réflexion, quelque plausible qu'elle puisse être, ne détruit jamais le sentiment.

Certainement l'amour d'Irène doit faire cent fois plus d'effet, si ce rôle est joué par une actrice passionnée, que l'amour de ma petite Idace, laquelle, au bout du compte, n'est qu'une Agnès tragique. Idace est très-honnête; mais Irène est déchirante, ou je suis fort trompé.

Voici des vers qui m'ont paru nécessaires à cette pièce, et qui semblent satisfaire, autant qu'il m'est possible, à la critique qui s'est élevée chez vous. Ils se ressentent peut-être de ma vieillesse et des douleurs qui me tourmentent. Je les ai faits dans mon lit, dont je ne sors point; mais, s'ils ne sont pas beaux, ils sont du moins raisonnables. J'avoue qu'ils ne détruiront jamais la censure. On dira toujours qu'Alexis a tort de vouloir épouser Irène immédiatement après avoir tué son mari. Je dirai, comme les autres, qu'il a grand tort, et que c'est ce tort inexcusable que j'ai voulu mettre sur le théâtre. Je dirai que j'ai voulu peindre un homme enivré de sa passion, et non pas un homme raisonnable.

Il y a dans la pièce un raisonneur, c'est bien assez; et ce raisonneur fait, ce me semble, un assez beau contraste avec le fougueux, l'écervelé et le tendre Alexis. C'est un rôle que je voudrais jouer sur mon petit théâtre de campagne, si j'avais vingt-quatre ans, au lieu de quatre-vingt-quatre.

Ce qui est sûr, mon cher ange, c'est que je vous aime dans ma vieillesse comme je vous aimais quand j'étais mineur.

MMMMMMMCDXIII. — De Frédéric II, roi de Prusse.

A Potsdam, le 17 décembre.

Il est agréable d'avoir le monument de toutes les pensées des hommes qu'on a pu recueillir : pour les ouvrages d'imagination, je prévois qu'il faudra s'en tenir à Homère, Virgile, le Tasse, Voltaire et l'Arioste. Il semble qu'en tout pays les cervelles se dessèchent, et ne produisent plus ni fleurs ni fruits. Pour les ouvrages historiques, il faudrait, pour les rendre utiles, les purger, si l'on pouvait, de l'esprit de parti, des fausses anecdotes et des mensonges. Quant aux métaphysiciens, on n'apprend chez eux que l'incompréhensibilité de nombre d'objets que la nature a mis hors de la portée de notre esprit; et quant à tout le fatras théologique d'auteurs hypocondriaques et fanatiques, il ne mérite pas qu'on perde son temps à lire les chimères ineptes qui leur ont passé par le cerveau; je ne dis rien de messieurs les géomètres, qui carrent éternellement des courbes inutiles : je les laisse avec leurs points sans étendue et leurs lignes sans profondeur, ainsi que messieurs les médecins, qui s'érigent en arbitres de notre vie, et qui ne sont que les témoins de nos maux. Que vous dirai-je des chimistes, qui, au lieu de créer de l'or, le dissipent en fumée par leurs opérations?

Il ne reste donc, pour notre utilité et pour notre consolation, que les belles-lettres, qu'on a nommées à juste titre *les lettres humaines*; et c'est à elles que je m'en tiens. Le reste peut être utile dans une capitale, où des amateurs mal partagés des dons de la fortune ne peuvent pas vérifier des citations qu'ils ont trouvées en d'autres livres, et dont ils trouvent là les originaux : et voilà à quoi cette bibliothèque est destinée. Mais les œuvres de Voltaire y occupent la place la plus brillante; la belle édition in-quarto y est étalée dans toute sa pompe.

Vous me proposez un M. Delisle pour bibliothécaire; mais je dois vous apprendre que nous en avons déjà trois, et que, selon l'axiome des nominaux, il ne faut pas multiplier les êtres sans nécessité. Je crois qu'il faudra nous en tenir au nombre que nous en avons.

Pour mon très-indigne pupille, le duc de Wurtemberg, je suis bien loin de vouloir excuser ses mauvais procédés. Il ne faut pas le rebuter; on gagne plus avec lui en l'importunant qu'en le convainquant de son droit. Et j'espère encore de pouvoir ériger un trophée *à Voltaire vainqueur du duc.*

Je suis sur le point d'aller à Berlin donner le carnaval aux autres sans y participer moi-même. Il s'y trouve un comte de Montmorency-Laval, très-aimable garçon que j'ai vu en Silésie. Je me dispute avec lui : il veut apprendre l'allemand; je lui dis que cela n'en vaut pas la peine, parce que nous n'avons pas de bons auteurs, et qu'il ne veut apprendre cette langue que pour nous faire la guerre. Il entend raillerie, et n'est certainement pas ennemi des Prussiens.

Puisse la nature fortifier les fibres du vieux patriarche! Je ne m'intéresse qu'à son corps, car son esprit est immortel. *Vale.* FÉDÉRIC.

MMMMMMMCDXIV. — A M. LE COMTE D'ARGENTAL.

19 décembre.

Mon cher ange, pardon de tant de vers. Je vous en ai dépêché plusieurs, aussi bien qu'à M. de Thibouville. Je vous afflige encore d'un nouvel envoi. Je demande pardon au très-aimable secrétaire de fatiguer à ce point sa belle main, que je suppose faite pour des emplois plus agréables; mais enfin, mon cher ange, tous ces nouveaux vers étaient nécessaires pour justifier pleinement Alexis, et pour fermer la bouche aux détracteurs. Tout ce que je crains à présent, c'est qu'Alexis ne paraisse trop innocent, et qu'Irène ne soit regardée comme une bégueule de dévote, qui aime mieux se tuer pour plaire à Dieu que de coucher avec son amant.

Je ne sais pas si Mlle d'Éon couchera avec le sien. Je ne puis croire que ce ou cette d'Éon, ayant le menton garni d'une barbe noire très-épaisse et très-piquante, soit une femme. Je suis tenté de croire qu'il a voulu pousser la singularité de ses aventures jusqu'à prétendre changer de sexe pour se dérober à la vengeance de la maison de Guerchy, comme Pourceaugnac s'habillait en femme pour se dérober à la justice et aux apothicaires.

Toute cette aventure me confond. Je ne puis concevoir ni d'Éon, ni le ministère de son temps, ni les démarches de Louis XV, ni celles qu'on fait aujourd'hui. Je ne connais rien à ce monde. Je mets sous vos ailes Byzance et ses faubourgs ; je m'y mets surtout moi-même.

MMMMMMMCDXV. — A M. Dalembert.

19 décembre.

Mon très-cher philosophe, j'ai lu *la Bienfaisance prouvée par les faits*[1]. On a dit jusqu'à présent que la philosophie n'est pas sensible : vous démontrez bien le contraire. Vous et l'abbé Morellet m'apprenez des choses dont on ne se doutait pas à Genève. Je ne crois pas qu'il y ait jamais eu d'exemple dans Paris de tant de générosité. Une femme d'un actionnaire de Saint-Gobin a fait plus de bien qu'aucune reine de France, et a fait ce bien avec une raison supérieure, qui n'était pas le partage de Marie Leczinska. Vous rendez son nom immortel, tandis que nous avons des grands seigneurs qui aspirent aux premières charges de l'État en friponnant au jeu et en volant dans la poche.

On dit qu'il paraît un troisième éloge fait par M. Thomas. Je ne l'ai point encore. Je ferai relier ce trio respectable, et vous serez à la tête. Je ne puis trop vous remercier, mon cher ami, de m'avoir fait lire le chef-d'œuvre de votre cœur. Je ne sais pas encore si vous avez réussi auprès de Frédéric pour le martyr du Châtelet. Vous avez pourtant bien pris votre temps ; car, en bâtissant une très-belle bibliothèque, il a besoin d'un bibliothécaire, et Delisle est tout propre pour cet emploi. J'ai écrit à Frédéric dans cette idée ; je n'ai point encore de réponse : mais sûrement Frédéric vous répondra, car il est coquet, il veut vous plaire. Vous avez dans Paris une voix prépondérante, et Alexandre voulait plaire aux Athéniens. Je ne sais si c'est en donnant douze cents francs de pension qu'il s'écriait : « O gens d'Athènes, voyez ce qu'il m'en coûte pour être loué de vous ! »

M. de Villette a consommé son mariage dans la chaumière que vous avez daigné habiter quelque temps. C'est une belle conversion, et qui fera grand honneur à la philosophie si elle dure.

Je vous embrasse de toutes mes forces, et je suis fâché que ce soit de si loin.

MMMMMMMCDXVI. — A M. Christin.

23 décembre.

Le vieux malade a écrit à M. le chevalier de Chastellux ; mais j'avertis mon très-cher correspondant, le protecteur des persécutés, que

1. Il s'agit d'un éloge de Mme Geoffrin, par M. Dalembert. Cette dame avait des actions dans la manufacture des glaces de Saint-Gobin. Thomas et l'abbé Morellet ont aussi écrit son éloge. Ces trois morceaux ont été réunis et réimprimés par les soins de l'abbé Morellet, 1812, in-8. L'écrit de Dalembert se compose de deux lettres adressées à Condorcet. (*Note de M. Beuchot.*)

M. Daguesseau n'a jamais voulu lire le livre de *la Félicité publique;* qu'il n'en a jamais dit un mot à l'auteur, quoique son neveu; et que le grand-oncle de *la Félicité publique* est un homme un peu difficile en affaires.

Je souhaite à mon cher défenseur des infortunés tout le succès que sa constance mérite. J'avoue que je crains toujours ces vingt-quatre personnages qui déclarèrent leur communauté esclave par-devant notaire. Je n'ai pas de peine à croire que ce notaire était un étranger, un mal vivant et un ivrogne. Je viens d'avoir affaire à un procureur qui est tout cela, et cependant j'ai perdu mon procès. Que ne suis-je à portée d'intéresser M. Necker dans cette affaire! il est, je crois, le seul qui pourrait engager M. de Maurepas à signaler son ministère par l'abolition de la servitude, en imitant le roi de Sardaigne.

J'embrasse bien tendrement mon très-cher ami, le maire de Saint-Claude, qui mériterait d'être le maire de Londres.

MMMMMMCDXVII. — De M. Dalembert.

A Paris, ce 27 décembre.

Ma négociation pour M. Delisle n'a pas été heureuse, mon cher maître. Le roi de Prusse me répond sèchement et laconiquement qu'il n'y a point de place à Berlin qui lui convienne, et qu'il lui conseille d'aller en Hollande, où il pourra faire le métier de tant d'autres qui lui ressemblent. Je vous adoucis même les termes de sa lettre, dont vous croyez bien que je n'ai pas régalé le pauvre Delisle. Notre Salomon a de l'humeur, et je le crois mécontent ou malade. Sa réponse est de nature à ne pas me permettre d'insister, et vous pouvez me dire, comme Châtillon à Nérestan:

Seigneur, s'il est ainsi, votre faveur est vaine[1].

Peut-être au reste M. Delisle n'aurait-il pas été heureux dans la place que nous voulions lui procurer. Vous savez, ainsi que moi, à quel maître il aurait eu affaire, sans compter qu'il eût été pour tous les entours un grand objet de jalousie, et par conséquent de calomnie. Voyez si vous jugez à propos de faire, pour votre compte, une nouvelle tentative. On craindra plus de vous désobliger que moi; mais je doute que vous ne soyez pas éconduit, sans doute avec politesse. Je suis étonné que M. Thomas ne vous ait pas envoyé ce qu'il a écrit sur notre vertueuse et respectable amie. Je crois que si elle revenait au monde, et qu'elle lût ses trois éloges, son esprit serait content de Thomas, son âme, de l'abbé Morellet, et son cœur, de moi : et il est bien vrai que c'est le cœur seul qui m'a dicté cette petite lettre.

Nous avons préféré, ne pouvant pas avoir Pascal-Condorcet, à Chapelain-Le-Mierre et à Cotin-Chabanon, Eutrope-Millot, qui a du moins le mérite d'avoir écrit l'histoire en philosophe, et de ne s'être jamais souvenu qu'il était jésuite et prêtre. C'est moi qui suis chargé de le

1. *Zaïre*, acte II, scène I. (Éd.)

recevoir. Buffon, directeur, s'en va à Montbard. Le prince Louis, chancelier, a des affaires; c'est comme dans le chapitre des Rats :

> L'un dit : « Je n'y vas pas, je ne suis pas si sot; »
> L'autre : « Je ne saurais[1]; »

si bien que me voilà endossé de l'oraison funèbre de Gresset. Je me tirerai de cela comme je pourrai.

On dit que vous aurez chez vous tout l'hiver M. et Mme de Villette. Ce catéchumène a besoin, pour assurer sa conversion, de passer quelques mois dans votre église, et d'aller chez vous au catéchisme. Je désire fort que vos instructions achèvent cette cure.

Adieu, mon cher et illustre ami; je vous embrasse tendrement, et suis plus que jamais *tuus ex animo*. BERTRAND.

MMMMMMMCDXVIII. — A M. DERREY DE ROCQUEVILLE, AVOCAT AU PARLEMENT DE TOULOUSE.

Vous êtes une preuve, monsieur, de ce que j'ai dit publiquement[2], que l'éloquence qui régnait à Paris sous le grand siècle de Louis XIV se réfugie aujourd'hui en province. Je serai bien étonné si Louis Dussol ne vous doit pas sa fortune. Il est pauvre, il doit partager avec les pauvres; il est de la famille, il doit donc avoir la meilleure part. Voilà comme la nature jugerait ce procès, si on lui faisait l'honneur de la consulter. Toute loi qui contredit la nature est bien injuste....

J'ai l'honneur d'être avec toute l'estime que vous méritez, monsieur, votre très-humble et très-obéissant serviteur, VOLTAIRE.

MMMMMMMCDXIX. — A M. LE PELLETIER DE MORFONTAINE[3].

Le marquis de Villette permet, monsieur, que je me joigne à lui pour vous dire que je n'ai jamais oublié l'honneur que vous m'avez fait, et la protection utile que vous avez accordée aux malheureux Calas. Je me rappelle vos bontés pour mère Madeleine, ma cousine, supérieure des sœurs grises de votre ville, laquelle m'écrivait, autant qu'il m'en souvient, qu'elle aimait Jésus et Marie plus que sa vie.

Je me réjouis quelquefois par les pensées de ma vie sociale; elle est finie pour moi. Je ne supporte plus que ma vie pédantesque. Je fais mon testament, tandis que M. de Villette signe son contrat de mariage.

Je suis entièrement de son avis quand il dit que l'on souhaite à Ferney de vivre sous vos lois : vous êtes estimé des riches et adoré des pauvres. Mais je le désavoue tout à fait dans le bien qu'il dit de deux ouvrages qui ne se ressentent que trop de mes années. Je n'ai pas en-

1. La Fontaine, liv. II, fable II. (ÉD.)
2. Chap. XLIII du *Précis du siècle de Louis XV*. (ÉD.)
3. Intendant de Soissons de 1765 à 1784. (ÉD.)

core achevé tous ceux que j'ai entrepris à Ferney, et je ne les verrai pas finir.

Felices queis *mœnia surgunt*[1]!

Ce vers de Virgile m'a coûté quinze cent mille livres. V.

MMMMMMMCDXX. — A M. DALEMBERT.

4 janvier 1778.

Ce héros, mon cher philosophe, n'aime pas la métaphysique, et peut-être n'a-t-il pas grand tort; mais, croyez-moi, il n'aime pas davantage la géométrie; il me mande à peu près les mêmes choses qu'à vous.

Je crois qu'il se trompe sur notre pauvre Delisle, et que ce serait un sujet dont il serait fort content. Il est laborieux et exact :

Ad nutus aptus heriles.
Hor., lib. II, ep. II, v. 6.

Il serait assurément plus satisfait de lui que d'un petit laquais qu'il me prit autrefois pour en faire son secrétaire[2].

Que voulez-vous, mon cher ami? il faut prendre les rois comme ils sont, et Dieu aussi. Il est triste que Delisle ne puisse prétendre à rien et que Sabotier et Polissot aient fait une fortune; cela est capable de dégoûter les honnêtes gens. Peut-être se trouvera-t-il à Paris quelque soi-disant grand seigneur qui aura besoin d'un précepteur pour son fils. Le président de Maisons prit chez lui du Marsais, sur ce qu'on disait qu'il était athée; Delisle, qui n'est que déiste, pourrait trouver pratique.

J'ai lu les trois éloges, et surtout le vôtre, avec plaisir. Il me semble que le grand Condé et M. de Turenne n'avaient eu que deux oraisons funèbres. Il est beau qu'une simple citoyenne en ait eu trois : aussi avait-elle fait beaucoup plus de bien qu'aucune de vos princesses, et même de vos reines. Cet exemple unique sera-t-il imité? Je ne crois pas que ce soit par sa fille.

Je ne suis ni fâché ni bien aise que le rédacteur[3] des *Mémoires de Noailles* soit des nôtres; mais je voudrais bien mourir confrère de Pascal-Condorcet, ou, si vous voulez, d'Anti-Pascal.

Je vous souhaite, comme on dit, la bonne année, et je suis bien étonné d'avoir vu finir l'année des trois sept.

J'ai donné à Villette la plus belle et la meilleure femme du monde. J'ose espérer qu'il en sera digne; car, après tout, il a bien de l'esprit, et il est très-aimable dans la société. Vivez heureux, mon très-cher philosophe.

1. Virgile, *Æn.*, I, 437. (Éd.) — 2. Il s'appelait Villaume. (Éd.)
3. Millot. (Éd.)

MMMMMMMCDXXI. — A Frédéric II, roi de Prusse.

A Ferney, 6 janvier.

Sire, grand homme, que vous m'instruisez, que vous me consolez, que vous me fortifiez dans toutes mes idées au bout de ma carrière! Votre Majesté, ou plutôt Votre Humanité, a bien raison : le fatras métaphysique, théologique, fanatique, est sans doute ce que nous avons de plus méprisable, et cependant on écrira sur ces chimères absurdes tant qu'il y aura des universités, des esprits faux, et de l'argent à gagner.

Parmi les géomètres, il n'y a guère eu qu'Archimède et Newton qui aient acquis une véritable gloire, parce qu'ils ont inventé des choses très-difficiles, très-inconnues, et très-utiles; il n'y a point de gloire pour ceux qui ne savent que diviser A moins B plus C, par X moins Z, qui passent leur vie à écrire ce que les autres ont imaginé.

Pour l'histoire, ce n'est, après tout, qu'une gazette; la plus vraie est remplie de faussetés, et elle ne peut avoir de mérite que celui du style. Ce style est le fruit de la littérature : c'est donc à la littérature qu'il faut s'en tenir. C'est ainsi que pensa le grand Condé dans sa retraite de Chantilly; c'est ainsi que pense le grand Frédéric à Sans-Souci.

Quand j'ai proposé à Votre Majesté le sieur Delisle pour arranger votre nouvelle bibliothèque, je ne savais pas que vous aviez déjà plusieurs gens de lettres occupés de ce service. Je le proposais comme un homme laborieux et exact, très-capable de faire des extraits et de tenir tout en ordre. J'avais éprouvé ses talents dans ce travail, et j'osais vous le présenter comme un subalterne qui aurait bien servi dans cette partie.

Je vous ai plus d'obligation que vous ne pensez; votre pupille vient enfin de se laisser un peu attendrir; il m'a payé vingt mille francs sur les quatre-vingt mille que je lui avais prêtés, et peut-être avant ma mort me payera-t-il le reste; c'est vous que j'en dois remercier.

M. le comte de Montmorency-Laval saura bientôt assez d'allemand pour faire tourner à droite et à gauche, et pour commander l'exercice; mais en vous entendant parler français, il donnera la préférence à la langue des Montmorency; sans doute les hommes de sa maison doivent aimer les Prussiens. Il n'y a jamais eu que le cardinal de Bernis qui ait imaginé d'unir la France avec la maison d'Autriche contre la maison de Brandebourg; il en a été bien puni. Sa politique a été aussi malheureuse que les chimères théologiques de trente autres cardinaux ont été ridicules.

Je ne sais si les chariots de poste ont apporté à Votre Majesté le petit paquet contenant deux exemplaires du petit livre[1] contre la torture et contre la Caroline de Charles-Quint : nous allons tâcher d'être humains chez nos Suisses, ce sera à votre exemple; vous en donnez à la terre entière dans tous les genres. Je me jette à vos pieds du fond de mon trou, avec tout le respect, toute la reconnaissance, toute l'admi-

1. Le *Prix de la justice et de l'humanité*. (Éd.)

ration, que vous ne pouvez pas m'empêcher de ressentir, quoique cela doive vous être fort indifférent dans le comble de votre grandeur et de votre gloire.

MMMMMMMCDXXII. — A M. Delisle de Sales.

A Ferney, 10 janvier.

Je suis plus fâché que vous, monsieur, du refus que nous avons essuyé. Vous n'avez perdu que ce que j'ai quitté. Je me flatte que vous trouverez dans votre patrie ce que nous cherchions ailleurs pour vous. Je deviens malheureusement tous les jours plus inutile. La mort m'a enlevé presque tous mes amis, et me rejoindra bientôt à eux. Mais il est impossible que votre mérite ne vous procure pas bientôt quelque place. Vous n'aurez jamais de recommandation plus forte que vous-même; montrez-vous, et vous réussirez. Il me semble d'ailleurs que du pain dans sa patrie vaut encore mieux que des biscuits en pays étrangers.

La manière dont on vous a refusé des biscuits est un peu dure. J'espère que vous trouverez plus de douceur chez les Français; car tous ne sont pas Welches, et je crois qu'il y en a beaucoup dignes de vous connaître et de vous accueillir. Je vous embrasse avec douleur, mais avec espérance.

MMMMMMMCDXXIII. — A M. de La Harpe.

14 janvier.

Mon très-cher confrère, je suis fâché et honteux qu'on ait montré au salon de la Comédie-Française l'esquisse[1] dont j'aurais pu faire un tableau, si j'avais été à portée de vous consulter. Mon dessein n'était point du tout que ce pauvre enfant de ma vieillesse eût à Paris cette célébrité. Théophraste, à cent ans, disait qu'il apprenait tous les jours; et moi je dis, à quatre-vingt-quatre ans, qu'on peut encore se corriger.

La pièce n'avait été faite que pour les noces de votre ami[2]; mais, puisqu'il s'agit aujourd'hui du public, ceci devient une affaire sérieuse. Je ne veux point combattre l'hydre du parterre, sans être armé de pied en cap.

De plus, j'aurais bien mauvaise grâce à vouloir passer avant vous[3]. Rien ne serait plus injuste et plus maladroit. C'est à vous, s'il vous plaît, à vous exposer aux bêtes le premier, parce que vous êtes un excellent gladiateur; mais j'ai peur que vous ne soyez dégoûté vous-même de cette impertinente arène dans laquelle on est jugé par la plus effrénée canaille, qui ne veut plus que des pièces qui lui ressemblent.

Il me semble que notre chère nation tourne furieusement, depuis quelques années, à l'opprobre et au ridicule, en plus d'un genre. J'ai vu la fin du siècle d'Auguste, et je suis déjà dans le Bas-Empire. Vous qui êtes

Spes altera Romæ,

Virg., *Æneid.*, lib. XII, v. 168.

1. La tragédie d'*Irène*. (Éd.) — 2. Le marquis de Villette. (Éd.)

3. La tragédie des *Barmécides*, par La Harpe, déjà reçue, ne fut jouee que le 11 juillet 1778, quatre mois après *Irène*. (Éd.)

faites revivre le bon goût; combattez hardiment en vers et en prose Menez les Français tantôt en Sibérie, tantôt dans Babylone; ils trouveront des fleurs partout où vous les conduirez.

Je vous parle très-sérieusement; je ne passerai point avant vous, quoique je sois votre ancien.

M. de Villette est très-sensible à tout ce que vous lui dites de flatteur dans votre lettre. J'espère bien qu'il sera toujours fidèle à sa tendresse pour sa femme, et à son amitié pour vous. Vous méritez bien l'un et l'autre qu'on vous aime; et je vous assure que j'en fais bien mon devoir.

J'attends avec impatience la suite de votre réponse à cette Montagu, la shakspearienne. Je vous avoue que la barbarie de de Belloy [1] et consorts m'est presque aussi insupportable que la barbarie de Shakspeare. De Belloy est cent fois plus inexcusable, puisqu'il avait des modèles, et que le Gilles anglais n'en avait pas.

Je ne parlerais pas si librement à d'autres qu'à vous; mais nous sommes tous deux de la même religion, et nous ne devons pas nous cacher nos mystères.

Adieu, mon cher confrère; je vous embrasse de tout mon cœur.

MMMMMMCDXXIV. — A M. LE COMTE D'ARGENTAL.

14 janvier.

Mon cher ange, M. de La Harpe m'a mandé qu'on avait lu *Irène au tripot*. Je serais bien fâché qu'elle fût représentée dans l'état où elle est; c'est une esquisse qui n'est pas encore digne de vous et de la partie éclairée du public, sans laquelle il n'y a jamais de véritable succès. Je suis honteux d'avoir donné tant de peine à votre aimable secrétaire. Je vais faire transcrire bientôt la pièce entière, que je soumettrai en dernier ressort à votre juridiction.

Vous sentez combien il est difficile de nuancer tellement les choses qu'Alexis soit intéressant en étant pourtant un peu coupable, et que Nicéphore ne soit point odieux, afin qu'ils servent l'un et l'autre à augmenter la pitié qu'on doit avoir pour Irène.

Ce mélange de couleurs n'est pas aisé à saisir par un pinceau de quatre-vingt-quatre ans; mais j'ai toujours pensé qu'on pouvait se corriger à tout âge, et que si Mathusalem avait fait des vers médiocres, il aurait dû les refaire à neuf cents ans passés.

Je vous demande en grâce d'être mon ange gardien jusqu'à mon dernier jour; de garder mon esquisse jusqu'à ce que je puisse vous envoyer le tableau. Je vous supplie de ne montrer la pièce à personne. Je me flatte que les comédiens n'en ont point de copie; j'en serais désespéré, et je conjurerais M. de Thibouville de la retirer de leurs mains. Ce serait bien alors qu'il faudrait employer la protection et les ordres de M. le maréchal de Duras.

Soyez sûr que je n'ai travaillé à cet ouvrage et que je n'y travaille encore que pour avoir une occasion de venir à Paris jouir, après trente

1. On avait joué sa *Gabrielle de Vergy* en juillet 1777. (ÉD.)

ans d'absence, de la bonté que vous avez de m'aimer toujours : c'est là le véritable dénoûment de la pièce. Il est triste d'être pressé, et de n'avoir pas longtemps à vivre. Ce sont deux choses plus difficiles à concilier que les rôles de Nicéphore et d'Alexis.

Sub umbra alarum tuarum[1] plus que jamais. J'en dis autant à M. de Thibouville, que je mets dans votre hiérarchie.

MMMMMMMCDXXV. — A M. LE MARQUIS DE THIBOUVILLE.

15 janvier.

Tandis que je travaillais jour et nuit pour M. Baron, que j'effaçais, corrigeais, ajoutais, retranchais, j'ai appris que Monvel a lu la chose au *tripot* assemblé, et je ne sais pas si le *tripot* a ri ou pleuré : je ne crois pas que mes deux anges aient laissé le manuscrit à Monvel; je ne crois pas non plus que le *tripot* s'en soit emparé. Ce serait alors que je pleurerais et que je me tuerais comme Irène. Attendez, messieurs, attendez; vous êtes des jeunes gens bien pressés; vous aurez par la poste une Irène toute décrassée et sortant de sa toilette, dans quinze jours ou trois semaines. Vous avez pris des esquisses pour des tableaux. Pour Dieu, attendez que le peintre ait fini !

Je conjure instamment l'autre ange, M. d'Argental, de ne laisser voir ces croquis à personne. Je me défie de tous les prétendus connaisseurs qui crient : « Voilà un bras trop long, » quand il est trop court, et qui vont vilipender dans tout Paris un nez aquilin qu'ils disent être retroussé. Un pauvre peintre est déclaré barbouilleur avant que son ouvrage ait paru dans son jour. Mandez-moi, je vous en supplie, où j'en suis et où vous en êtes; mais j'ai peur que votre santé ne vous le permette pas.

M. d'Argental me manda, il y a près d'un mois, que vous n'étiez pas très-content de votre vache, et que vous étiez très-enrhumé : votre santé m'est plus chère que celle d'Alexis. Je me suis mis à vous aimer passionnément depuis que je vous ai connu comme un homme essentiel, au lieu qu'auparavant je ne vous regardais que comme un homme aimable. Tâchez donc que je puisse venir vous voir cet été dans cette maison que j'ai habitée autrefois; car l'hiver je ne peux sortir de mon lit. Je suis pénétré pour vous de tendresse et de reconnaissance.

MMMMMMMCDXXVI. — AU MÊME.

17 janvier.

Je vous ai écrit hier, illustre et généreux Baron, et je suis forcé de vous écrire encore aujourd'hui, parce que je viens de recevoir tout à l'heure une lettre de vous, du 3 janvier, qui apparemment a fait le tour de la France avant de m'être rendue.

Je suis bien plus étonné encore de ce que m'écrit M. d'Argental. Je ne conçois rien à Lekain; je n'entends rien à tout ce qui se passe; je vois seulement que je vous ai une obligation extrême de la chaleur et de la

1. Psaume XVI, verset 8. (ÉD.)

bonté que vous avez mises dans cette affaire, qui m'est essentielle. Je vois qu'il faudra que je vienne à Pâques vous remercier, si je suis en vie.

Je n'ai pu lire la ligne où vous me dites : « Madame.... aura le manuscrit ce matin. » Je ne sais point quelle est cette madame : c'est peut-être un monsieur, car il n'y a qu'une M fort mal faite. Je ne suis point étonné que, dans un siècle où tous nos auteurs écrivent pour n'être point entendus, ceux qui écrivent à leurs amis écrivent pour n'être point lus.

Je persiste dans la prière que je vous ai faite de retirer tous les rôles et la pièce, et de mettre le tout dans un profond oubli et dans le feu, jusqu'à ce que je puisse venir vous témoigner ma tendre reconnaissance.

Je soupçonne que le nom que je n'ai pas pu lire est Suard; je soupçonne qu'il en a fait la critique avec M. de Condorcet; je soupçonne qu'elle pourra être imprimée malgré moi dans peu de temps, et que cela serait bien cruel; je soupçonne qu'il faut absolument que j'y travaille avec la plus grande attention, et que je prévienne toutes les tracasseries que je prévois.

Je soupçonne que je serai fort embarrassé.

J'ajoute à tous mes soupçons que je n'ai entendu parler ni de Mme Vestris, ni de Mlle Sainval; que je ne connais personne, excepté Lekain, qui devrait, par reconnaissance, avoir un peu plus d'attention pour moi.

Je me jette entre vos bras; car, en vérité, vous êtes un homme essentiel.

Mme Denis vous fait les plus tendres compliments.

MMMMMMMCDXXVII. — A M. LEKAIN[1].

Ferney, 19 janvier.

Je vous avais prévenu, monsieur. Il est vrai que j'avais envoyé à des amis que je respecte l'esquisse d'un ouvrage qui ne convenait guère à mon âge, mais qui, après avoir été fini, et surtout corrigé par un travail assidu, d'après les sages critiques de ces mêmes personnes dont l'amitié m'est si précieuse, aurait pu rendre les derniers jours qui me restent un peu moins désagréables.

J'y travaillais nuit et jour malgré ma mauvaise santé, et j'espérais qu'à Pâques j'aurais pu, par ma docilité et ma déférence à leurs lumières, rendre la pièce moins indigne de vous. Je me flattais même que vous pourriez jouer le rôle de Léonce, qui n'est pas fatigant, et que vous auriez rendu très-imposant par vos talents sublimes.

Les amis respectables dont je vous parle n'ont fait lire à l'assemblée de messieurs vos camarades cette esquisse encore informe que pour avoir vos avis et les leurs, pour m'en instruire, et pour que tout fût prêt à Pâques.

Il convient sans doute qu'on remette la pièce et les rôles entre les

1. Il mourut le 8 février de cette année, âgé de quarante-neuf ans. (ÉD.)

mains de ceux qui ont bien voulu m'honorer de leur bienveillance dans cette occasion, et qui ont daigné entrer dans les détails de cette affaire.

Les papiers publics disent que vous vous remariez. Je vous en fais mon compliment très-sincère. Je doute de ce mariage, puisque vous n'avez pas daigné m'en instruire.

Si la chose était vraie, je pense que la fatigue de vos noces ne vous mettrait pas dans l'incapacité de jouer l'ermite Léonce, qui n'a pas de ces passions qui ruinent la poitrine, et qui parle de la vertu d'une manière qui semble être assez dans votre goût. Si vous aviez donné ce rôle à un autre, je craindrais de m'y opposer, car je suis très-sûr que vous auriez bien choisi.

J'ai toujours compté sur votre amitié depuis le jour où je vous ai connu dans votre jeunesse. Le temps a fortifié tous les sentiments qui m'attachent à vous. Vous savez trop combien Mme Denis et moi nous vous sommes dévoués, pour que nous nous servions ici de la formule ordinaire qui n'a jamais été dictée par le cœur. LE VIEUX MALADE.

MMMMMMMCDXXVIII. — A M. LE COMTE D'ARGENTAL.

A Ferney, 20 janvier.

Mon cher ange, en voici bien d'une autre! il faut, pour le coup, que je me jette entre les bras de votre providence, de votre sagesse, et de cette constante amitié qui fait la consolation de ma vie. Je suis trop jeune, je ne sais pas me conduire, à moins que je ne sois toujours à l'ombre de vos ailes.

J'ai cru qu'il était de mon devoir de vous envoyer la lettre que je reçois d'un de vos protégés, et la réponse que je lui fais. Je ne doute pas que vous n'engagiez votre ami M. de Thibouville à mettre sous ses pieds cet oubli de toutes les bienséances. Je lui mande qu'autrefois M. de Fériol, votre oncle, l'ambassadeur à Constantinople, disait, s'il m'en souvient, qu'*il n'y avait d'honneur ni à gagner ni à perdre avec les Turcs.*

Si vous trouvez ma réponse à votre ancien protégé convenable et mesurée, puis-je vous supplier de la lui faire tenir, aussi bien que celles que j'ai dû écrire à M. Suard et à Mme Vestris, et à un M. Monvel qu'on dit avoir beaucoup d'esprit, beaucoup de sensibilité, et beaucoup de talents, avec très-peu de poitrine?

Une chose encore bien importante pour moi, c'est de demander très-humblement pardon à madame votre secrétaire de lui avoir fait écrire des choses qui certainement ne subsisteront pas, car tout ne sera fini que vers Pâques; et c'est vers ce saint temps que je compte vous apparaître comme Lazare sortant de son tombeau.

Je vous conjure ensuite plus que jamais de faire retirer la copie qui est peut-être au *tripot*, et les rôles qui peuvent être chez les tripoteurs et les tripoteuses. Je suis réellement perdu, s'il reste dans le monde le moindre lambeau de ces haillons. Vous sentez que la publicité de ces misères est très à craindre : elle arrêterait tout à coup un jeune homme dans le commencement de sa carrière; mais, soit au commencement, soit à la fin, il est certain que cela me ferait un tort irréparable.

Songez, mon divin ange, que je passe les jours et les nuits à remplir la tâche très-difficile, mais très-nécessaire, que vous m'avez donnée. Songez que je marche sur des charbons ardents. J'ose espérer que je ne me brûlerai pas la plante des pieds, parce que je vous invoquerai en subissant une épreuve qui surpasse mes forces.

Vous savez, de plus, combien il y avait de vers faibles à fortifier, de nuances à observer, d'expressions familières à supprimer, de petites choses à préparer pour les faire servir à de plus grandes, enfin combien l'esquisse était indigne de vous. Vous avez été trop bon ; mais vous m'avez rendu difficile contre moi-même. J'ai deux mois au moins par-devant moi, et je vais les employer à vous plaire ; mais suis-je sûr de deux mois de ma vie ?

Sub umbra alarum tuarum.

MMMMMMMCDXXIX. — A M. le marquis de Thibouville.

20 janvier.

J'ai dû être un peu étonné, je vous l'avoue, de tout ce que vous avez bien voulu me mander sur un homme dont je devais attendre quelque reconnaissance et quelque amitié[1].

Vos deux lettres du 13 janvier me parvinrent hier dimanche, 19 janvier. Je reçus en même temps celle de l'homme en question, et je crois que mon devoir est de vous l'envoyer. Je vous la dépêche donc sous le couvert de M. d'Argental, et je vous répète que son oncle, M. de Fériol, ambassadeur à Constantinople, disait des Turcs : « Il n'y a d'honneur ni à gagner ni à perdre avec eux. »

Je pense en effet, monsieur le marquis, que vous ne devez en aucune façon vous compromettre. Pour moi, je suis bien loin de ressembler à l'homme dont vous avez tant sujet de vous plaindre : je suis pénétré de vos bontés; je ne les oublierai de ma vie, et je travaillerai sans relâche, jusqu'à Pâques, à mériter l'honneur que vous m'avez fait d'être mon chevalier.

Oubliez, encore une fois, les ingrats, et ne vous ressouvenez que des cœurs reconnaissants.

Mme Denis et M. de Villette sont tout aussi étonnés que moi, et ils sont persuadés qu'il faut tout oublier jusqu'à nouvel ordre.

J'écris à M. d'Argental en conformité, et je le supplie de tout retirer et de tout abandonner jusqu'à ce saint temps de Pâques.

J'écris à Mme Vestris et à M. Monvel, selon les avis que vous voulez bien me donner. Je ne manque pas surtout à M. Suard. Je les remercie tous des soins qu'ils ont bien voulu se donner pour une malheureuse esquisse qui ne sera finie de plus de deux mois.

J'envoie toutes ces paperasses à M. d'Argental, afin que vous en jugiez. Je les adresse à M. de Vaines, pour épargner des ports de lettres

1. Lekain. (Éd.)

trop considérables. Ne sachant point d'ailleurs la demeure d'aucun de ces messieurs, je supplie M. d'Argental de leur faire tenir ces lettres par la petite poste ou par un de ses gens, en cas que vous soyez contents l'un et l'autre de la manière dont je conduis cette petite affaire.

Je vous exhorte à ne songer qu'à votre santé; il n'y a que cela de précieux; mais j'y ajoute encore l'amitié.

Mme Denis vous fait les plus tendres compliments.

Nous croyons tous que Mme de Villette est grosse.

MMMMMMMCDXXX. — A M. DE CROIX.

À Ferney, 23 janvier.

Je ne sais, monsieur, ce que vous avez fait à ce grand pontife des Muses qui nous a bénis[1], mais il est entré chez Mme Denis en chantant vos louanges. Je n'ai donc pas hésité de lui proposer la solution d'un problème qu'il n'appartient qu'à lui de résoudre.

M. le marquis de Villette, monsieur, n'a point vu, comme moi, le vieux Baron, ni Beaubourg, ni même Dufresne. Ce Dufresne n'avait qu'une belle voix et un beau visage; Beaubourg était un énergumène; Baron était plein de noblesse, de grâces et de finesse; Lekain seul a été véritablement tragique.

Mais je dois vous parler de choses plus intéressantes. Je ne puis vous exprimer les obligations que nous vous avons, Mme Denis et moi. Vous nous envoyez des armes pour nous défendre contre une troupe de coquins qui sont venus, du bout de la Flandre, aux portes de Genève pour nous voler et pour nous faire un procès ruineux. Je me flatte qu'au moyen des pièces que vous avez la bonté de nous faire tenir, nous serons enfin délivrés de la vexation de ces scélérats[2].

J'ai l'honneur d'être, avec toute la reconnaissance que je vous dois, etc.

MMMMMMMCDXXXI. — A M. LE MARQUIS D'ARGENCE DE DIRAC.

23 janvier.

Je vous dois des remerciements, monsieur, pour votre pâté de perdrix; mais Mme Denis et les dames qui passent l'hiver avec nous vous en doivent bien davantage, car elles s'en sont crevées, et il ne m'est pas permis d'en manger. Je suis réduit, en tout genre, à n'être que témoin du plaisir de mon prochain.

Nous avions, il y a quelque temps, dans notre château, un M. le comte de Sainte-Aldegonde, qui aurait cru faire un grand crime, s'il

1. Le premier alinéa est de M. le marquis de Villette, à qui l'on avait demandé le sentiment de M. de Voltaire sur les plus célèbres acteurs tragiques français. (*Note de Decroix.*) (ÉD.)

2. Après avoir fait banqueroute, ils s'étaient réfugiés à Ferney, où, sur l'offre qu'ils avaient faite à M. de Voltaire d'y établir des plantations et des fabriques de lin et de tabac, ils avaient obtenu des concessions avantageuses. Ils en abusèrent bientôt en vexant tous leurs voisins, et M. de Voltaire lui-même. Mais, se voyant enfin connus, ils s'enfuirent du pays, au milieu des procédures qu'ils avaient intentées. (*Note de Decroix.*)

avait touché à une perdrix venue d'Angoulême au lac de Genève. Je crois que c'est le seul pythagoricien qui reste dans les Gaules. Sa vie est la condamnation de notre gourmandise. Mes quatre-vingt-quatre ans et mon extrême faiblesse me rendent encore plus pythagoricien que lui; mais je serai, jusqu'au dernier moment, de la secte des pyrrhoniens et de celle de vos amis.

Pardonnez à un pauvre malade qui peut à peine vous envoyer quatre lignes de remercîments pour quatre perdrix; mon cœur est à vous, et mes faibles mains vous embrassent.

MMMMMMCDXXXII. — De M. Dalembert.

A Paris, ce 24 janvier.

Mon cher et illustre confrère, vous recevrez vraisemblablement, avec cette lettre, le long cancan que je viens de faire à l'Académie[1] pour la réception de l'ex-jésuite Millot, qui a du moins le mérite d'être tout à fait ex-jésuite, et dans tous les sens. J'aimerais bien mieux avoir eu à recevoir le Pascal dont vous me parlez, qui vaut mieux que tous les ex-jésuites ensemble; mais j'espère que nous ne tarderons pas à faire cet acte de justice, qui devrait être déjà fait, et qui le serait déjà si la chose ne dépendait que de nous.

Vous croyez donc que le héros dont vous me parlez n'aime ni la métaphysique ni la géométrie; j'ai bien peur, et j'ai plus d'une raison pour le craindre, qu'il ne pousse ses haines encore plus loin, et que la philosophie ne soit guère mieux sur ses papiers. Il ne lui a pas pardonné le *Système de la nature*, dont l'auteur en effet a fait une grande sottise de réunir, contre la philosophie, les princes et les prêtres, en leur persuadant, très-mal à propos, selon moi, qu'ils font bourse et cause communes. Il y a partout des gâte-métiers, et cet écrivain en est un. Je vois que vous n'avez pas eu plus de crédit que moi pour ce pauvre diable de Delisle; c'était pourtant bien l'homme qu'il fallait à votre disciple. Je suis fâché qu'à force d'humeur et de mauvaise santé, qui en est la cause, il connaisse si mal ce qui peut lui convenir : ce sont ses affaires. Tout cela n'est rien, si vous continuez à vous bien porter, et surtout à m'aimer comme je vous aime.

La petite diatribe que je vous envoie a été fort applaudie à la représentation; mais gare la lecture! J'ai bien peur d'être comme le fils de Dieu, triomphant le dimanche sur un âne, crucifié le vendredi et enterré le samedi, pour ne pas ressusciter comme lui dans la huitaine. Si ce rogaton ne vous ennuie pas à la mort (car c'est là toute mon ambition),

Sublimi feriam sidera vertice[2].

Adieu, mon cher et illustre maître. Votre Bertrand embrasse bien tendrement les pattes de son cher et respectable Raton.

1. En l'absence du chancelier et du directeur, c'était Dalembert qui, en qualité de secrétaire perpétuel, avait répondu au récipiendaire Millot le 19 janvier Millot succédait dans l'Académie française à Gresset. (Éd.)
2. Horace, livre I, ode 1, vers dernier. (Éd.)

MMMMMMMCDXXXIII. — A M. LE MARÉCHAL DUC DE RICHELIEU.

A Ferney, 25 janvier.

Monseigneur, la dernière lettre que vous avez bien voulu m'écrire m'a été d'une grande consolation, et en même temps m'a donné bien des regrets. Je vois que vous daignez m'aimer encore. Vous me plaignez sans doute de mourir loin de vous; mais vous me plaindriez bien davantage de me voir réduit, par les maux qu'amène ma décrépitude, à l'incapacité de vous faire ma cour. J'ai gémi de ne pouvoir vous marquer tous mes sentiments, lorsque vous suiviez ce procès si étrange et si étrangement jugé. Si j'avais pu approcher de vous secrètement, je vous aurais bien convaincu alors que j'étais persécuté à votre suite. Vous auriez vu que, si j'avais élevé ma faible voix comme j'en avais tant d'envie, je vous aurais beaucoup plus nui que servi. Vous connaissiez assez les horreurs d'un parti ridiculement acharné; mais peut-être n'étiez-vous pas descendu jusqu'à connaître la mauvaise foi et la scélératesse de la canaille de la littérature.

Je pense que vous voyez d'un œil de pitié la faiblesse que j'ai eue d'envoyer à M. de Thibouville une tragédie à l'âge de quatre-vingt-quatre ans, et de m'exposer à voir le cadavre de ma réputation déchiré par ces bêtes puantes dont je vous parle. J'ai eu très-grand tort. Vous êtes supérieur à votre âge, et moi je radote au mien; mais nous nous étions amusés de cette pièce dans Ferney avec M. de Villette et sa jeune femme. M. de Thibouville demeure à Paris dans la maison de M. de Villette. Il aime passionnément le théâtre et la déclamation; il s'y connaît parfaitement, il devait jouer dans cette pièce en société, s'il avait eu de la santé. Tout cela n'était qu'un projet d'amusement qui ne devait pas être public.

Malheureusement MM. de Villette et de Thibouville ont cru que ce dangereux public pourrait être aussi indulgent qu'eux. Ils ont imaginé qu'on pardonnerait à ma vieillesse; leur amitié les a trompés.

Je n'ai pas osé assurément vous adresser ce radotage de mes quatre-vingt-quatre ans. Je n'ai pas voulu renouveler le ridicule de ce vieux fou de Crébillon[1]. Je vois trop comme vous m'auriez traité, de quelles plaisanteries vous auriez égayé mon agonie; et vous auriez eu raison.

Pour goûter les vers ou la musique, il faut avoir l'esprit tranquille et du loisir. Je doute que vos affaires et votre situation vous laissent l'un et l'autre. Si vous aviez quelques heures à perdre, et si vous me commandiez absolument de vous envoyer la pauvre sotte *Irène*, je la retravaillerais de toutes mes forces, je tâcherais de la rendre moins indigne d'un maréchal de France, vainqueur des Anglais; je la mettrais à vos pieds. Je vous supplierais de ne la point montrer, comme vous avez montré la lettre où je vous parlais de Mlle Raucourt. Je vous conjurerais de m'épargner les ridicules qui peuvent n'être qu'amusants dans la société, mais qui sont mortels quand on est exposé à ce public

1. Crébillon était dans sa quatre-vingt-unième annee quand, le 23 décembre 1754, il fit jouer *le Triumvirat*. (ÉD.)

cruel. Je suis si honteux de mon énorme sottise, à mon âge, que je tremble en vous en parlant. Je ne devrais avoir que deux objets, de mourir ou d'achever auprès de vous quelques jours qui me resteraient encore, et de les passer à vous témoigner la très-respectueuse et tendre reconnaissance que je conserverai pour vous jusqu'à mon dernier soupir.

MMMMMMMCDXXXIV. — De Frédéric II, roi de Prusse.

25 janvier.

J'ai reçu la brochure d'un sage, d'un philosophe, d'un citoyen zélé, qui éclaire modestement le gouvernement sur les défauts des lois de sa patrie, et qui démontre la nécessité de les réformer. Cet ouvrage mérite d'être approuvé par tout le monde. En fait d'équité naturelle et de droite raison, il n'y a qu'un sentiment, qui est celui de la vérité, lequel vous avez lumineusement démontré. Pourquoi ne le suivra-t-on pas? A cause qu'on craint plus le travail qu'on n'aime le bien public, à cause de l'ancienneté des abus, et peut-être encore pour ne point ajouter un fleuron à la couronne qu'un vieux philosophe a su se faire, en usant du grand nombre de talents dont la nature, prodigue envers lui, l'avait doué. Cet ouvrage entrera dans ma bibliothèque comme un monument de l'amour que vous avez pour l'humanité. Copernic, ne vous en déplaise, y tiendra aussi son petit coin en qualité de Prussien; il pourra trouver place entre Archimède et Newton. Quant à votre Newton, je vous confesse que je n'entends rien à son vide ni à son attraction; il a démontré avec plus d'exactitude que ses devanciers le mouvement des corps célestes, j'en conviens; mais vous m'avouerez pourtant que c'est une absurdité en forme que de soutenir l'existence du rien. Ne sortons pas des bornes que nous donne le peu de connaissance que nous avons de la matière. A mon sens, la doctrine du vide, et des esprits qui existent sans organes, sont le comble de l'égarement de l'esprit humain. Si un pauvre ignorant de ma classe s'avisait de dire : « Entre ce globe et celui de Saturne, ce qui n'a point d'existence existe, » on lui rirait au nez; mais le sieur Isaac, qui dit la même chose, a hérissé le tout d'un fatras de calculs que peu de géomètres ont suivi; ils aiment mieux l'en croire sur sa parole, et admettre des contre-vérités, que de se perdre avec lui dans le labyrinthe du calcul intégral et du calcul infinitésimal. Les Anglais ont construit des vaisseaux sur la coupe la plus avantageuse que Newton avait indiquée, et leurs amiraux m'ont assuré que ces vaisseaux étaient beaucoup moins bons voiliers que ceux qui sont fabriqués selon les règles de l'expérience. Je voulus faire un jet d'eau dans mon jardin; Euler calcula l'effort des roues pour faire monter l'eau dans un bassin, d'où elle devait retomber par des canaux, afin de jaillir à Sans-Souci. Mon moulin a été exécuté géométriquement, et il n'a pu élever une goutte d'eau à cinquante pas du bassin. Vanité des vanités! vanité de la géométrie!

Je crois que la Suède conviendra mieux à votre peu systématique Delisle que notre pays; s'il s'y rend, il sera regardé dans peu comme le plus bel esprit de Stockholm : il pourra rendre les Lapons d'Uma, de

Torneo, de Kimigroad, métaphysiciens, et adoucir les mœurs sauvages des habitants des rivages polaires. Descartes a longtemps habité ce royaume; pourquoi Delisle ne s'y fixerait-il pas? Je crois de plus que les glaces septentrionales pourront calmer l'ardeur d'un sang provençal qui l'expose souvent à des attaques de fièvre chaude. Ce conseil physico-politique et la religion universelle pourront très-bien s'amalgamer avec le système des tourbillons.

Voici la première fois que mon soi-disant élève[1] se conduit bien; c'est une belle chose de payer quand on doit, une plus belle encore est de ne point usurper ce qui ne nous appartient pas. La mort de l'électeur de Bavière pourrait donner lieu à tels procédés qui pourront causer de violentes convulsions à la tranquillité publique. Jamais le traité de paix de Westphalie n'a été autant relu, étudié et commenté, qu'il l'est à présent. Un brouillard plus épais que celui de nos frimas nous cache l'avenir, et l'incertitude des événements redouble la curiosité du public. Ces grandes distractions ne m'ont pas empêché de trembler pour les jours du patriarche de Ferney; d'impitoyables gazetiers avaient annoncé votre mort; tout ce qui tient à la république des lettres, et moi indigne, nous avons été frappés de terreur; mais vous avez surpassé le héros du christianisme; il ressuscita le troisième jour, vous n'êtes point mort. Vivez, vivez pour continuer votre brillante carrière, pour ma satisfaction et pour celle de tous les êtres qui pensent. Ce sont les vœux du solitaire de Sans-Souci. *Vale.*

MMMMMMMCDXXXV. — A M. COLINI.

A Ferney, 26 janvier.

Le vieux malade, mon cher ami, n'a pas été en état de vous répondre au commencement de cet hiver. La nature a donné à mon âme un étui très-faible et très-mauvais, qui ne peut guère soutenir, à l'âge de quatre-vingt-quatre ans, le voisinage des Alpes et les inondations de neige. Ma décrépitude est accablée de plus d'une manière; je n'en suis pas moins sensible à votre souvenir et à votre amitié.

Je vous fais mon compliment sur le bonheur que vous avez de servir un maître dont la tête est actuellement ornée de deux belles couronnes électorales.

La nouvelle de trente mille Autrichiens campés à Straubingen alarme nos pacifiques Suisses. Je ne puis m'imaginer que l'empereur veuille, pour son coup d'essai, vous faire la guerre. On dit qu'il ne s'agit que d'un passage; mais ne peut-on point passer sans avoir trente mille hommes à sa suite? Je ne suis pas politique; je me borne, mon cher ami, à vous souhaiter de la paix et du bonheur.

Je vous embrasse de tout mon cœur.

1. Le duc de Wurtemberg, débiteur de Voltaire. (ÉD.)

MMMMMMMCDXXXVI. — A M. LE COMTE D'ARGENTAL.

30 janvier.

Mon cher ange, vous ne m'abandonnerez pas sans doute dans le déplorable état où je suis. Vous devez avoir reçu le paquet que j'ai envoyé à M. de Monsauge, administrateur des postes, pour vous être rendu par M. de Vaines. Il contient la lettre de Lekain et ma réponse, avec d'autres lettres que je vous suppliais de vouloir bien faire tenir à leurs adresses, en cas que vous les approuvassiez.

Je travaille depuis près d'un mois, jour et nuit, à profiter, autant que le permet ma faiblesse, de toutes les sages critiques que vous m'avez faites. Je demande, encore une fois, pardon à votre aimable secrétaire de toutes les peines inutiles que ma précipitation lui a données. Vous sentez qu'à mon âge il faut du temps pour rendre un pareil ouvrage un peu moins indigne de vous et du public. Je n'en ai, dans le moment présent, ni le temps ni la force. J'ai cru, ces jours passés, que j'allais mourir non-seulement de vieillesse, mais des efforts que j'ai faits et du chagrin que tout cela me cause. Les critiques sont déjà publiques; trente personnes ont vu l'ouvrage, et toutes en ont fait des censures contradictoires. Les uns ont dit que les premiers actes ne passeraient point; les autres, que le dernier était d'une froideur insupportable. Lekain a soutenu que son rôle ne pouvait pas être souffert, et que c'est par cette raison qu'il l'avait refusé.

Ce serait absolument vouloir me tuer que de me forcer à donner *Irène* dans des conjonctures si humiliantes. Il serait plus honnête de me laisser mourir de ma belle mort. Tout ce que je vous demande actuellement, à vous, mon cher ange, et à M. de Thibouville, c'est qu'il ne soit plus question de cette malheureuse *Irène* jusqu'à ce que je l'aie finie, et que vous en soyez contents. Il faut absolument jeter dans le feu l'exemplaire et tous les rôles, parce que tous seront changés. Je vous demande jusqu'à Pâques. Peut-être, malgré l'état horrible où je suis, aurai-je pu alors trouver quelque moyen de me rendre moins ridicule, et de vous faire moins de honte. Crébillon donna son *Catilina* à quatre-vingts ans, mais il l'avait commencé à quarante, et moi j'ai commencé *Irène* à quatre-vingt-deux passés, et je la finis dans ma quatre-vingt-quatrième année. Quand je demande six semaines pour achever ma besogne, et pour affronter les siffleurs du parterre, ce n'est pas trop assurément.

M. de Thibouville a un empressement inconcevable; il ne me parle que de Mme la duchesse de Bourbon et de la reine; il veut qu'on m'immole ce carême, pour les amuser. Je dois répondre comme Molière aux empressés qui lui criaient : *Le roi attend.— Il est le maître*, dit-il; *qu'il attende.*

Je sais fort bien que toute cette aventure fait du fracas dans votre Paris, où le beau monde veut des nouveautés, et où la canaille immense des écrivains subalternes attend ces mêmes nouveautés pour les décrier, pour rire, pour faire rire, et pour gagner un écu. Je vois tout l'excès du ridicule où je me jette à mon âge, la syndérèse dans le cœur, et la mort entre les dents, ou du moins entre les gencives; car de dents je n'en ai plus: mais il faut mourir comme j'ai vécu, en faisant des sottises.

Étendez bien vos ailes, afin que je me cache dessous. Personne n'est jamais mort plus singulièrement que moi. Tout ce que je demande, c'est qu'on ne me fasse pas mourir ce carême, et qu'on attende le jour de la Quasimodo. Je suis persécuté aujourd'hui par des procès; je perds mon bien, la santé, et la vie. De bonne foi, n'est-ce pas assez? mon ange n'a-t-il pas pris sous sa protection une drôle de créature? *Miserere mei.*

MMMMMMMCDXXXVII. — A M. de Tresséol.

Janvier.

J'ai reçu, monsieur, les deux volumes que vous avez eu la bonté de m'envoyer. Ma solitude, mon âge, et mes infirmités, m'ont laissé un cœur toujours plein de la mémoire de M. Desmahis. Je suis très-sensible aux soins que vous prenez de faire connaître au public le mérite d'un homme si aimable. Il fut trop tôt enlevé aux gens de goût et de bonne compagnie. Le juste éloge que vous faites de ses ouvrages et de sa personne fait également aimer l'auteur et l'éditeur. Vous augmentez mes regrets par le présent que vous voulez bien me faire, et votre style me console de sa perte.

MMMMMMMCDXXXVIII. — A M. de Vaines.

2 février.

Je voudrais, monsieur, que vous eussiez le contre-seing pour toute votre vie, pourvu que ce fût le contre-seing d'un directeur général des finances, et non d'un administrateur des postes. Vous me parlez de voyages: vous m'attendrissez, et vous faites tressaillir mon cœur. Mais j'ai bien peur de ne faire incessamment que le petit voyage de l'éternité, car je suis roué; et mon corps est en lambeaux pour avoir été ces jours passés à Syracuse et à Constantinople: j'ai été si horriblement cahoté que je ne peux plus remuer.

J'ai fait autrefois un voyage à Paris. Je ne crois pas avoir jamais demeuré trois ans de suite dans cette ville; je ne la connais que comme un Allemand qui a fait son tour de l'Europe. Je me souviens que le roi de France, à qui on dit que je parlais bon français, me donna une place de palefrenier ordinaire de sa chambre, me permit ensuite de la vendre, et m'en conserva toutes les fonctions et toutes les prérogatives. J'eus aussi une place de copiste de gazettes sur les charniers Saints-Innocents. Je jouis encore de toutes ces grandes dignités.

Il y a peut-être quelques sacristains qui pensent qu'un étranger aussi étrange que moi n'oserait, à l'âge de quatre-vingt-quatre ans, venir boire de l'eau de la Seine, parce qu'ils soupçonnent que, dans mes voyages à Constantinople et à Pétersbourg, j'ai donné la préférence à l'Église grecque sur l'Église latine. Quelques habitués de paroisse ont même débité qu'il y avait contre moi, dans je ne sais quel bureau, une paperasse qu'on appelle *littera sigilli;* je puis vous assurer qu'il n'y en a point, et que ces sacristains ne disent jamais un mot de vérité; mais je sais que ces messieurs expédieraient contre moi très-volontiers *litteras proscriptionis*.

Franchement je suis pénétré de reconnaissance pour tout ce que vous me dites, et pour ce que vous me proposez. Je vous dirai même que j'en profiterais vers la Saint-Jean, ou même vers la *Quasimodo geniti infantes*[1], si j'étais en vie dans ce temps-là.

Le vieux solitaire vous remercie bien tendrement, et salue Mme de Vaines.

MMMMMMMCDXXXIX. — A M. LE COMTE D'ARGENTAL.

Mardi matin, 3 février.

Mon cher ange, c'est moi qui vous écris aujourd'hui, ce n'est pas Mme Denis; c'est moi qui suis désespéré de ne pas accompagner nos voyageurs. J'ai eu la force de faire dix actes, et je n'ai pas celle de faire cent lieues. L'âme supporte des fatigues que le corps ne soutient pas; mais, avec le temps, on vient à bout de tout; et quand les cent lieues mènent dans votre voisinage, on les fait gaiement. Je ne suis pourtant pas trop gai. Un homme de mon âge, qui vient de bâtir quatre-vingt-quatorze maisons, qui est ruiné, qui a dix procès, et dix actes de tragédie[2] sur le corps, n'a pas de quoi rire.

Quand est-ce donc que ce pauvre éclopé aura le bonheur de vous embrasser, vous et votre aimable secrétaire? Je vais accompagner Mme Denis jusqu'à la première poste. Je n'ai pas le temps d'écrire à M. de Thibouville; ces dames lui parleront plus éloquemment que moi, et elles arriveront avant ma lettre.

MMMMMMMCDXL. — A MADAME LA MARQUISE DU DEFFAND.

Paris, 11 février.

J'arrive mort[3], et je ne veux ressusciter que pour me jeter aux genoux de Mme la marquise du Deffand.

MMMMMMMCDXLI. — A MADAME D'ÉPINAI.

Le vieux malade, arrivé mourant, ressent les douleurs de Mme d'Épinai encore plus que les siennes, et il ressent encore plus l'honneur de son souvenir. S'il n'accompagne pas Lekain, il viendra assurément lui renouveler ses anciens hommages avec la plus respectueuse tendresse.

MMMMMMMCDXLII. — A M. FRANÇOIS DE NEUFCHATEAU.

Paris, 15 février.

Le vieux voyageur très-malade n'a pu remercier qu'aujourd'hui monsieur François de Neufchâteau de la lettre qu'il a bien voulu lui écrire le 11 de ce mois.

1. Première épître de saint Pierre, chap. II, verset 2. (ÉD.)
2. Les deux tragédies d'*Irène* et d'*Agathocle*. (ÉD.)
3. Parti de Ferney le 5 février, Voltaire était arrivé à Paris le 10, à trois heures et demie du soir. Il reçut le même jour une lettre de Mme du Deffand, à laquelle répond ce billet. (ÉD.)

Quand monsieur François de Neufchâteau aura la bonté de venir voir ce malade, il espère lui faire quelques propositions qui peut-être ne lui déplairont pas.

Il est, avec tous les sentiments qu'il lui doit, son très-humble et très-obéissant serviteur, V.

MMMMMMMCDXLIII. — A M. LE MARQUIS DE FLORIAN.

Paris, 16 février.

Je reçois votre lettre, mon cher ami, et le plaisir de la lire est un peu gâté par les souffrances horribles qui me tourmentent : elles sont un peu l'effet de la fatigue et du tourbillon bruyant où je me trouve. Je puis malheureusement en accuser aussi mon grand âge et ma faiblesse. Je vis comme je vivais à Ferney. Mme Denis, qui se porte mieux que jamais, fait les honneurs, et je me couche à peu près avec le soleil. Je quitterai ce chaos brillant le plus tôt que je pourrai, pour venir auprès de M. et de Mme Florian, dans le séjour de la paix. V.

MMMMMMMCDXLIV. — A M. LE COMTE D'ARGENTAL.

A Paris, 19 février.

M. le maréchal de Richelieu sort de chez moi; il est touché des larmes de M. Molé; il m'a assuré que Mme Molé n'était pas absolument détestable. Il a tant fait, que j'ai été obligé d'envoyer le rôle de Zoé à Mme Molé. On m'assure qu'on peut donner encore ce rôle à une autre; que le rôle de Zoé, au cinquième acte, est de la plus grande importance; que le tableau qu'elle fait de l'état d'Irène est un morceau principal qui exige une grande actrice, et que ce serait une chose essentielle d'obtenir de Mlle Sainval qu'elle daignât le jouer, comme Mlle Clairon débita le récit de Mérope; que cela seul pourrait faire réussir la pièce, et que M. Molé ne devrait point s'y opposer, puisque Zoé n'est point une simple confidente, mais une princesse favorite de l'impératrice; et que c'est en effet Mme Molé qui ôterait le rôle à Mlle Sainval.

Voilà *donc, mon cher ange*, à quel point nous en sommes[1].

J'ai besoin plus que jamais de vos bontés et de vos ordres.

Dudit jour, à dix heures et demie du soir.

Mlle Arnould revient de chez Mlle Sainval la cadette, qui lui a promis de jouer Zoé[2]. Il ne s'agit plus que d'obtenir de M. Molé de convertir sa femme, à laquelle on promet un rôle fait pour elle dans *le Droit du seigneur*, qui est entièrement changé, et qu'on pourrait jouer à la suite d'*Irène*, si cette *Irène* avait un peu de succès; sinon je dirai comme Sosie :

> O juste ciel! j'ai fait une belle ambassade[3].

1. *Cinna*, acte I, scène III. (ÉD.) — 2. Dans la tragédie d'*Irène*. (ÉD.)
3. *Amphitryon*, acte I, scène II. (ÉD.)

MMMMMMMCDXLV. — A M. PALISSOT, QUI LUI AVAIT ENVOYÉ L'ÉDITION DE SES ŒUVRES, FAITE A LIÉGE EN 1777.

Paris, 19 février.

Je suis arrivé mourant, monsieur, à l'âge de quatre-vingt-quatre ans. Je suis très-fâché de votre rhume :

Non ignara mali, miseris succurrere disco[1].

Je vais relire vos ouvrages, ils me consoleront : c'est un bienfait dont je vous dois mille remercîments. M. Tronchin, qui est chez moi et qui me défend d'écrire, ne me défend pas de lire, encore moins de vous témoigner l'estime et la reconnaissance dont le cœur de ce pauvre vieillard est rempli pour vous.

MMMMMMMCDXLVI. — A M. DE LA DIXMERIE.

A Paris, 19 février.

Si on pouvait rajeunir, le vieillard que M. de La Dixmerie honore d'une épître si flatteuse rajeunirait à cette lecture. Il est arrivé extrêmement malade. M. Tronchin lui défend d'écrire, mais il ne lui défend pas de sentir avec la plus extrême reconnaissance les bontés que M. de La Dixmerie lui témoigne avec tant d'esprit.

MMMMMMMCDXLVII. — A M. LE COMTE DE TRESSAN.

A Paris, 19 février.

Le vieux malade de Ferney est incapable d'avoir passé trois jours sans répondre aux bontés de M. le comte de Tressan, et sans lui avoir témoigné sa tendre et respectueuse reconnaissance.

Je suis entre les mains de M. Tronchin; mais, quoiqu'il m'ait défendu tout, il ne pourra m'empêcher de vous écrire. Je suis dans un tourbillon qui ne convient ni à mon âge ni à ma faiblesse. Mon âme serait plus à son aise à Franconville.

Votre ami, M. de Villette, a raison d'aimer le monde; il y brille dans son étonnante maison; il l'a purifiée par l'arrivée d'une femme aussi honnête que belle. Je l'abandonnerai bientôt à son nouveau bonheur; mais je compte bien être témoin du vôtre dans votre retraite, si je puis disposer de moi un moment. Il y a longtemps que j'aspire à cette consolation. Je serai, jusqu'au dernier moment de ma vie, monsieur le comte, le plus attaché, le plus respectueux de vos serviteurs.

MMMMMMMCDXLVIII. — A MADAME D'ÉPINAI.

Le vieux malade oubliera tous ses maux pour venir jouir de toutes les consolations qu'on trouve dans la société de la respectable philosophe. Il est bien affligé qu'elle ressente comme lui des misères attachées à la condition humaine.

1. Virgile, *Æn.*, I, 630. (ÉD.)

MMMMMMMCDXLIX. — A M. LE DOCTEUR MARET, SECRÉTAIRE PERPÉTUEL DE L'ACADÉMIE DE DIJON.

A Paris, 20 février.

Monsieur, le vieillard de quatre-vingt-quatre ans qui passa par Dijon n'eut que le temps de voir le rapporteur d'un procès qui est presque le sien, étant celui de sa nièce. Il fut obligé de partir immédiatement après avoir rempli ce triste devoir. Si j'avais été le maître d'un moment, je l'aurais employé à me mettre aux pieds de l'Académie. Ce n'est pas en courant la poste que je dois la remercier de toutes ses bontés. J'espère d'être en vie jusqu'à la mi-carême, et que M. Tronchin daignera prolonger mes jours jusqu'à ce temps. Alors je viendrai mourir à mon aise entre mes honorés confrères, à qui je présente mon respect ainsi qu'à vous, monsieur. Votre très-humble et très-obéissant serviteur,

Le vieux malade, V.

MMMMMMMCDL. — DE M. L'ABBÉ GAULTIER.

A Paris, ce 20 février.

Beaucoup de personnes, monsieur, vous admirent; je désire, du plus profond de mon cœur, être de leur nombre; j'aurai cet avantage si vous le voulez, et cela dépend de vous. Il en est encore temps; je vous en dirai davantage si vous me permettez de m'entretenir avec vous. Quoique je sois le plus indigne de tous les ministres, je ne vous dirai cependant rien qui ne soit digne de mon ministère, et qui ne doive vous faire plaisir. Quoique je n'ose me flatter que vous me procuriez un si grand bonheur, je ne vous oublierai pas pour cela au très-saint sacrifice de la messe, et je prierai, avec le plus de ferveur qu'il me sera possible, le Dieu juste et miséricordieux pour le salut de votre âme immortelle, qui est peut-être sur le point d'être jugée sur toutes ses actions. Pardonnez-moi, monsieur, si j'ai pris la liberté de vous écrire : mon intention est de vous rendre le plus grand de tous les services; je le puis avec le secours de celui qui choisit ce qu'il y a de plus faible pour confondre ce qu'il y a de plus fort. Que je me croirai heureux si votre réponse est analogue aux sentiments avec lesquels, etc.!

GAULTIER, *prêtre.*

MMMMMMMCDLI. — A M. L'ABBÉ GAULTIER.

Paris, 21 février.

Votre lettre, monsieur, me paraît celle d'un honnête homme; et cela me suffit pour me déterminer à recevoir l'honneur de votre visite le jour et les moments qu'il vous plaira me la faire. Je vous dirai la même chose que j'ai dite en donnant la bénédiction au petit-fils de l'illustre et sage Franklin, l'homme le plus respectable de l'Amérique; je ne prononçai que ces mots : *Dieu et la liberté*[1]. Tous les assistants versèrent des larmes d'attendrissement. Je me flatte que vous êtes dans les mêmes principes.

J'ai quatre-vingt-quatre ans; je vais bientôt paraître devant Dieu,

1. Voltaire prononça sa bénédiction en anglais : *God and liberty*. (ÉD.)

créateur de tous les mondes. Si vous avez quelque chose à me communiquer, je me ferai un devoir et un honneur de recevoir votre visite, malgré les souffrances qui m'accablent. J'ai l'honneur d'être, etc.

VOLTAIRE.

MMMMMMMCDLII. — A M. L'ABBÉ GAULTIER.

Paris, 26 février.

Vous m'avez promis, monsieur, de venir pour m'entendre : je vous prie de venir le plus tôt que vous pourrez. VOLTAIRE[1].

MMMMMMMCDLIII. — A M. LE COMTE D'ARGENTAL.

Mars.

Pardon, mon cher ange, ma tête de quatre-vingt-quatre ans n'en a que quinze; mais vous devez avoir pitié d'un homme blessé qui crie, ne pouvant parler. Songez que je meurs, songez qu'en mourant j'ai achevé *Irène*, *Agathocle*, *le Droit du seigneur*, et fait quatre actes d'*Atrée*[2]. Songez que Molé m'a mutilé indignement, sottement, et insolemment; qu'il ne veut point jouer son rôle dans *le Droit du seigneur*, etc. Je suis mort, et il faut que je coure chez les premiers gentilshommes de la chambre; voyez s'il ne m'est pas permis de crier : cependant j'avoue que je ne devrais pas crier si fort.

Je suis à vous, mon ange, à toute heure.

MMMMMMMCDLIV. — A MADEMOISELLE DIONIS[3].

Mars.

Mademoiselle, vous avez eu la bonté de m'envoyer un livre qui contient, à ce que je présume, l'origine de votre maison. Mais, en ajoutant à ce bienfait celui de m'écrire, vous ne m'avez point instruit de votre demeure. Je n'ai pu, même après avoir lu votre origine avec tant de plaisir, trouver le nom du libraire qui la débite; ainsi il m'a été impossible d'avoir un moyen de vous écrire et de vous remercier. M. de La Harpe, qui se connaît en grâces et en style, vient de me dire qu'il était assez heureux pour vous connaître, et qu'il se chargerait de mettre à vos pieds la reconnaissance de votre très-humble, etc.

MMMMMMMCDLV. — A M. LE CURÉ DE SAINT-SULPICE.

4 mars.

M. le marquis de Villette m'a assuré que si j'avais pris la liberté de m'adresser à vous-même, monsieur, pour la démarche nécessaire que j'ai faite, vous auriez eu la bonté de quitter vos importantes occupations pour venir, et daigner remplir auprès de moi des fonctions que

1. Le lendemain, Mme Denis écrivit à l'abbé Gauthier ce billet :

« 27 février 1778.

« Mme Denis, nièce de M. de Voltaire, prie M. l'abbé Gaultier de vouloir bien le venir voir : elle lui sera très-obligée. » (ÉD.)

2. Voltaire retouchait alors *le Droit du seigneur* et *les Pélopides*. (ÉD.)

3. Mlle Dionis est auteur de *l'Origine des Grâces*, poëme en cinq chants et en prose. (ÉD.)

je n'ai crues convenables qu'à des subalternes auprès des passagers qui se trouvent dans votre département.

M. l'abbé Gaultier avait commencé par m'écrire sur le bruit seul de ma maladie ; il était venu ensuite s'offrir de lui-même, et j'étais fondé à croire que, demeurant sur votre paroisse, il venait de votre part. Je vous regarde, monsieur, comme un homme du premier ordre de l'État. Je sais que vous soulagez les pauvres en apôtre, et que vous faites travailler en ministre. Plus je respecte votre personne et votre état, plus je crains d'abuser de vos extrêmes bontés. Je n'ai considéré que ce que je dois à votre naissance, à votre ministère et à votre mérite. Vous êtes un général à qui j'ai demandé un soldat. Je vous supplie de me pardonner de n'avoir pas prévu la condescendance avec laquelle vous seriez descendu jusqu'à moi ; pardonnez aussi l'importunité de cette lettre : elle n'exige pas l'embarras d'une réponse votre temps est trop précieux.

J'ai l'honneur d'être, etc

MMMMMMMCDLVI. — De M. de Tersac, curé de Saint-Sulpice.

Tous mes paroissiens, monsieur, ont droit à mes soins, que la nécessité seule me fait partager avec mes coopérateurs. Mais quelqu'un comme M. de Voltaire est fait pour attirer toute mon attention : sa célébrité, qui fixe sur lui les yeux de la capitale de la France, et même de l'Europe, est bien digne de la sollicitude pastorale d'un curé.

La démarche que vous avez faite n'était nécessaire qu'autant qu'elle pouvait vous être utile dans le danger de votre maladie. Mon ministère ayant pour objet le vrai bonheur de l'homme, en dissipant par la foi les ténèbres qui offusquent sa raison et le bornent dans le cercle étroit de cette vie, jugez avec quel empressement je dois offrir à l'homme le plus distingué par ses talents, dont l'exemple seul ferait des milliers d'heureux, et peut-être l'époque la plus intéressante aux mœurs, à la religion, et à tous les vrais principes, sans lesquels la société ne sera jamais qu'un assemblage de malheureux insensés divisés par leurs passions, et tourmentés par leurs remords. Je sais que vous êtes bienfaisant ; si vous me permettiez de vous entretenir quelquefois, j'espère que vous conviendriez qu'en adoptant parfaitement la sublime philosophie de l'Évangile, vous pourriez faire le plus grand bien, et ajouter à la gloire d'avoir porté l'esprit humain au plus haut degré de ses connaissances, le mérite de la vertu la plus sincère, dont la sagesse divine, revêtue de notre nature, nous a donné la juste idée et fourni le parfait modèle, que nous ne pouvons trouver ailleurs.

Vous me comblez de choses obligeantes que vous voulez bien me dire et que je ne mérite pas. Il serait au-dessus de mes forces d'y répondre en me mettant au nombre des savants et des gens d'esprit qui vous portent avec tant d'empressement leur tribut et leurs hommages. Pour moi, je n'ai à vous offrir que les vœux de votre solide bonheur, et la sincérité des sentiments avec lesquels j'ai l'honneur d'être, etc.

MMMMMMMCDLVII. — De M. l'abbé Gaultier.

Paris, 13 mars.

Je désire, monsieur, savoir de vos nouvelles; je me suis présenté plusieurs fois à votre hôtel, et toujours inutilement. Tout ce qu'on m'a dit, c'est que vous n'étiez pas visible. Je souhaite que votre santé se rétablisse : je ne cesse de demander, dans le saint sacrifice de la messe, que le Dieu de la bonté vous accorde d'heureux jours. Soyez persuadé de mes sentiments; ils ne peuvent être ni plus vifs ni plus sincères. Si vous me permettez d'aller vous voir, je vous dirai de vive voix ce que je n'ose vous marquer dans cette lettre, plus dictée par le cœur que par l'esprit.

J'ai l'honneur d'être, etc. Gaultier.

MMMMMMMCDLVIII. — A M. l'abbé Gaultier.

15 mars.

Le maître de la maison a ordonné à son suisse de ne laisser entrer aucun ecclésiastique que M. le curé de Saint-Sulpice. Quand le malade aura recouvré un peu de santé, il se fera un plaisir de recevoir M. l'abbé Gaultier. De Voltaire.

MMMMMMMCDLIX. — A M. le marquis de Florian, à Bijou-Ferney.

A Paris, 15 mars.

Le vieux malade n'a pu encore écrire à monsieur et à madame de Florian. Il a été à la mort pendant plus de quinze jours, depuis son accident. Il a fallu passer par toutes les horreurs qui accompagnent cet état. Il saisit un moment où il souffre un peu moins, pour dire à monsieur et à madame de Florian qu'il serait mort en les aimant de tout son cœur, et en comptant sur leur souvenir.

Vous savez que tout parle guerre à Paris; que le roi a déclaré, par son ambassadeur à Londres, qu'il veut la paix, mais qu'il fera respecter son pavillon et le commerce de ses sujets. Le traité avec les Américains est public. J'ai vu M. Franklin chez moi, étant très-malade : il a voulu que je donnasse ma bénédiction à son petit-fils. Je la lui ai donnée, en disant *Dieu et la liberté*, en présence de vingt personnes qui étaient dans ma chambre.

L'ambassadeur d'Angleterre arriva une heure après. Tout ce que j'ai éprouvé de bontés de la cour et de la ville a été bien au delà de mes espérances et même de mes souhaits; mais je ne crois pas que ce temps-ci puisse être convenable pour demander des grâces pécuniaires en faveur de ma colonie. Le roi est trop endetté. Les flottes ont coûté un argent immense. Les billets de la loterie de M. Necker perdent chacun quatre-vingts sur mille. Il y en a cinq mille à prendre, dont personne ne veut. Il n'est plus question d'économie, il ne s'agit plus que de vengeance. M. d'Estaing commande une escadre formidable, M. de La Motte-Piquet une autre.

Vous savez que M. Dupuits est à Paris, et qu'il espère être employé. Il est à croire que, sans guerre déclarée, il y aura des coups donnés.

Pour moi, qui suis très-pacifique, je ne songe qu'à être défait de tous les polissons qui me parlent de Shakspeare, de Faxhall, de rostbeef, de sauteurs anglais, et de milords anglais.

Je demande bien pardon à monsieur de Florian d'entrer dans ces détails. J'aimerais bien mieux faire paver devant sa maison; mais je vois qu'il est plus aisé de guérir un vomissement de sang que d'obtenir de l'argent d'un gouvernement obéré, qui n'a pas même le moyen de payer le pauvre Racle. Il y a ici un luxe révoltant et une misère affreuse. Paris est le rendez-vous de toutes les folies, de toutes les sottises, et de toutes les horreurs possibles.

Quand pourrai-je revoir Ferney, et embrasser tendrement le seigneur et la dame de Bijou !

MMMMMMMCDLX. — A M. DALEMBERT.

Paris, le 19 mars.

J'aime à voir par vos vitres, mon cher maître, et surtout à voir par vos yeux. Vous êtes mon voyant. Tout mort que je suis, je compte venir aujourd'hui à l'Académie. Je tâcherai de bien voir, et de faire bien voir, et de commencer dès demain à travailler sans discontinuer [1]. Je veux mourir en m'éclairant avec vous, et en vous servant

MMMMMMMCDLXI. — DE M. L'ABBÉ GAULTIER.

30 mars.

Monsieur, plusieurs de ceux qui savent par eux-mêmes des nouvelles de votre santé me disent qu'elle se rétablit. Personne n'y prend plus de part que moi; je désire qu'elle soit parfaite. Je ne vous oublie point dans mes prières; si elles sont efficaces, vous en sentirez les heureux effets. Je me suis présenté plusieurs fois à votre hôtel pour vous féliciter sur votre convalescence. On m'a toujours répondu qu'il n'y avait plus rien à faire. Je ne sais ce que cela signifie, surtout après que vous m'avez écrit que vous me verriez avec plaisir lorsque vous seriez un peu rétabli. Je ne me présenterai plus à votre hôtel; car il me paraît inutile de frapper à d'autres portes qu'à celle de votre cœur : je suis sûr d'y avoir entrée. Quelle consolation et quel plaisir pour moi si je pouvais vous aider à parvenir au vrai bonheur !

J'ai l'honneur d'être, etc. GAULTIER [2].

1. Pour le *Dictionnaire de l'Académie.* (ÉD.)

2. Cette lettre resta sans réponse. Lorsque, deux mois après, l'abbé apprit que Voltaire était condamné par les médecins, il écrivit encore la lettre que voici :

Paris, 30 mai.

« J'apprends, monsieur, par la voix publique que vous êtes très-dangereusement malade. Cette nouvelle m'afflige beaucoup; mais ce qui augmente ma douleur, c'est qu'on ne m'envoie pas chercher de votre part. Quoique je n'aie pu, quelque effort que j'aie fait depuis votre dernière maladie, avoir l'honneur de vous voir, cela ne m'empêchera pas de retourner chez vous si vous me demandez. Hélas ! si le Seigneur vous appelle à lui, quel bonheur pour vous de vous être mis en état de paraître devant ce grand Dieu qui juge les justices mêmes ! Quel malheur, au contraire, de périr sans avoir pensé à la grande affaire de votre salut ! Ah, mon cher monsieur, pensez-y sérieusement, et ne

MMMMMMMCDLXII. — A M. LE MARQUIS DE SAINT-MARC.

31 mars.

Monsieur, j'ai appris que c'est vous qui daignâtes hier vous amuser à me donner l'immortalité dans les plus jolis vers du monde. Ils ont apaisé les souffrances que la suite de ma maladie me fait éprouver. Si je ne suis pas encore en état de vous répondre dans le langage charmant dont vous faites un si bel usage, je vous supplie du moins d'agréer ma vive reconnaissance et le respect avec lequel j'ai l'honneur d'être, etc.

MMMMMMMCDLXIII. — A FRÉDÉRIC II, ROI DE PRUSSE.

A Paris, le 1er avril.

Sire, le gentilhomme français qui rendra cette lettre à Votre Majesté, et qui passe pour être digne de paraître devant elle, pourra vous dire que si je n'ai pas eu l'honneur de vous écrire depuis longtemps, c'est que j'ai été occupé à éviter deux choses qui me poursuivaient dans Paris, les sifflets et la mort.

Il est plaisant qu'à quatre-vingt-quatre ans j'aie échappé à deux maladies mortelles. Voilà ce que c'est que de vous être consacré : je me suis renommé de vous, et j'ai été sauvé.

J'ai vu avec surprise et avec une satisfaction bien douce, à la représentation d'une tragédie nouvelle, que le public, qui regardait, il y a trente ans, Constantin et Théodose comme les modèles des princes, et même des saints, a applaudi avec des transports inouïs à des vers qui disent que Constantin et Théodose n'ont été que des tyrans superstitieux. J'ai vu vingt preuves pareilles du progrès que la philosophie a fait enfin dans toutes les conditions. Je ne désespérerais pas de faire prononcer dans un mois le panégyrique de l'empereur Julien ; et assurément, si les Parisiens se souviennent qu'il a rendu chez eux la justice comme Caton, et qu'il a combattu pour eux comme César, ils lui doivent une éternelle reconnaissance.

Il est dont vrai, sire, qu'à la fin les hommes s'éclairent, et que ceux qui se croient payés pour les aveugler ne sont pas toujours les maîtres de leur crever les yeux ! Grâces en soient rendues à Votre Majesté ! Vous avez vaincu les préjugés comme vos autres ennemis : vous jouissez de vos établissements en tout genre. Vous êtes le vainqueur de la superstition, ainsi que le soutien de la liberté germanique.

Vivez plus longtemps que moi, pour affermir tous les empires que vous avez fondés. Puisse Frédéric le Grand être Frédéric immortel !

Daignez agréer le profond respect et l'inviolable attachement de

VOLTAIRE.

pensez qu'à cela ; profitez du peu de temps qui vous reste à vivre ; il va finir, et l'éternité va commencer.

« J'ai l'honneur d'être, etc. GAULTIER. »

Cette lettre, peu rassurante pour un malade, fit effet sur Voltaire. L'abbé Mignot, neveu de Voltaire, alla sur les six heures du soir chercher l'abbé Gaultier, pour qu'il confessât son oncle ; mais quand le chapelain des Incurables arriva, il ne trouva pas, à ce qu'il dit, le malade en état de se confesser ; et Voltaire mourut dans la nuit. (*Note de M. Beuchot.*)

MMMMMMMCDLXIV. — A MADAME DE SAINT-JULIEN.

6 avril, à six heures du soir.

Mme d'Ennery et madame sa sœur sortent de chez moi, madame. Je leur ai répété ce que j'avais dit et dû dire à M. de Schomberg et à M. de Villarceaux, que, si elles pensaient à cette maison, j'avais trop de respect pour elles pour aller sur leur marché. Elles m'ont répondu qu'elles étaient prêtes à me vendre cette maison, qui était à elles. Je leur a dit: « Mesdames, il faut que vous en soyez maîtresses par un contrat, pour être en droit de la vendre. — Monsieur, nous avons une parole de Mme de Villarceaux. — Madame, une parole d'honnêteté n'a jamais mis personne en possession d'un bien. — Monsieur, on nous a promis de nous la vendre à vie, et nous vous la vendrons à vie, si vous voulez. — Mesdames, si vous l'aviez pour votre vie, vous ne pourriez pas me la vendre pour la mienne. »

Ces dames n'entendent pas parfaitement les affaires; elles disent qu'elles ont parole de trouver de l'argent, et ne l'ont point encore. Elles disent qu'elles feraient les achèvements nécessaires en un an. Je les ferais en deux mois. Je payerais sur le champ M. et Mme de Villarceaux. Il ne s'agirait que d'engager Mme d'Ennery à me donner un billet par lequel elle permettrait que je fisse marché avec M. de Villarceaux.

Vous savez, madame, que je meurs d'envie d'être votre voisin, et de finir mes jours près de l'hôtel de Choiseul et près du vôtre.

MMMMMMMCDLXV. — A M. DUMOUSTIER DE LA FOND[1], CAPITAINE D'ARTILLERIE, MEMBRE DE PLUSIEURS ACADÉMIES.

Paris, 7 avril.

Monsieur, l'île de Délos eut son Apollon, la Sicile ses Muses, et Athènes sa Minerve. Les villes de Loudun et de Saint-Loup, à l'exemple des sept villes qui combattirent autrefois pour la naissance d'Homère, voudraient-elles aujourd'hui combattre pour être le lieu de la naissance de mes ancêtres? Je n'ai aucune voie de conciliation à leur proposer. Si cette découverte les intéresse, elles ne manqueront pas de moyens pour la faire. Les vers que fit Antoine Dumoustier, un de vos ancêtres, sur la mort de René Arouet, qui peut aussi être un des miens, sont animés d'un caractère d'amitié qui fait honneur au cœur de celui qui les a écrits. Puisque vous travaillez à l'histoire de votre province, évitez avec soin le trop grand flegme de style assez ordinaire aux personnes qui, comme vous, par état ou par goût, s'appliquent aux mathématiques.

Je suis, avec toute la considération que vous méritez, monsieur, etc.

AROUET DE VOLTAIRE.

1. Auteur d'un *Essai sur l'histoire de la ville de Loudun*. (ÉD.)

MMMMMMMCDLXVI. — A M. de Vaines.

A Paris, samedi, à quatre heures, avril.

Oui, sans doute, monsieur, les premiers *Pascal-Condorcet* qui viendront du pays étranger seront pour vous. Ce sont deux grands hommes; mais le premier était un fanatique, et le second est un sage. Celui-ci est fait pour vous. Je me console dans mes douleurs, vous souhaitant un bon voyage.

MMMMMMMCDLXVII. — A madame de Saint-Julien[1].

Je scai bien ce que je desire mais je ne scais pas ce que je feray je suis malade je soufre de la tete aux pieds il ny a que mon cœur de sain. et cela nest bon a rien.

MMMMMMMCDLXVIII. — A M. le comte de Rochefort, a Versailles.

A Paris, 16 avril.

Je demande bien pardon à Mme Dix-neuf ans de lui avoir écrit en cérémonie. Je pourrais avoir bien plus de tort avec vous, monsieur, en vous remerciant si tard de votre très-agréable lettre; mais j'ai eu ces derniers jours une fièvre assez violente, suite de deux maladies mortelles dont je suis réchappé.

Je crois que M. l'abbé de Beauregard, prédicateur de Versailles, soi-disant ci-devant jésuite, m'aurait volontiers refusé la sépulture, ce qui est fort injuste, car on dit que je ne demanderais pas mieux que de l'enterrer; et il me devait, ce me semble, la même politesse.

Je ne crois point que le maître et la maîtresse de la maison se soient moqués de cet abbé de Beauregard; c'est bien assez qu'ils ne se livrent pas à la fureur de son zèle, et c'est à quoi tous les honnêtes gens se bornent.

Il est permis à ces pauvres ex-jésuites de haïr tel homme qui les força, il n'y a pas longtemps, à restituer à sept enfants mineurs, tous au service du roi, leur bien de patrimoine, dont les bons pères s'étaient emparés. Ce sont de ces sacriléges que les dévots ne pardonnent jamais. J'ai fait rentrer dans leur bien six jeunes officiers dépouillés par eux. Il est vrai que je n'ai point prêché de carême; mais, en vérité, j'ai observé ce carême plus rigoureusement que tous les moines de l'Europe: aussi je suis plus diaphane et plus maigre qu'aucun des anciens disciples de Loyola; je ressemble au Lazare sortant de sa niche.

Je me flatte, monsieur, que votre santé est bonne, et que vos affaires sont arrangées. Je m'intéresserai, jusqu'au dernier jour de ma vie, à tout ce qui peut vous toucher.

Conservez-moi des bontés qui font la consolation de mes derniers jours.

1. Ce billet est imprimé avec l'orthographe du *fac-simile*. (*Note de M. Beuchot.*)

MMMMMMMCDLXIX. — A M. LE COMTE D'ARGENTAL.

20 avril.

Mon cher ange, vous m'avez ordonné de dépouiller le quatre pour habiller le cinq. Depuis cinq heures du matin, je déshabille fort aisément ce quatre, mais je crains d'être un mauvais tailleur pour le cinq.

La généreuse secrétaire est priée de corriger au second acte un petit couplet d'Argide, qui me paraît un peu trop brutal pour un prince aussi noble et aussi vertueux que lui. Il faudrait, je crois, tourner ainsi cet endroit :

> Ne t'enorgueillis point d'être né de son sang;
> Souviens-toi de la fange où le ciel le fit naître.
> Il a su la couvrir par les vertus d'un maître;
> Et les excès affreux qui l'ont trop démenti
> Te rendront au limon dont il était sorti.

Je crois que Larive et Molé joueront bien les rôles des enfants d'Agathocle, qu'Idasan convient fort à Monvel, que les cheveux blancs et la voix de Brizard suffiront pour Agathocle, et que le rôle d'Idace est beaucoup plus dans le caractère de Mme Vestris que celui d'Irène, pourvu qu'elle se défasse de l'énorme multitude de ses gestes.

Enfin il me semble qu'*Agathocle* sera beaucoup mieux joué qu'*Irène*, de laquelle *Irène* je suis bien cruellement mécontent.

Je me jette entre les bras de mon cher ange pour ma consolation. Je ne demande que deux représentations d'*Irène* à la rentrée, pour égaler la gloire de M. Barthe. Il faut que je parte dans quinze jours, sans quoi tout périt à Ferney. J'espère, au mois de septembre, ne plus sortir de dessous les ailes de mon ange[1].

1. *Notice sur M. le comte d'Argental* (*extrait du* Journal de Paris, *du 16 de janvier 1788*), *par M. de La Harpe*.

« M. le comte d'Argental fut pendant cinquante ans (La Harpe devrait dire: pendant soixante-dix ans) l'ami de M. de Voltaire; sa mort ne saurait être indifférente à ceux qui ont aimé ce grand homme. Un autre grand homme a dit: « Il y a quelque chose de sacré dans les longs attachements, *est aliquid sacri in antiquis necessitudinibus* (Cicéron); » et sans doute ils sont encore plus respectables quand le génie est à côté de l'amitié. Le plus intime ami de l'écrivain le plus célèbre de son siècle est, en quelque sorte, un homme public; et c'est à ce titre que j'ai cru que vous pouviez, messieurs, placer dans vos feuilles quelques lignes consacrées à sa mémoire; car, d'ailleurs, j'ai toujours pensé que celui qui a été assez heureux pour n'avoir à remplir que les devoirs d'une vie privée ne doit guère recevoir d'autres tributs après sa mort que les regrets et le témoignage de ceux qui l'ont connu et chéri: tributs beaucoup plus honorables que ces notices nécrologiques, aujourd'hui si multipliées, bien moins par le désir d'honorer les morts que par la petite vanité de signer quelques phrases imprimées, et pour parler au public, à qui tout le monde veut parler.

« Je n'ai point eu l'honneur d'être l'ami particulier de M. le comte d'Argental; j'ai eu celui de vivre assez longtemps dans sa société et avec les personnes qui lui ont été les plus chères. Ce que j'ai à dire de lui n'est que l'expression des sentiments qu'il a laissés dans leur cœur, et le langage unanime de tous ceux qui l'ont approché. Les uns n'en parlent qu'avec les larmes de la reconnaissance et de la douleur, les autres qu'avec la plus affectueuse estime. Son

MMMMMMMCDLXX. — A M. DALEMBERT.

Le ....

Très-aimable chef de notre Académie, je vous prie de m'apprendre si cette épître dédicatoire n'est pas indigne d'elle et de vous, et si je pourrais espérer qu'elle fût de quelque utilité. Je voulais courir à l'Académie; deux maladies cruelles me retiennent.

Mon très-cher secrétaire et maître perpétuel, je vous recommande, et à mes respectables confrères, les vingt-quatre lettres de l'alphabet.

MMMMMMMCDLXXI. — A M. DE VAINES.

Jeudi, 7 mai, quai des Théatins.

Le vieux malade V. abuse peut-être un peu des bontés de M. de Vaines; mais il le supplie de vouloir bien donner cours à cette lettre pour l'ami Wagnière. Il lui sera très-obligé. Il lui fait les plus tendres compliments.

commerce plaisait à tout le monde, et son caractère le faisait chérir de ses amis.

« Il paraît que M. d'Argental a été un des hommes les plus heureusement nés pour eux comme pour les autres. Passé les premières années de sa jeunesse, où l'on sacrifie plus ou moins aux passions de cet âge, il n'a eu que des inclinations douces et des plaisirs tranquilles. Il cultivait l'amitié, les lettres, et la société: ce fut là sa vie entière. Elle a toujours été la même, sans aucune altération, jusqu'à l'âge de quatre-vingt-huit ans.

« Engagé quelque temps dans la magistrature, il en remplit les devoirs, souvent pénibles et gênants, avec une exactitude qui semblait ne lui rien coûter. Par une tournure d'esprit aussi heureuse que rare, tout ce qui était pour lui une obligation était au nombre de ses plaisirs. Devenu depuis ministre d'une cour étrangère, les correspondances régulières qu'il entretenait avec elle, et qui pouvaient être un assez grand travail dans un âge fait pour le repos, devinrent le principal objet de ses soins, et parurent entrer dans ses goûts. Le premier de tous et le plus vif fut toujours celui des lettres. Il fut lié avec tout ce que la France a eu de plus célèbre en ce genre, mais surtout avec Voltaire. On peut dire que son amitié pour lui fut sa passion dominante : c'était une espèce de culte. L'amitié est la seule où la superstition soit sans danger; elle n'a d'autre effet que d'agrandir à nos yeux celui que nous aimons; et si c'est un excès, il n'est pas contagieux : d'ailleurs, qui jamais eut plus que Voltaire le droit de le justifier?

« M. d'Argental n'était point un de ces prôneurs charlatans qui s'enorgueillissent sous l'enseigne d'un grand nom. Son admiration pour Voltaire était un sentiment vrai et sans aucune ostentation; il adorait ses talents comme il aimait sa personne, avec la plus grande sincérité. Il jouissait véritablement de ses confidences et de ses succès; il n'en était pas vain, il en était heureux, et de si bonne foi, que tous ceux qui le voyaient lui savaient gré de ce bonheur. En effet, cette espèce de bonheur dont nous jouissons dans autrui a quelque chose de si intéressant, que c'est peut-être le seul qui ne puisse exciter l'envie.

« Avec beaucoup de douceur dans les mœurs, il n'avait pas moins de fermeté dans ses principes, deux choses qui ne s'allient pas communément; et c'étaient surtout ses principes qui déterminaient ses affections. Il en donna une preuve remarquable, et qui mérite d'être rapportée. Il était lié depuis longtemps, par une correspondance journalière, avec un homme tout-puissant dans cette même cour, dont lui-même était ici le ministre. Cet homme éprouva la plus éclatante disgrâce, et fut obligé de quitter son pays. Il vint à Paris; et dans des circonstances si délicates, où tout autre aurait pu craindre de s'exposer soi-même en paraissant attaché à un proscrit, M. le comte d'Argental, qui ne le connaissait que par ses lettres, ne permit pas qu'il eût d'autre maison que la sienne, et se montra publiquement et constamment son ami et son défen-

MMMMMMMCDLXXII. — A M. L'ABBÉ DE L'ATTAIGNANT.

A Paris, le 16 mai.

L'Attaignant chanta les belles;
Il trouva peu de cruelles,
Car il sut plaire comme elles :
Aujourd'hui, plus généreux,
Il fait des chansons nouvelles
Pour un vieillard malheureux.
Je supporte avec constance
Ma longue et triste existence,
Sans l'erreur de l'espérance :
Mais vos vers m'ont consolé;
C'est la seule jouissance
De mon esprit accablé.

Je ne peux aller plus loin, monsieur : M. Tronchin, témoin du triste état où je suis, trouverait trop étrange que je répondisse en

seur, au risque de perdre une place qui faisait alors la plus grande partie de sa fortune. Rien n'est si commun aujourd'hui que de se vanter d'avoir *du caractère;* mais on n'a pas coutume de le prouver de cette façon-là.

« M. d'Argental ne se pressait pas non plus de parler de *sensibilité;* mais il avait en effet une âme très-sensible et un cœur aimant, et il n'attendait pas, pour le montrer, les grandes occasions, qui sont assez rares. Il avait cette sensibilité qui se montre dans tous les moments : il savait que dans l'amitié les petites choses sont d'un grand prix, parce qu'elles sont de tous les jours. Personne n'eut plus que lui de ces attentions délicates et continuelles qui sont le charme de la société intime. Souvent ses parents, ses amis étaient agréablement surpris de tout ce qu'il imaginait pour leur faire voir combien il s'occupait d'eux : le désir de leur plaire et de les voir heureux était une de ses pensées habituelles dans un âge où le plus souvent l'on n'est pas plus satisfait des autres que de soi-même; et ceux qui vivaient avec lui racontent à ce sujet des détails qu'on n'entend pas sans attendrissement.

« Dans un accès de fièvre, qui fut le commencement de la maladie dont il est mort au bout de trois jours, il fit des vers pour une dame qui, depuis bien des années, était son amie intime, et dont l'amitié est faite pour honorer tous ceux qui peuvent la mériter (Mme de Courteille). Il en faisait peu, quoiqu'il les aimât infiniment; et l'on trouve encore dans ses derniers vers un sentiment aimable délicatement exprimé.

« Il n'est pas nécessaire de dire que l'ami de Voltaire, et le premier dépositaire de toutes ses pensées et de tous ses écrits, avait un goût naturellement juste et un esprit orné, nourri de la politesse de ce beau siècle de Louis XIV, dont il avait vu la fin. Ce goût devait le rendre un peu sévère sur celui d'aujourd'hui; mais il aima toujours les vrais talents en tout genre, et notre grand acteur Lekain trouva en lui un protecteur aussi constant qu'affectionné.

« Une longue vieillesse sans douleur, sans dégoûts, et presque sans infirmités, devait être la récompense d'un esprit doux, d'un bon cœur, et d'un caractère aimable. Sans ambition, sans cupidité, sans orgueil, M. d'Argental conserva jusqu'à la fin de ses jours les mêmes goûts, les mêmes plaisirs, les mêmes amis. Sa vie fut égale comme son humeur. Sa tête n'éprouva aucun affaiblissement. Spectacles, littérature, événements publics, il s'intéressait à tout, autant que ceux qui pouvaient voir devant eux un long avenir. Sa santé même était assez bonne pour qu'on dût se flatter que sa carrière pouvait se prolonger encore. Une fièvre soporeuse le conduisit au tombeau en peu de jours, aussi doucement qu'il avait vécu; et l'on peut dire qu'il s'est endormi dans la mort. Ceux qui le pleurent ont désiré que je rendisse à sa mémoire ce triste hommage, dont ils se seraient acquittés mieux que moi, puisqu'ils ont mieux connu celui que je regrette avec eux. »

mauvais vers à vos charmants couplets. L'esprit d'ailleurs se ressent trop des tourments du corps; mais le cœur du vieux Voltaire est plein de vos bontés.

MMMMMMMCDLXXIII. — À M. LE COMTE DE LALLY.

26 mai.

Le mourant ressuscite en apprenant cette grande nouvelle [1]; il embrasse bien tendrement M. de Lally; il voit que le roi est le défenseur de la justice : il mourra content [2].

1. La cassation de l'arrêt du parlement qui avait condamné Lally père à la mort. (ÉD.)
2. M. de Voltaire était au lit de la mort quand on lui fit part de cet événement; il sembla se ranimer pour écrire ce billet, qui peut être regardé comme le dernier soupir de ce grand homme; il retomba, après l'avoir écrit, dans l'accablement dont il n'est plus sorti, et expira le 30 de mai 1778, âgé de quatre-vingt-quatre ans et quelques mois. (*Éd. de Kehl.*)

FIN DU QUARANTE-SIXIÈME ET DERNIER VOLUME

LISTE ALPHABÉTIQUE

DES OUVRAGES DE VOLTAIRE

A

B

C

F

G

H

I

J

L

M

N

O

P

Q

R

S

T

U

V

Z

FIN DE LA LISTE ALPHABÉTIQUE DES OUVRAGES DE VOLTAIRE.

TABLE CHRONOLOGIQUE

DES ÉCRITS DE VOLTAIRE

Le Cadenas, IX, 354.
Le Cocuage, IX, 357.

1717.

La Bastille, VIII, 310.

1718.

Œdipe, composé en 1713, I, 5.
Épître à M. le prince de Conti, IX, 193.

1719.

Lettres sur Œdipe, I, 5.
Épître à M. de La Falnère de Genonville, IX, 194.
— au roi d'Angleterre, IX, 196.
— à Mme la maréchale de Villars, IX, 196.

1720.

Fragments d'Artémise, I, 83.
Divertissement mis en musique, VIII, 320.
Épître au duc de Sulli, IX, 197.

1721.

Épître à M. le maréchal de Villars, IX, 199.
— au cardinal Dubois, IX, 200.

1722.

Le Pour et le Contre, VIII, 315.
Épître au duc de La Feuillade, IX, 201.
— à Mme de ***, IX, 202.

1723.

La Henriade, VII, 1.
Épître à M. de Gervasi, IX, 203.

1724.

Mariamne, I, 107.

1725.

Préface de Mariamne (la pièce est de 1724), I, 107.
Lettre de M. Thieriot à M. l'abbé Nadal, XXIII, 9.
L'Indiscret, I, 169.
Épître à la reine, IX, 204.
Fête de Belébat, I, 193.

1726.

Essai sur la poésie épique, VIII, 1.

Épître à M. Pallu, IX, 205.
— à Mlle Lecouvreur, IX, 205.

1727.

A M*** (sur l'Angleterre), XXIII, 11.
A M*** (sur l'Angleterre et les contradictions), XXIII, 17.
Essai sur les guerres civiles de France, VII, 176.

1728.

Remarques (premières) sur les Pensées de Pascal, XXIII, 18.
Sottise des deux parts, XXIII, 41.

1729.

Épître à M. Pallu, IX, 206.
— aux mânes de Genonville, IX, 208.

1730

Préface d'Œdipe, I, 32.
Harangue pour la clôture du théâtre, XXIII, 43.
La mort de Mlle Lecouvreur, VIII, 321.
Brutus, I, 207.

1731.

Le Temple du Goût (imprimé en 1733), IX, 39.
Épître à Formont, IX, 209.
Histoire de Charles XII, XV, 1.
Épître à M. de Cideville, IX, 210.
Stances sur les poëtes épiques, IX, 146.
Épître des Vous et des Tu, IX, 211.
— au comte de Tressan, IX, 212.

1732.

Les Originaux, I, 267.
Ériphyle, I, 305.
Aux auteurs de la Bibliothèque raisonnée, XXIII, 46.
Samson, II, 1.
Zaïre, II, 26.
Le Temple de l'Amitié, VIII, 323.
Épître à Mlle de Lubert, IX, 213.
— à une dame ou soi-disant telle, IX, 214.
— à Mme de Fontaine-Martel, IX, 216.
— à Mlle Gaussin, IX, 218.
— à Mme du Châtelet, IX, 219.
— à M. Clément de Dreux, IX, 219.
Ode sur le Fanatisme, IX, 104.

1733.

1734.

1735.

1736.

1737.

1738.

Éléments de la philosophie de Newton, XXIII, 281.
Éclaircissements nécessaires, XXIII, 177.
Fragment d'un mémoire, XXIII, 184.
Épître à Mlle de T***, IX, 237.
Essai sur la nature du feu, XXIII, 185.
Vie de J.-B. Rousseau, XXIII, 219.
Épîtres au prince royal de Prusse, IX, 237, 239.
Observations sur MM. J. Law, Melon et Dutot, XXIII, 242.
Ode à MM. de l'Académie des sciences, IX, 107.
Le Préservatif, XXIII, 249.
Mémoire imprimé dans le Journal des Savants, XXIII, 261.
Conseils à M. Helvétius, IX, 240.

1739.

A M***, sur le mémoire de Desfontaines, XXIII, 424.
Mémoire du sieur de Voltaire, XXIV, 1.
Les droits des hommes et les usurpations des papes, XXVIII, 1.
Mémoire sur la satire, XXIV, 14.
— sur un ouvrage de Mme du Châtelet, XXIV, 26.
Réponse aux objections contre la philosophie de Newton, XXIV, 30.
Vie de Molière, XXIV, 41.
Fragment d'une lettre sur un usage en Hollande, XXIV, 71.

1740.

Zulime, III, 99.
Pandore, III, 168.
Épître au roi de Prusse, IX, 241.
Ode au roi de Prusse sur son avénement, IX, 113.
Remarques sur deux épîtres d'Helvétius, XXIII, 265.
Stances au président Hénault, IX, 150.
Métaphysique de Newton, formant la première partie des Éléments de Newton, XXIII, 283.
Épître à un ministre d'État, IX, 243.
Exposition du livre des Institutions physiques, XXIV, 72.
Stances au roi de Prusse, IX, 151, 152.
Préface de l'Anti-Machiavel, XXIV, 85.
Extrait de la Nouvelle bibliothèque, XXIV, 89.
Ode sur la mort de l'empereur Charles VI, IX, 115.
Sommaire des droits du roi de Prusse sur Herstall, XXX, 401.

1741.

Doutes sur la mesure des forces motrices, XXIV, 92.
Épîtres au roi de Prusse, IX, 245, 546.
Stances à Mme du Châtelet, IX, 148, 152.

1742.

Ode à la reine de Hongrie, IX, 116.
Conseils à M. Racine, XXIV, 98.
Ce qu'on ne fait pas, et ce qu'on pourrait faire, XXIV, 107.
Police sous Louis XIV, VIII, 312.
Mahomet, III, 187.
Épître au roi de Prusse, IX, 247.

1743.

Réponse au marquis de Ximénès, IX, 248.
Mérope, III, 238.
Thérèse (fragment de), III, 296.
Stances à M. Van Haren, IX, 153.
— au roi de Prusse, IX, 154.
Fragment d'une épître au roi de Prusse, IX, 248, 255.

1744.

Relation touchant un Maure blanc, XXIV, 108.
Courte réponse aux longs discours d'un Allemand, XXIV, 110.
Épîtres au roi de Prusse, IX, 249, 252, 255, 256.
Discours sur les événements de 1744, VIII, 353.
Épître au président Hénault, IX, 268.
— au roi (Louis XV), IX, 254.

1745.

Princesse de Navarre, III, 301.
Lettre du roi à la czarine, XXIV, 113.
Épître au duc de Richelieu, IX, 257.
Poëme de Fontenoy, VIII, 355.
Lettre critique sur le poëme de Fontenoy, XXIV, 114.
Épître au roi de Prusse, IX, 256.
La clémence de Louis XIV et de Louis XV dans la victoire, IX, 118.
Stances à Mme de Pompadour, IX, 154.
Représentations aux États généraux de Hollande, XXIV, 117.
Manifeste du roi de France pour Charles-Édouard, XXIV, 118.
Le Temple de la Gloire, III, 357.

1746.

Discours de réception à l'Académie, XXIV, 119.
La Félicité des temps, IX, 120.
Dissertation sur les changements arrivés dans notre globe, XXIV, 120.
Le monde comme il va, vision de Babouc, XX, 1.
Le Crocheteur borgne, XX, 12.
Cosi-Sancta, XX, 15.

1747.

Stances à la princesse de Suède, IX, 155.
Épitre au comte Algarotti, IX, 258.
— à Mme la duchesse du Maine, IX, 260.
— à Richelieu, IX, 262.
La Prude, III, 384.
Zadig, ou la Destinée, histoire orientale, XX, 20.

1748.

Avis sur les éditions de ses œuvres, XXIV, 137.
Anecdotes sur Louis XIV, XXIV, 137.
— sur le czar Pierre le Grand, XXIV, 171.
Épitre au maréchal de Saxe, IX, 263.
— à Mme Denis, IX, 264.
Éloge funèbre des officiers, XXIV, 149.
Panégyrique de Louis XV, XXIV, 158.
Sémiramis, IV, 1.
Stances à Mme du Bocage, IX, 156.
Épitre au président Hénault, IX, 268.
— au duc de Richelieu, IX, 270.

1749.

Compliment au roi par le maréchal de Richelieu, XXIV, 180.
Des embellissements de Paris, XXIV, 181.
Lettre à l'occasion de l'impôt du vingtième, XXIV, 186.
Nanine, IV, 65.
Panégyrique de saint Louis, XXIV, 191.
Stances sur le Louvre, IX, 157.
Épitre à Saint-Lambert, IX, 271.
Connaissance des beautés et des défauts, XXIV, 201.
La femme qui a raison, IV, 116.
Des mensonges imprimés, XXIV, 277.
Lettre de l'auteur de la brochure, XXIV, 276.

1750.

Oreste, IV, 150.
Raisons de croire que le Testament du cardinal de Richelieu est un ouvrage supposé, XXIV, 287.
Remerciment sincère à un homme charitable, XXIV, 298.
Extrait du décret de la sacrée congrégation, XXIV, 301.
La Voix du sage et la voix du peuple, XXIV, 302.
Des embellissements de la ville de Cachemire, XXIV, 305.
Timon, XXIV, 311.
Voyage à Berlin, IX, 84.
Épitre à M. Darget, IX, 273.
— à M. Desmahis, IX, 373.

1751.

1752.

1753.

1754.

1755.

L'Auteur arrivant dans sa terre, IX, 278.
L'Orphelin de la Chine, IV, 299.
Stances à Mme Denis, IX, 161.

1756.

Poëme sur la loi naturelle (composé en 1752), VIII, 370.
— sur le désastre de Lisbonne, VIII, 390.
Épître à Richelieu, IX, 282.
Les Deux consolés, XX, 86.
Dialogue entre un brahmane et un jésuite, XXV, 10.
Dialogues entre Lucrèce et Posidonius, XXV, 12.
Jusqu'à quel point on doit tromper le peuple, XXV, 21.
Épître à l'empereur François Ier, IX, 281.
Histoire des voyages de Scarmentado, XX, 87.
Songe de Platon, XX, 92.

1757.

Galimatias dramatique, XXV, 24.
Les Torts, stances, IX, 162.

1758.

Réfutation d'un écrit anonyme, XXV, 24.
Le pauvre diable, VII, 213.

1759.

Ode sur la mort de la princesse de Bareith, IX, 123.
Mémoire sur le libelle, XXV, 27.
Requête aux magnifiques seigneurs, XXV, 29.
Lettre aux auteurs du Journal encyclopédique, XXV, 30.
Épître à l'abbé de La Porte, IX, 283.
Socrate, IV, 345.
Précis de l'Ecclésiaste, VIII, 401.
— du Cantique des cantiques, VIII, 410.
Épître à une jeune veuve, IX, 284.
Relation de la mort de Berthier, XXV, 31.
Mémoires pour servir à la vie de Voltaire, XXV, 42.
Candide, ou l'Optimisme, XX, 94.
Histoire d'un bon bramin, XX, 155.

1760.

Remarque au sujet d'une omission, XXV, 85.
Lettre civile et honnête, etc., XXV, 103.
Les Quand, XXV, 86.
Épître à M. le président Hénault, IX, 285.
Plaidoyer pour Ramponneau, XXV, 88.

1761.

1762.

Éloge de Crébillon, XXV, 235.
Pièces originales concernant les Calas, XXV, 250.
A Mgr le chancelier, par Donat Calas, XXV, 258.
Requête au roi, par Donat Calas, XXV, 260.
Déclaration de Pierre Calas, XXV, 268.
Histoire d'Élisabeth Canning et des Calas, XXV, 272.
Idées républicaines, XXV, 252.
Lettre de M. Formey, XXV, 293.
Sermon des Cinquante, XXV, 297.

1763.

Saül, V, 100.
Lettre de Paris, XXV, 311.
Lettre de M. de L'Écluse, XXV, 312.
Relation du voyage de Pompignan, XXV, 314.
Compliment prononcé à l'ouverture du théâtre, XXV, 316.
Omer de Fleury étant entré, XXV, 317.
D'un fait singulier concernant la littérature, XXV, 318.
Conclusion et examen de ce tableau, XXV, 320.
Éclaircissements historiques, XXV, 326.
Avertissement sur l'édition de Corneille, XXV, 353.
Catéchisme de l'honnête homme, XXV, 353.
Remarques pour servir de supplément, XXV, 367.
Instruction pastorale de l'humble évêque d'Alétopolis, XXV, 400.
Lettre d'un quaker, XXV, 402.
Traité sur la tolérance, XXV, 408.
Ce qui plaît aux dames, IX, 363.
L'éducation d'un prince, IX, 373.
— d'une fille, IX, 377.
Les Trois manières, IX, 380.
Dialogue du chapon et de la poularde, XXVI, 1.
Dernières paroles d'Épictète, XXVI, 4.
Dialogue du douteur et de l'adorateur, XXVI, 6.
Seconde lettre du quaker, XXVI, 13.
Lettre du secrétaire de Voltaire, XXVI, 14.

1764.

Thélème et Macare, IX, 388.
Articles extraits de la Gazette littéraire, XXVI, 15.
Réponse à un académicien, XXVI, 66.
Azolan, IX, 391.
Jules César, V, 179.
Héraclius, V, 219.
Réponse de Voltaire au sieur Panckoucke, XXVI, 88.
Discours aux Welches, XXVI, 70.
Contes de Guillaume Vadé, IX, 360.
Ce qui plaît aux dames, IX, 363.

1765.

1766.

1767.

Les Scythes, V, 323.
Lettre d'un membre du conseil de Zurich, XXVI, 376.
Anecdotes sur Bélisaire, XXVI, 377, 420.
Les Honnêtetés littéraires, XXVI, 381.
Les Questions de Zapata, XXVII, 1.
Examen important de milord Bolingbroke, XXVII, 16.
L'ingénu, histoire tirée des manuscrits du P. Quesnel, XX, 171.
Lettre (sur La Beaumelle), XXVII, 14.
Lettre sur les panégyriques, XXVII, 102.
Homélies prêchées à Londres, XXVII, 107.
Mémoire présenté au ministère de France, XXVII, 139.
La Défense de mon oncle, XXVII, 146.
A Warburton, XXVII, 195.
Fragment des instructions pour le prince royal de ***, XXVII, 197.
Charlot, V, 378.
Lettre de Gérofle à Cogé, XXVII, 204.
Essai sur les dissensions des églises de Pologne, XXVII, 206.
Lettres à S. A. Mgr le prince de ***, XXVII, 220.
Réponse catégorique au sieur Cogé, XXVII, 264.
Le Dîner du comte de Boulainvilliers, XXVII, 265.
Avis à tous les Orientaux, XXVII, 286.
Femmes, soyez soumises, XXVII, 287.
Préface de la Réponse d'un solitaire de la Trappe, ou la Prophétie de la Sorbonne, XXVII, 263.
Préface de M. Abauzit, XXVII, 290.

1768.

Lettre d'un avocat, XXVII, 291.
Épître écrite de Constantinople aux Frères, XXVII, 293.
Lettre de l'archevêque de Cantorbéry, XXVII, 296.
L'Homme aux quarante écus, XX, 216.
Sermon prêché à Bâle, XXVII, 298.
La princesse de Babylone, XX, 262.
La Guerre civile de Genève, IX, 1
Déclaration, XXVII, 305.
Relation du bannissement des jésuites de la Chine, XXVII, 306.
Entretiens chinois, XXVII, 317.
Conseils raisonnables à M. Bergier, XXVII, 329.
Profession de foi des théistes, XXVII, 342.
Épître à mon vaisseau, IX, 301.
Discours aux confédérés, XXVII, 358.
L'Épître aux Romains, XXVII, 363.
Remontrances du corps des pasteurs du Gévaudan, XXVII, 381.
Des singularités de la nature, XXVII, 392.
Droits des hommes, XXVIII, 1.

1769.

1770.

Stances à Mme Necker, IX, 167.
Traduction du poëme de J. Plokoff, XXIX, 177.
Lettre à M. le G. de G., VI, 167.
Épître à Pigale, IX, 312.
Stances à M. Hourcastremé, IX, 167.
Nouvelle requête au roi, XXIX, 180.
Notes sur le *Cymbalum mundi*, XXIX, 181.
Coutume de Franche-Comté, XXIX, 183.

1771.

Épître au roi de la Chine, IX, 313.
— au roi de Danemark, IX, 321.
Les Pélopides, VI, 208.
Benaldaki à Caramouftée, IX, 336.
Lettre d'un jeune abbé, XXIX, 190.
Épître à Dalembert, IX, 326.
Réponse aux Remontrances de la cour des aides, XXIX, 191.
Avis important d'un gentilhomme, XXIX, 194.
Épître à Catherine II, IX, 332.
Sentiments des six conseils établis par le roi, XXIX, 196.
Épître au roi de Suède, IX, 335.
Très-humbles et très-respectueuses remontrances du grenier à sel, XXIX, 199.
Supplique des serfs de Saint-Claude, XXIX, 199.
Sermon du papa Nicolas Chariteski, XXIX, 203.
Les peuples aux parlements, XXIX, 206.
L'Équivoque, XXIX, 211.
Les Deux siècles, VII, 256.
Le père Nicodème et Jeannot, VII, 259.
La Méprise d'Arras, XXIX, 214.
Lettres de Memmius à Cicéron, XXIX, 222.
Le Tocsin des rois, XXIX, 242
Discours d'Anne Dubourg, XXIX, 244.

1772.

Lettre à un de ses confrères, XXIX, 247.
— à Beccaria sur Morangiès, XXIX, 249.
— sur un écrit anonyme, XXIX, 257.
Jean qui pleure et qui rit, IX, 38.
La Bégueule, IX, 394.
Essai sur les probabilités en fait de justice, XXIX, 262.
Les Systèmes, VII, 262.
Les Cabales, VII, 269.
Il faut prendre un parti, XXIX, 278.
Réflexions philosophiques sur le procès de Mlle Camp, XXIX, 304.
Anniversaire de la Saint-Barthélemi, IX, 144.
Épître à Horace, IX, 337.

Quelques petites hardiesses de M. Clair, XXIX, 308.
Épître au roi de Suède, IX, 342.
La voix du curé, sur le procès des serfs, XXIX, 313.
Nouvelles probabilités en fait de justice, XXIX, 319.

1773.

Aventure de la mémoire, XX, 342.
Fragment d'une lettre sur les dictionnaires satiriques, XXIX, 327.
Les Lois de Minos, VI, 248.
Discours de Me Belleguier, XXIX, 331.
Lettre aux auteurs du Journal encyclopédique, XXV, 30.
Lettre anonyme au sujet d'une nouvelle épître de Boileau à Voltaire, XXIX, 339.
Déclaration sur le procès Morangiès, XXIX, 344.
Réponse à l'écrit d'un avocat, XXIX, 350.
Déclaration de M. de Voltaire sur les lois de Minos, XXIX, 353.
Le Philosophe, XXIX, 353.
Lettre sur la prétendue comète, XXIX, 357.
Précis du procès de Morangiès, XXIX, 360.
Première lettre à la noblesse du Gévaudan, XXIX, 369.
Deuxième lettre, XXIX, 373.
Troisième lettre, XXIX, 379.
Quatrième lettre, XXIX, 382.
La Tactique, VII, 277.
Stances à Mme Lullin, IX, 468.
Fragments historiques sur l'Inde, XXIX, 384.
Fragment sur la justice, XXIX, 480.
— sur le procès criminel de Montbailly, XXIX, 484.
— sur l'histoire générale, XXX, 1.
Épître à Marmontel, IX, 343.

1774.

Lettre d'un ecclésiastique, XXX, 45.
Dialogue de Pégase et du vieillard, VII, 283.
Éloge funèbre de Louis XV, XXX, 49.
De la mort de Louis XV, XXX, 53.
Au roi en son conseil, XXX, 58.
Au R. P. en Dieu messire Jean de Beauvais, XXX, 64.
De l'Encyclopédie, XXX, 69.
De l'Ame, par Soranus, XXX, 71.
Petit écrit sur l'arrêt du conseil, XXX, 81.
Le Taureau blanc, XX, 345.
Éloge historique de la Raison, XX, 368.

1775.

Stances au roi de Prusse, IX, 470.
Notes concernant le pays de Gex, XXX, 84.

Mémoire sur le pays de Gex, XXX, 85.
Le Dimanche, ou les Filles de Minée, IX, 401.
Diatribe à l'auteur des Éphémérides, XXX, 91.
Article extrait du Mercure, sur Clément, XXX, 99.
Ode sur le passé et le présent, IX, 145.
Le cri du sang innocent, XXX, 101.
Les Finances, IX, 399.
Histoire de Jenni, ou l'Athée et le sage, XX, 375.
Les Oreilles du comte de Chesterfield, XX, 415.
Le Temps présent, VII, 293.
Mémoire des États du pays de Gex, XXX, 112.
— du pays de Gex, XXX, 112.
Les édits de S. M. Louis XVI, pendant l'administration de Turgot, XXX, 115.
Extrait d'un mémoire pour l'abolition de la servitude en France, XXX 118.
A M***, sur les anecdotes, XXX, 121.

1776.

L'Hôte et l'Hôtesse, VI, 349.
Mémoire à M. Turgot, XXX, 112.
Prières et questions à M. Turgot, XXX, 124.
Supplique à M. Turgot, XXX, 125.
Sésostris, IX, 407.
Délibération des États de Gex, XXX, 125.
A M. Turgot, XXX, 127.
Lettres chinoises, indiennes et tartares, XXX, 129.
Sophronime et Adélos (imprimé en 1776, à la suite des Lettres chinoises, etc.), XXVI, 229.
Lettre de M. de La Visclède, XXX, 165.
— du R. P. Polycarpe, XXX, 177.
— d'un bénédictin, XXX, 181.
Remontrances du pays de Gex, XXX, 183.
A M. du M**, sur plusieurs anecdotes, XXX, 185.
Épitre à M. Guys, IX, 344.
Commentaire historique, XXX, 189.
Lettre à l'Académie française, XXX, 232.
Épitre à un homme, IX, 345.
— à Mme Necker, IX, 346.
Au roi en son conseil, XXX, 247.
Un chrétien contre six juifs, XXX, 248.
Le Songe creux, IX, 409.

1777.

Requête au roi pour les serfs de Saint-Claude, XXVI, 255.
Articles extraits du Journal de politique et de littérature, XXXI, 257.
Épitre au marquis de Villette, IX, 347, 348.
Stances sur l'alliance avec les Suisses, IX, 170.

Commentaire sur l'Esprit des lois, XXXI, 277.
Dialogues d'Évhémère, XXX, 320.
Prix de la justice et de l'humanité, XXXI, 367.
Dernières remarques sur les Pensées de Pascal, XXXI, 408.
Note sur une pensée de Vauvenargues, XXXI, 437.
Histoire de l'établissement du christianisme, XXX, 309.

1778.

Irène, VI, 353.
Épître au prince de Ligne, IX, 349.
— au marquis de Villette, IX, 349.
Plan du Dictionnaire de l'Académie, XXX, 392.
Pensées, remarques et observations de Voltaire, XXX, 366.
Le Système vraisemblable, XXX, 397.
Lettre de M. Hude, XXX, 397.
Prière du curé de Frêne, XXX, 397.

FIN DE LA TABLE CHRONOLOGIQUE DES ÉCRITS DE VOLTAIRE.

TABLE ALPHABÉTIQUE

DE LA CORRESPONDANCE

A

B

D

E

G

H

I

J

K

L

M

N

Q

R

S

U

V

W

X

Z

FIN DE LA TABLE ALPHABÉTIQUE DE LA CORRESPONDANCE

l'histoire de la langue en général. En voyant cette louable sollicitude dont les langues anciennes sont l'objet, on peut s'étonner que jusqu'ici, à part quelques mémorables exceptions, les écrits de nos grands écrivains n'aient pas été jugés dignes de ce même respect attentif et scrupuleux, et qu'on ne les ait pas entourés de tout ce qui peut en faciliter, en féconder l'étude. Réparer cette omission, tel est le but que nous nous sommes proposé.

Pour la pureté, l'intégrité parfaite, l'authenticité du texte, aucun soin ne nous paraît superflu, aucun scrupule trop minutieux. Les écrivains du dix-septième siècle, et c'est par les plus éminents d'entre eux que nous avons commencé notre publication, sont déjà pour nous des anciens. Leur langue est assez voisine de la nôtre pour que nous l'entendions presque toujours et l'admirions sans effort. Mais déjà elle diffère trop de celle qui se parle et qui s'écrit aujourd'hui; le peuple, et plus encore peut-être la société polie, l'ont trop désapprise pour qu'on puisse encore dire que nous la sachions par l'usage. Pour la reproduire sans altération, il ne suffit point que l'éditeur s'en rapporte à sa pratique quotidienne, à son instinct du langage : il faut, au contraire, qu'il se défie d'autant plus de lui-même que les nombreuses analogies, mêlées aux différences de la langue d'à présent et de celle d'alors, l'exposent au danger de ne point veiller assez au maintien de ces dernières. C'est peut-être là la cause principale des altérations qu'a subies le texte de nos grands écrivains. C'est contre elle surtout que nous nous tenons en garde. En ce qui touche l'œuvre même des auteurs, le fond comme la forme de leurs écrits, notre devise est : *Respect absolu et sévère fidélité.*

Quant à la seconde partie de la tâche, aux notes, aux secours, aux moyens d'étude qui accompagnent le texte des auteurs, deux mots peuvent résumer nos intentions et la nature du travail : *Utilité pratique et sobriété.* D'une part, rien n'est omis de ce qui peut aider à mieux comprendre et connaître l'auteur, rien de ce qui peut en faciliter l'étude et permettre d'en tirer parti, soit pour les recherches historiques et littéraires, soit pour dresser ce que nous pouvons appeler la statistique de notre langue, et pour en montrer les variations, en dégager la grammaire, la constitution véritable, de tout ce que les grammairiens y ont cru voir et de tout ce qu'ils y ont introduit d'arbitraire et d'artificiel. D'autre part, est rigoureusement exclu tout étalage inutile de savoir, tout ce qui ne sert qu'à faire valoir le commentateur, tout ce qui ne tend pas directement à l'une des fins que nous venons d'énumérer.

Les *Lettres de Mme de Sévigné*, les *Œuvres de Corneille*, de *Racine*, de *Malherbe*, de *La Bruyère*, de *La Rochefoucauld*, ont déjà paru en entier ; — *le cardinal de Retz*, *Molière*, *Saint-Simon*, *La Fontaine*, sont en cours de publication ; — *Pascal* est sous presse. — Les noms des personnes dont nous nous sommes assuré le concours, et qui ont bien voulu se charger des diverses parties de cette grande tâche, sont une garantie de savoir, de bon goût et de consciencieuse exactitude.

Pour que la collection ait de l'unité, que toutes les parties de ce vaste ensemble soient conçues et exécutées sur un même plan, que l'esprit de l'entreprise soit partout et constamment le même, nous avons demandé à M. Adolphe Regnier, membre de l'Institut, et obtenu de lui, qu'il se chargeât de la diriger.

Nous ne nous arrêterons pas longuement ici aux détails du plan qui a été adopté, et nous ne ferons qu'indiquer en peu de mots les divers secours et avantages qu'offrent ces éditions nouvelles des grands écrivains de la France.

Leur principal mérite, nous le répétons, est la fidélité du texte, qui reproduit les meilleures éditions données par l'auteur, les manuscrits autographes, d'anciennes copies, enfin est pris toujours aux sources les plus authentiques et les plus dignes de confiance.

Au texte adopté ou ainsi constitué on joint les variantes, toutes sans exception pour les écrivains principaux ; pour les autres, un choix sera fait avec goût.

Au bas des pages sont placées des notes explicatives qui éclaircissent tout ce qui peut arrêter un lecteur d'un esprit cultivé.

Après la pureté et l'intelligence du texte, c'est l'histoire de la langue qui sera le grand intérêt de la collection. Nous marcherons dans la voie que nous a ouverte l'Académie française en proposant successivement pour sujets de prix les Lexiques de Molière, de Corneille et de Sévigné. A chaque auteur est joint un relevé, par ordre alphabétique, des mots, des tours et des locutions qui lui sont propres, soit à lui-même, soit à son époque, et en outre de tout ce qui peut servir à éclairer le vrai sens ou l'origine de nos idiotismes les plus remarquables. La réunion de ces Lexiques formera un tableau fidèle des variations de la langue littéraire et du bon usage, et chacun d'eux en particulier montrera, par la comparaison avec la langue que nous parlons et écrivons aujourd'hui, l'empreinte qu'ont laissée sur notre idiome les divers génies qui l'ont illustré.

Des Tables analytiques exactes et complètes facilitent les recherches. Des notices biographiques aident à mieux apprécier les écrits de chaque auteur, en les plaçant dans leur vrai jour et à leur vrai moment. En outre, des notices partielles font l'histoire de chaque ouvrage, et, s'il y a lieu, pour les pièces de théâtre, par exemple, le suivent jusqu'à nos jours.

Des notices bibliographiques et critiques indiquent, pour chaque auteur, les manuscrits existant dans les bibliothèques publiques ou privées, les copies dignes de mention et les éditions diverses, surtout celles qui ont été publiées ou par l'auteur, ou de son vivant, ou peu de temps après sa mort.

Enfin nous joignons au texte des portraits, des fac-similés, et, quand il y a lieu, des gravures diverses.

RAPPORT

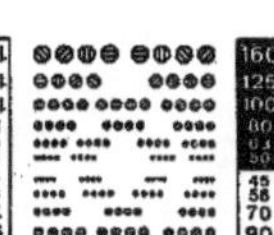

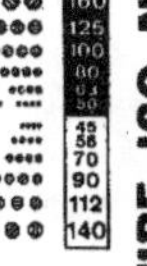

MIRE ISO N° 1

NF Z 43-007

CONTRÔLE :

AFNOR
Cedex 7 92080 PARIS LA DÉFENSE

www.ingramcontent.com/pod-product-compliance
Lightning Source LLC
Chambersburg PA
CBHW070515030726
47503CB00004B/1276

* 9 7 8 2 0 1 2 5 9 5 6 5 1 *